U0923945

创业理论与实践

CHUANGYE LILUN YU SHIJIAN

龚燕　龚德才 ◎编著

重庆出版集团　重庆出版社

图书在版编目(CIP)数据

创业理论与实践 / 龚燕，龚德才编著. —重庆：重庆出版社，2012.4

ISBN 978-7-229-04940-9

Ⅰ. ①创… Ⅱ. ①龚… ②龚… Ⅲ. ①大学生—职业选择 Ⅳ. ①G647.38

中国版本图书馆 CIP 数据核字(2012)第 029652 号

创业理论与实践

CHUANGYE LILUN YU SHIJIAN

龚 燕 龚德才 编著

出 版 人：罗小卫

责任编辑：王 梅 刘思余

责任校对：杨 媚

装帧设计：重庆出版集团艺术设计有限公司·王芳甜 卢晓鸣

重庆出版集团
重 庆 出 版 社 **出版、发行**

重庆长江二路 205 号 邮政编码：400016 http://www.cqph.com

重庆出版集团艺术设计有限公司制版

重庆市伟业印刷有限公司印刷

开本：890mm×1 240mm 1 / 32 印张 11.5 字数：420 千

2012 年 4 月第 1 版第 1 次印刷

ISBN 978-7-229-04940-9

定价：28.00 元

前　言

联合国教科文组织指出:创业教育(Enterprise Education)是指培养具有开创性的个人,它对于拿薪水的人同样重要,因为用人机构或个人除了要求受雇者在事业上有所成就外,正越来越重视受雇者的首创、冒险精神,创业和独立工作能力以及技术、社交、管理技能。我们一般情况下理解的创业教育是指对创办企业所需要的创业意识、创业精神、创业知识、创业能力及其相应实践活动的教育。创业教育不只是灌输创业专业知识及培养操作性能力,而是培养学生个性品质、心理意识、创业技能、专业知识等全方位、多领域素质的"系统整合性"教育活动。

创业教育已成为世界教育发展与改革的新趋势。美国政府十分重视创业教育,创业教育与创业精神的倡导在美国经济的快速发展中起到了不可估量的支撑作用。美国的创业教育经过近半个世纪的发展,已形成一个相当完备的体系,涵盖了从初中、高中、大学本科直至研究生的正规教育。德国、英国和日本等国也都提出并鼓励大学毕业生创业,以提高社会生产力和竞争力。联合国教科文组织强调,必须把培养学生的创业技能和创业精神作为高等教育的基本目标,毕业生不仅仅是求职者,也应该是工作岗位的创造者。

在党的"十七大"报告中,明确提出了"提高自主创新能力,建设创新型国家""实施扩大就业的发展战略,促进以创业带动就业",把"以创业带动就业"上升到了党和国家的战略高度。报告进一步指出,“完善支持自主创业、自谋职业的政策,加强就业观念教育,使更多劳动者成为创业者”。大学生是最具创新、创业潜力的群体之一。在高等学校开展创新创业教育,积极鼓励高校学生自主创业,是教育系统深入学习、实践科学发展观,服务于创新型国家建设的重大战略举措;是深化高等教育教学改革,培养学生创新精神和实践能力的重要途径;是落实以创业带动就业,促进高校毕业生充分就业的重要措施。

从清华大学发起首届“清华大学创业设计大赛”开始的十年来,我国大学生涌现出了一股创业潮,开设创业教育也正成为高校的热点。我国高等院校普遍都十分重视创业教育,不仅把创业教育看成是创新教育与素质教育的重要体现,同时上升到转变传统教育观念、改革传统人才培养模式的高度,将培育大学生的创业精神和创业技能、提倡和鼓励大学生自主创业,视为缓解社会就业压力、解决社会矛盾和保障经济社会稳定发展的重大战略举措。创业教育也成为各高校转变学生就业观念,为毕业生创造新的就业机会和就业岗位,提高毕业生就业率和学校竞争力的重要手段之一。

本书从我国高等学校创业教育的要求出发,总结作者所在学校多年来创业教育实践的经验,通过大量鲜活的案例,探讨和总结了创业活动的一般规律和主要问题,并围绕创业活动的过程进行展开,主要包括激发创业热情、提高创业能力、创业项目选择、编制创业计划书、启动创业计划、创业管理等内容。

本书由龚燕提出编著大纲,并进行最后统稿。龚燕和龚德才负责第一章、第三章、第八章、第十章至第十三章的撰写,吴国东负责第四章至第七章以及第九章的撰写,喻科负责第十四章至第十七章的撰写,田力负责第二章以及第五章的第二节的撰写。

本书的编著借鉴了国内外众多学者的研究成果,虽然尽量一一注明来源,但还是不能避免疏漏,为此要深深感谢这些在书中提到和没有提到的学者,尤其是书中有个别段落文字引自网络,由于无从一一考证原文作者的真实姓名,无法注明出处,在此也表示歉意和谢意。

由于作者水平有限，编写时间仓促，书中难免存在诸多不足以及疏漏，衷心希望广大读者批评指正。

龚　燕

2011年2月于重庆沙坪坝

目　录

前言　001
第一篇　激发创业热情 / 001
第一章　创业概论 / 003
第一节　创业及创业学 / 003
第二节　创业教育 / 010
第二章　创业法规与政策 / 019
第一节　创业法规 / 019
第二节　创业政策 / 024
第三节　教育部关于大学生创业工作的意见 / 033
第三章　创业类型 / 039
第一节　创业分类 / 039
第二节　创业模式与途径 / 046
第二篇　提高创业能力 / 055
第四章　创业环境及资源 / 057
第一节　宏观环境 / 057
第二节　行业环境 / 059
第三节　创业资源的含义及应具备的特征 / 067
第四节　创业资源的类型 / 070
第五节　创业资源的整合 / 074
第五章　创业者 / 079
第一节　创业者 / 079
第二节　创业精神 / 090

第六章　创业组织与团队 / 124
第一节　创业组织 / 124
第二节　创业团队 / 132
第七章　创业资金 / 155
第一节　创业资金的融资渠道和融资方式 / 155
第二节　天使投资 / 161
第三节　风险投资基金 / 165
第三篇　创业项目选择 / 169
第八章　市场调查 / 171
第一节　市场调查方法 / 171
第二节　市场分析 / 178
第九章　创业机会 / 184
第一节　创业机会的发现 / 184
第二节　创业机会的评价 / 186
第四篇　编制创业计划书 / 191
第十章　创业计划 / 193
第一节　创业计划 / 193
第二节　创业计划竞赛/ 200
第十一章　编制创业计划书 / 206
附录　创业计划书实例 / 215
勉志深度教育创业计划书 / 215
第一部分　摘要/ 215
第二部分　公司介绍/ 216
第三部分　产品/ 224
第四部分　市场分析/ 229
第五部分　竞争分析/ 232
第六部分　市场营销策略/ 236
第七部分　投资分析/ 242
第八部分　风险管控及风险投资基金的退出/ 249

第五篇　启动创业计划 / 253
第十二章　企业申办程序 / 255
第一节　企业的登记注册 / 255
第二节　税务登记与纳税 / 263
第十三章　启动创业计划 / 267
第六篇　创业管理 / 271
第十四章　创业企业市场营销 / 273
第一节　创业营销观念 / 273
第二节　创业营销计划与定位 / 276
第三节　创业营销组合 / 283
第四节　创业营销过程 / 288
第五节　超越创业营销障碍 / 289
第十五章　财务管理 / 294
第一节　财务管理 / 294
第二节　现金流管理 / 307
第十六章　人力资源管理 / 318
第十七章　创业风险管理 / 336
第一节　创业风险界定 / 336
第二节　创业风险类型及规避 / 338
第三节　创业企业成长过程风险管理 / 342
第四节　几种低风险创业项目 / 349

第一篇

激发创业热情

第一章　创业概论

我国在"十七大"报告中提出"提高自主创新能力，建设创新型国家"和"促进以创业带动就业"的发展战略，把鼓励创业、支持创业摆在比就业工作更加突出的位置，这是在总结我国近年来就业工作的实践经验、深入认识扩大就业的规律、科学分析我国就业形势的基础上提出来的，因此创业研究受到学者们的高度重视。

第一节　创业及创业学

创业学能否成为一门独立的学科还没有统一认识，少数国家将创业学视为独立的一门学科，颁发创业学学士、硕士、博士学位，多数国家将创业学视为一门课程或者一个研究方向。随着全球经济形势和就业状况的变化，创业学在向独立学科的方向发展。

一、创业概念

何谓创业，目前还没有一个全面而且准确的定义，也没有出现一个为所有学者普遍接受的定义。学者们分别从各自的研究角度，给出了不同的定义。

Schumpeter(1934)认为，创业的过程就是创新的过程，创新者就是创业者，创业者通过创新使自由市场经济的内在矛盾得以克服，从而促使经济得以增长，因此创业就是创新[1]。

Cole(1968)将创业定义为一种有目的的行为,创业者首创、保持,并最终将这一行为发展成一种利润来源的生意[2]。

Kirzner(1973)给出的创业概念是与套利交易相联系的,他认为创业就是准确预见下一个市场缺点或不均衡之处的能力[3]。

Leibenstein(1978)提出,公司不一定非要在他们生产能力的外界约束条件下运行,因此,创业就是比你的竞争对手做得更好更强的一种能力[4]。

Stevenson, Roberts 和 Grousbeck(1989)认为创业是一种被感知到的机会所驱动的行为,而不是被现有资源控制的一种行为[5]。

Gartner(1985)认为,创业其实就是创建一个新企业,对新创建的企业应该从几个方面定义:①是一个独立的实体。②有生意可做的一个利润中心。③一个满足一些条件的联合体:创建者拥有产品、生产、销售、技术等方面的特长;投资期超过一年;对其竞争对手来说是一个新的市场进入者;对其客户来说是一个可以考虑的新的供应者[6]。

Low 和 Macmillan(1988)认为,以上这些定义的问题在于它们只是分别抓住了创业在某一方面的特征,并没有给出一个完整的概念。创业是由管理变革、技术创新、环境动荡、新产品开发、小企业管理、个人或行业革命等一系列错综复杂、交叉重叠的事情扭结在一起形成的一种社会现象,并且这一现象可以被诸如经济学、社会学、财政学、历史学、心理学、人类学等各学科有效地感知与了解。事实上,每一学科也都在试图用自己领域内的概念和方法来解释这一现象。因此,形成一个公认的定义和清晰的研究范围的愿望就不大可能在近期实现。但是为了研究的需要,Low 和 Macmillan 将创业定义为新企业的建立,并且建议创业研究应该在促进新企业在推动经济进步中所发挥的作用中[7]寻求解释。

Timmons(1999)认为创业是一种思考、推理的行为方式,这种行为方式是机会驱动的，注重方法和与领导相平衡。创业导致价值的产生、增加、实现和更新，不只为所有者，也为所有的参加者和利益相关者[8]。

Low(2001)再次强调，尽管创业研究取得了显著的进步：创业学期刊、研究协会、学术会议、学术研究、学术演讲不断增加，但创业研究仍旧处于青春期。定义一个公认的“创业”概念这一问题依旧没有解决。最根本的原因就在于创业涉及的内容如此之多、学科领域如此之广，以至于很难形成一个统一的学术领域[9]。

宋克勤认为，创业是创业者通过发现和识别商业机会，组织各种资源提供产品或服务，以创造价值的过程。创业包括创业者、商业机会、组织和资源等要素[10]。

郁义鸿等认为，创业和创业者的定义是密不可分的。创业就是一个发现和捕捉机会并由此创造新颖的产品或服务并实现潜在价值的过程[11]。

罗天虎则主张创业的定义应该与创造和积累财富相联系。他认为，创业是开创事业和积累财富的过程，创业活动具有开拓性、自主性和功利性等基本特征。可以从两个层面上理解创业，广义的创业泛指人类一切带有开拓意义的社会变革活动；狭义的创业则是社会上的个人或群体开展以创造财富为目标的社会活动。因此，创业的定义为：“社会上的个人或群体为了改变现状、造福后人，依靠自己的力量创造财富的艰苦奋斗过程。”[12]

雷家骕与冯宛玲认为，创业就是“发现、创造和利用商业机会，组合生产要素，创立自己的事业，以获得商业成功的过程或活动”。他们强调创业的目的在于获得利润[13]。

刘健钧则强调创业是一种创建企业的过程或活动。尽管创业与创新有着必然的联系，但创新并不必然地导致创业活动[14]。

葛建新等认为，创业作为一个经济范畴，主要是指为了创建新企业而进行的、以创业价值为目的，以创新方式将各种经济要素综合起来的一种有目的的经济活动[15]。

许玫(2003)认为创业是创办企业的意思,是一种以创新为基础的、以创造价值及提高生产力为目的的综合性社会活动[16]。

刘志阳等认为创业是创业机会识别和开发的动态过程,该过程表现为创业者主导下的高度综合的复杂管理活动[17]。

纵观各种创业定义,概括起来有三大类:一是认为创业即为创新,非创新不为创业;二是认为创业是一种捕捉机会或者创造竞争优势的能力;三是认为创业是一种行为方式,是创办新企业的一个过程,国内外大多数学者持这种观点。我们认为创业是创业者将其创业意图通过创办企业的形式转化为实际行动,并努力维持新企业生存与发展所发生的行动。

二、创业学

一门学科的产生必然有其理论的著述,同时有其独立的研究领域。目前,创业的研究理论著述不少,但还缺乏统一认识,存在争论。

1. 从属观点

有的学者认为创业研究应归入现在已经存在的学科领域,认为创业学是一门以创业为研究对象、揭示创业的本质和客观规律的管理学科。根据这种观点,创业活动是一种经济管理现象,不需要一种全新的理论来解释,只需对现有经济学、管理学、心理学、社会学等学科开发新的理论或拓展现有理论,就可对创业现象进行很好的解释。这种观点有利于研究成果在主流的经济管理等刊物发表,研究人员只需拓展研究领域,只需利用其原有的知识结构。这种观点的缺陷在于把创业研究过分局限在既有领域和学科,过分依赖原有学科知识,忽略了对创业现象特殊性的认识,使得有些创业领域的问题仍然无法得到重视,也使创业研究始终无法出现标志性成果。

2. 独立观点

有的学者认为不应该把创业学纳入管理学，创业学不应该由管理学来覆盖，它应该成为一门独立的学科。他们认为创业过程中所涉及的不仅仅是管理学一个领域，也不能由管理学来覆盖，将创业学纳入战略管理之中会妨碍创业学对其他学科领域知识的借鉴和融合，从而引导创业学去重点关注和解决如竞争优势和企业绩效等战略管理的中心问题，忽视了如创业机会、创新和风险等创业学的核心问题，不利于创业学科的成长和发展。这种观点有利于创业学核心主题的研究，易于产生标志性的研究成果，同时有利于强化创业研究，提高创业研究领域的地位，更重要的意义在于通过设置独立的研究领域，带动创业实践活动，缓解就业压力，增强国家创新能力，促进经济增长。

案例：穷学生贷款上学 成功创业月收入 8 万成校园首富

"嗨，你不是校门口那个饭店的老板吗？咋还来上课啊？"在去教室的路上，一个女生拍了拍孔德永的肩膀问道。"我还是学生，还没毕业。"小孔憨憨地笑了笑。在中原工学院，孔德永这个来自东北的小伙子可是全校的风云人物，不仅仅因为他曾是班长、学生会干事，更因为他是全校创业最成功、目前身价最高的在校学生。

一切都从摆摊卖手套开始

孔德永所在的中原工学院新校区，位于郑州县级市新郑的郊区，周边设施还不健全，所以，一到换季，同学们平时都是趁周末坐一个小时公交车进市区疯狂采购。

2004 年 11 月，冬日的寒风一如往年地搞起了突然袭击，许多同学因为还没来得及准备入冬的衣物都挨了冻。看着校园里抱臂、缩手、行色匆匆的同学，一直想创业挣钱的大一新生孔德永有了第一个点子——卖手套。小孔的想法立刻得到了宿舍好友的赞助和支持，他带着东拼西凑借来的50元钱，趁周四下午没课去市区批发了30双漂亮时尚的手套。周末两天，在好友的帮助下，小孔卖掉了所有手套。还上借来的钱后，他赚了50元。

"我们学的是市场营销，在摆摊时还充分实践了所学的理论知识。比如选址，我们把小摊摆在校门口到进市公交车站牌的必经之路上，人流量大，目标客户集中；再比如营销方式，我们专挑并肩走的男女推销，他们大多可能是情侣，只要是女生看上的，男生顾面子也会买下。"谈起当年摆摊的经验，小孔兴奋不已。

第一次"创业"成功后，孔德永信心倍增，放开手脚开始赚自己的生活费。冬天卖棉被，中秋卖月饼，黄金周搞旅游，新生开学卖生活用品，给军训新生有偿拍照……一年后，孔德永已经攒下了1.4万元。

营销知识搞活"地下"小饭馆

2005年夏天，身为班长和学生会成员的小孔跟老师到湖北搞调研。他发现湖北一些高校附近，许多饭馆都是在校学生自己开办的，而且生意都很不错。"咱们学校比较偏，但附近4所高校有4万多名学生，而且校门口的饭店没有饱和，所以再开饭店还是有可能赢利的。"小孔暗自盘算。

那天晚上，孔德永急切地把自己的想法告诉了带队的辅导员王老师。足足沉默了10分钟后，王老师的态度从起初的反对变成了支持。但孔德永的父母却远不如王老师这般开明，他们甚至激动地说出了断绝关系的狠话。家里唯一支持小孔的就是做厨师的表哥，他专程从东北老家赶到郑州帮小孔。在合伙人兼好友贾红亮提供的8 000元资助下，他们以一年近3万元的价格，租下了学校附近一个200平方米的地下室。办好营业执照、卫生许可证、消防许可证，招聘了杂工、服务员，2005年9月1日，孔德永和贾红亮的龙泉饭庄开业了。

第一天的营业情况小孔至今仍记忆犹新，当天营业额为428

元。好的开始等于成功的一半，可让小孔没想到的是，之后的两三天，饭店一直鲜有人光顾。

根据营销所学知识，小孔和好友们一起设计了调查问卷，在校园里散发，调查结果显示，由于小孔的饭店开在校门外饭店相对集中的街道，并且在地下室，没有明显的标识，参加调查的同学80%都不知道饭店的存在。

于是，小孔连夜赶制了一个霓虹灯和一个3.8米长的条幅，并在校内大学生交流平台上发宣传帖，举行开业酬宾返代金券活动、过生日送礼物等促销活动。宣传效果确实很明显，半个月后，饭店每天的营业额达到了1 000元左右。

创业经历是他们一生的财富

创业很艰辛，难免会占用学习上的时间，饭店开业一个月后，小孔就辞去了学生会的工作。再后来，经过一段时间的实践，小孔利用所学的专业知识对小饭店进行了管理改革，饭店渐渐步入正轨。现在，即使他们几天不到饭店，经营也不会出现问题。

2006年3月份，孔德永租下了龙泉饭庄旁边一个120平方米的房子，开起了东北家常菜馆。当年夏季，小孔又在店外的空地上搞起了大排档，生意最红火时一个月能挣七八万元。积累以前的创业经验，2007年9月，孔德永的川王府火锅店在学校附近又正式开门营业了。

2007年11月，从没出过远门的孔德永父母，第一次坐飞机来郑州看望儿子。仅仅过了3年，当初那个上学都要申请助学贷款的穷小子，摇身一变成了校园“巨富”，让二老几次激动落泪。

现在，孔德永已经是全校最能挣钱的学生了。当初的合伙人贾红亮，已经凭借着这段创业经历脱颖而出，被湖北一著名企业录取为安检师，享受每年6万~15万元的年薪。虽然上门要小孔的企业也有不少，可他都拒绝了。他打算尽快还完助学贷款后，将店交给家里人打理，自己去大型的餐饮服务业锻炼学习后，再继续创业。

（资料来源：华南师范大学创业学院网）

第二节　创业教育

一、创业教育内涵及要素

1. 创业教育内涵

美国著名的创业教育研究机构考夫曼基金会对创业教育给出了一个操作性较强的定义：创业教育是这样一种过程，它向被教育者传授一种概念与技能以识别那些被别人忽视了的机会，以及当别人犹豫不决时他们有足够的洞察力与自信心付诸行动；教育内容包括在风险面前的机会识别与在资源整合的前提下创办一个企业，当然也包括对企业管理过程的介绍，例如商业计划、资金筹集、市场营销、现金流分析等。

美国百森商学院的蒂蒙斯教授认为，学校的创业教育应该不同于社会上的以解决生存问题为目的的就业培训，更不是一种"企业家速成教育"。真正意义上的创业教育，应当着眼于为未来的几代人设定"创业遗传代码"，以造就最具革命性的创业一代作为其基本价值取向。蒂蒙斯的这种前瞻性的创业教育理念，实质上是一种面向"创业革命"开发人力资源的教育创新。

目前，国内学者对创业教育的认识与观点也不尽相同，他们分别从不同的领域与角度给出了对创业教育的理解。胡晓风认为，创业教育的培养目标是根据综合技术原理，培养具有从事一定职业劳动能力和适应社会生活能力的人，创业教育就是职业和创造相结合的教育。徐辉认为，创业教育有广义与狭义之分，广义的创业教育接近于创新教育，就是培养具有开创性个性的教育；狭义的创业教育则是与职业培训结合在一起的。曹威麟与李德才强调创业教育是使受教育者(主要是青少年)在接受全面素质教育的基础上,综合素质与开创型个性得到培养和强化、现代创业意识与能力得到开展和提高的教育。张玉利认为,创业教育并非专指激发学员开展个体创业活动,而是培养学员创业型思维和创业家式的管理技能。牛泽民和熊飞认为,创业教育不应该仅仅局限于通过课程体系的设置来提高学生的创业能力。创业教育应该是一项系统性的教育工程,它的面向对象是所有有志于创业的社会主义劳动者,而不仅仅针对在校大学生。它的教育过程是通过各种可利用的教育方式来培养创业者的创业意识、创业思维、创业技能等各种创业综合素质,并最终使被教育者具有一定的创业能力。它具有终身教育的特征,而不仅仅是一种专业技能教育。创业教育这一过程会伴随着创业者的创业及其企业发展而一直延续不断,而不是仅仅存在于创业的某一阶段或过程。徐华平认为创业教育是创新就业教育的一种教育理念和教育模式,它是以培养学生的创业意识、创业精神和创业能力为价值取向的教育,并且认为创业教育是一种素质教育形式,是以提高学生的创业素质和修养为核心即创业素养的教育,是高校正在实施的素质教育的有机组成部分。侯定凯将创业教育界定为企业家精神的教育,并且指出,“我们提倡的‘创业教育’,不仅仅是为着培养创业人才,更是希望学生学会如何主动地获取新知、创造新知,并通过有效地配置自身的各种资源,将知识转化成现实的个人和社会价值,最终实现知识的最大效用。”

为贯彻落实党“十七大”提出的“提高自主创新能力,建设创新型国家”和“促进以创业带动就业”发展战略,教育部于2010年5月下发《关于大力推进高等学校创新创业教育和大学生自主创业工作的意见》,要求高等学校创新创业教育要面向全体学生,融入人才培养全过程;要在专业教育基础上,以转变教育思想、更新教育观念为先导,以提升学生的社会责任感、创新精神、创业意识和创业能力为核心,以改革人才培养模式和课程体系为重点,大力推进高等学校创新创业教育工作,不断提高人才培养质量。

2. 创业教育要素

(1)创业教育目标

创业教育的目标是根据社会发展需要和人的发展需要综合确定的创业教育要达到的目的与标准,它是创业教育最终的培养规格和要求,是创业教育内容选择、确定教育方法、制定教育措施的出发点和归宿。

我国创业教育目标目前有功利性和非功利性两类。功利性创业教育目标是主要依据当前社会的现状,为受教育者提供眼前的职业性或专业性技能、技巧,使受教育者成为能够自食其力、自谋职业、创业致富的社会成员,这种目标实质为"就业目标"。这种目标就是以促进就业为目的,开展一些短期的企业培训班或者创业指导的课程。

非功利性创业教育目标是揭示创业的一般规律,传授实施创业的基本原理和方法,培养受教育者创业意识、创业精神和创业能力,以适应社会的变革,着眼于长远和未来。

蒂蒙斯对美国20世纪80年代出现的创业教育短视行为进行了抨击,认为创业教育不同于社会上的以解决生存问题为目的的就业培训,也不是一种"企业家速成教育",真正意义上的创业教育,应当着眼于为未来的几代人"设定创业遗传代码",以造就最具革命性的创业一代作为其基本价值取向。这一点对我们确定我国现阶段创业教育的目标有重要的启发意义,所以,我国创业教育不能采用功利性创业教育目标,必须采用非功利性创业教育目标。

(2)师资队伍

高素质创业教育师资队伍是实现创业教育目标的基本保证,是创业教育真正成功实现的关键性因素。创业教育对师资要求相对较高,既要求他们具备一定的理论知识,又要拥有一定的创业经验。创业教育要构建一支具有较高创业素养与创业能力、专兼职结合的师资队伍,只有建立一支在学识、经历与能力素质上具有互补性与结构优化的专兼职师资队伍,才能真正提高创业教育质量。

专职创业教师创业可以充分利用学校现有师资力量,在此基础上再进行创业师资的培养与选拔。首先可通过开展"产、学、研一体化"的改革实践,让教师深入企业,亲自体验创业过程,搜集创业案例,提高创业教育能力;其次制定创业师资培养的扶持政策,让部分教师带着自己的专利项目或者自己设计的有市场潜力的项目去创业,造就一批"创业型教师"或"学者型企业家";同时,允许创业教育教师在不影响教学情况下在企业中兼职,这样就有利于拓展教师的思维,增加教师的实践经历,并且也可为学生的创业教育提供实践基地;最后,对部分教师进行创业教育培训,可以将少数教师送到企业挂职锻炼,也可以将部分教师送出去进行专门培训。

兼职教师可以从有较高理论水平且经验丰富的成功创业者、企业家、技术专家、公司管理人员等中选聘,也可从懂经济、懂教育工作的各级政府管理者中聘任。从毕业校友中选取部分创业者是兼职教师选聘的常见方法。

(3)课程体系

创业教育目标是进行课程设计的基础,而课程设计又是实现创业教育目标的途径和手段,创业课程设计必须与创业教育目标一致,因此创业课程应该包括创业意识、创业精神、创业能力培养以及传授创业知识四方面的内容。创业意识主要包括创业需要、动机、兴趣、理想、信念、世界观等。创业精神包括内容广泛,如无私奉献精神、实干精神、自力更生精神、开拓创新精神、勤俭节约精神等。创业能力包括专业职业能力、经营能力和综合性能力。

创业知识主要包括专业职业知识、经营管理知识和综合性知识等。

根据创业教育的培养目标,创业教育课程系统就应该包括这些方面的内容。一方面通过现有课程资源增加这些内容,如创业意识培养和创业精神树立可以融入原来在全校开设的人文社科学课程中,创业能力培养可以融入原来学校试验实践课程之中,也可通过学生的第二课堂得以训练。陶金国在研究中也提出了以课程教学为载体,着力培养大学生的创业意识和创业精神的观点。另一方面通过开设专门的课程进行创业教育。专门创业教育课程包括创业理论与创业实务两方面的课程。创业理论包括创业能力培养、创业机会选择、创业要素配置(创业团队组建、创业资金获取、创业资源配置)、创业管理等,主要通过课堂教学的方式完成。创业实务包括创业企业创立以及创业管理等方面,主要通过创业实践完成。普及式创业教育偏重于创业理论学习,集中式创业教育偏重于创业实践。

(4)实践体系

实践是创业教育中的一个重要环节,有助于理论知识的验证,也有助于提高大学生的创业意识和精神以及解决实际问题的能力。高校应积极开展创业教育实践活动,给大学生提供实践机会,完善创业实践制度,拟定明确而完整的创业实践计划,配备高水平的指导老师,解决大学生实践过程中遇到的问题,并对大学生实践的效果进行测评。

创业教育实践体系可分创业模拟、创业竞赛及创业实战三个不同的层次。创业模拟是指在课堂中进行虚拟创业或者在实验室通过软件模拟创业,也可以进行创业观摩。创业竞赛主要是指学生参加各种创业竞赛,包括学校、省市、全国三个层次,既包括创业计划竞赛,也包括创业虚拟竞赛,如 ERP 沙盘大赛、财务管理比赛、证券操作比赛等。创业实战可以勤工助学、学生社团、实习实训基地、专业实验室、创业孵化园为载体进行创业实战活动。

创业教育实践体系中重点是要建立实践基地。创业教育实践基地在整个创业教育中起了非常重要的作用,它对形成创业者的创业基本素质起着决定性的作用,如创业意识和创业精神可以在创业实践活动中,得以形成和发展,创业能力也可以在创业实践活动中形成和提高。创业教育实践基地按范围可分为校内和校外创业教育实践基地。校内实践基地建设可充分利用学校现有的实践实训基地、专业实验室、各类学生社团、勤工助学体系等资源系统,将这些资源系统重新赋予创业教育实践新的功能,也可以重新建立专门创业实验室或者实践基地,如创业教育实验室、大学生校内创业区或创业中心等。校外创业实践基地是学生进行创业教育实习和毕业实习的主要场所。建立稳定的、长期的校外实践基地可以确保学生创业教育实习和创业实战需要,为创业教育提供有力的保障。校外创业实践基地也可以在学校原有实践实习校外基地上增加创业教育实践功能,同时也需要建立新的校外创业实践基地,如大学科技园、大学生创业孵化园等。

(5)保障体系

创业教育保障体系包括创业教育组织机构的建立、创业教育管理体制的建立两方面内容。创业教育必须要有学校层面的组织机构,加强学校创业教育的规划与领导,最好不单由就业部门或者团委来行使这部分功能。而成立创业教育研究中心、创业教育学院、创业教育管理部门等是常见的形式。

为了推动创业教育,需要建立创业教育管理体制,对大学生创业实践学分认定、创业实践活动的组织管理、经费投入使用、基地建设和评审、学生创业项目考评、选修课程开设、创业教育师资配备、创业导师选拔、大学生创业服务机制等都要建立长效机制,才能使创业教育科学化、规范化。

(6)创业教育评价体系

在美国、英国创业教育发展过程中,学者们不断对创业教育模式进行归纳总结,构建起了系统的评价体系。美国的一些杂志每年都要对创业教育学校进行中立性排名,以此促进学校创业教育向前发展。而我国创业教育评价的研究、相关报导不多。创业教育效果受创业教育模式、受教育者、创业环境等方面的影响,因此对创业教育进行评价必须考虑多方面的因素。

二、我国创业教育发展历程

1989年底,联合国教科文组织在"面向21世纪教育国际研讨会"上第一次提出了"创业教育"的概念,并把它提高到与学术性教育和职业性教育同等的地位,成为人类应该具备的"第三本教育护照"。1995年,完整的创业教育概念在联合国教科文组织发表的《关于高等教育的变革与发展的政策性文件》中得到了全面阐述。为此,1998年召开的世界高等教育大会进一步强化创业教育思想,使之成为高等教育改革与发展的明确方向。

百森学院和伦敦商学院联合发布的GEM报告显示,2006年美国几乎所有参加排名的大学均已开设了创业课程,创业教育已成为美国大学教育的重要组成部分。美国的创业教育甚至延伸到中学教育,形成了从中学到大学不同层次的课程。这种创业教育体系现仍在不断扩大和深化中。

我国的创业教育始于20世纪末,至今只有十年的历史。1998年,清华大学举办了我国最早的学生创业计划竞赛。竞赛引发的学生创业热潮激发了创业教育需求,有力地推动了我国创业教育的发展。2002年教育部确定清华大学、中国人民大学等9所大学为我国创业教育试点院校,给予政策和经费的支持,探索我国高校学生创业教育的基本方法和教育模式[18]。近年来,在严峻的大学生就业形势下,高校学生涌现出了极大的创业激情,同时不少毕业生毅然走上自主创业之路，成为大学生价值取向和择业的新动向。在这种背景下，加强大学生创业教育的呼声日益高涨，我国不少高校纷纷设立创业研究教育中心，开展创业教育和研究工作，在开设创业课程、探索创业教学方法和创业管理研究等方面初步取得了一些成果。我国创业教育和创业研究虽然呈现出蓬勃发展的势头，但与国外创业教育的发展状况相比还存在较大差距，离学生的创业需求也相差甚远。

参考文献：

[1] Schumpeter J A. The theory of economic development. Cambridge, MA: Harvard University Press, 1934

[2] Cole A H. Meso-economics: A contribution from entrepreneurial history [J]. Explorations in entrepreneurial history, 1968, 6(1) :3 ~ 33

[3] Kirzner I. Competions in entrepreneurship [M]. Chicago: The University of Chicago Press, 1973

[4] Leibenstein H. General X-efficency and economic development [M]. New York: Oxford University Press, 1978

[5] H H Stevenson, M J Roberts and H I Grousbeck. New Business Ventures and the Entrepreneur, Irwin, 1989

[6] Gartner W B and conceptual framework for describing the phenomenon of new venture creation [J]. Academy of management review, 1985, 10 (4):696 ~ 706

[7] Low M and Macmillan I. Entrepreneurship: Past research and future challenges. Journal of management, 1988, 14(2):139 ~ 161

[8] J Timmons. New Venture Creation, Irwin McGraw Hill, 1999

[9] Low M B. The Adolescence of Entrepreneurship Research: Specificaition of Purpose. Entrepreneurship: Theory & Practive, 2001, 25(4):17 ~ 25

[10] 宋克勤. 创业成功学[M]. 北京：经济管理出版社，2002

[11] 郁义鸿，李志能，西斯瑞克. 创业学[M]. 上海：复旦大学出版社，2002

[12] 罗天虎. 创业学教程[M]. 西安:西北工业大学出版社,2004

[13] 雷家骕,冯宛玲. 高新技术创业管理[M]. 北京:机械工业出版社,2001

[14] 刘健钧. 创业投资原理与方略:对"风险投资"范式的反思与超越[M]. 北京:中国经济出版社,2003

[15] 葛建新,周卫中,傅晓霞. 创业学[M]. 北京:清华大学出版社,2004

[16] 许玫. 创业利益论[M]. 上海:复旦大学出版社,2003:25

[17] 刘志阳. 创业学[M]. 上海:世纪出版集团,2008:6

[18] 中华人民共和国教育部高等教育司. 创业教育在中国:试点与实践[M]. 北京:高等教育出版社,2006:12 ~ 18

第二章　创业法规与政策

在创业者自主创业的过程中,除了受到自身创业素质的影响之外,政府部门、经济政策、技术进步、法律法规等宏观环境因素也对创业者事业的创办和发展产生重要影响。其中有关创业的法律法规和政策对创业者的影响尤其突出。一方面创业者在创业过程中需要在法律法规和政策的允许范围内实施自己的创业计划,另一方面在其权益受到侵犯的时候,创业者能够通过法律法规维护自己的合法权益。创业法律法规和政策为创业者的成功创业提供了外部环境的基础保障。

第一节　创业法规

一、创业法规的分类

由于创业法规并不是独立的法律体系,因此可从以下两个视角对涉及到创业相关的法规进行简单的归纳。

1.从法规体系的视角来看

法规调整的对象是社会关系。创业法规调整的是创业主体的社会关系。社会关系的多样性使得创业者在创业过程中将受到诸多法规的制约。从法规体系来看与创业有关的主要分为宪法、行政法、民法、经济法、刑法、环境—自然资源法和诉讼法等法律部门。比如民法部门又包括《经济合同法》、《专利法》、《商标法》等相关法律;经济法部门包括了《企业法》、《金融法》、《消费者权益保护法》等相关法律。

2. 从创业过程的视角来看

创业过程是个机会与风险并存的过程。作为一个理性的创业者,掌握创业法规知识,学习避免法律风险是其在创业之初和创业过程中必须了解的内容。从创业的过程来看,可分为创业策划期、创业发展期、创业稳定期、创业成熟期、创业衰退期五个阶段。而针对每一个阶段创业者都有其最急迫和重要的需要面对和遵循的法律法规。比如在创业策划期,创业者应该选择恰当的创业方式,就应该通过《公司法》、《中华人民共和国企业法人登记管理条例》、《中华人民共和国公司登记管理条例》等了解公司注册的要求与程序,以及相关创业方式的法律特点与风险。在创业发展期,创业者应该对《劳动法》、《税法》等涉及公司基础运营的相关法律法规进行学习了解。当然,每个阶段有重点需要了解的法规,但同时也应清楚,相关的法律会贯穿创业的全过程。

二、创业法规的特点

1. 多样性与分散性

从法律体系本身来说,由于法律本身调节的是社会整体的社会关系,包括经济关系、民事关系、宗教关系、政治关系等,其形成的主体法律条文和相关的法律文件规范了人们生活的方方面面,呈现出多样性的特点。在国家完备的、系统的法律体系下,创业者本身受到各种法律法规的制约,同时其开展的创业活动中,因与不同的对象发生不同的关系,因此创业法规也必然具有多样性的特征。另外,由于创业者在创业过程中会涉及多种多样的社会关系,因此其涉及的法律关系是多重而分散的。没有哪一种法规能够完全调整创业者创业过程中面临的所有关系,所以创业法规也体现出分散性的特征。

2. 权利性与义务性

权利与义务是一对相对的概念,它们是法律的主要内容。如果法律没有规定权利与义务的内容，就不具有任何的意义。涉及创业的相关法规中既规定了创业者作为基本公民所具有的基本权利，为其创业活动提供了基础的法律保障；同时创业者也必然在其创业过程中承担相应的法律义务和社会责任。

3. 强制性与教育性

法律具有强制性，它运用国家强制力来保障自身得以充分实现。同时法律也具有教育性，它能够通过其规定和实施，影响人们的思想，培养和提高人们的法律意识，引导人们依法行为。创业法规也同样体现出这样的特点，强制性体现在创业者在开展创业活动时必须在相关法律法规规定的范围内进行，如果逾越法律的规定，必将受到国家强制力的约束与制裁。同时通过创业法规的实施，也能教育规范创业者的创业行为，使其创业活动能够顺利进行，并不断取得发展。

三、与创业相关的基础法规

与创业相关的法规多种多样，不但是创业者成功创业的重要影响因素，也是创业者必须遵循的行动准则。而支撑创业者创业行为的最基础的法律法规，主要体现在以下几个方面。

1. 宪法

宪法是国家的根本大法，也是公民权利的保障书。宪法规定了公民的基本权利和义务，只有写进宪法的权利才是公民的基本权利，只有写进宪法的权利才会在部门法中有重要的体现。我国宪法第四十二条规定“中华人民共和国公民有劳动的权利和义务”。第十三条规定“公民的合法的私有财产不受侵犯”。这就表明国家鼓励劳动者通过自己合法的劳动获得物质报酬，并保护公民的合法收入。另外，我国宪法第六条第二款明确指出“国家在社会主义初级阶段，坚持公有制为主体、多种所有制经济共同发展的基本经济制度，坚持按劳分配为主体、多种分配方式并存的分配制度”。可见，国家鼓励个人通过自己的聪明才智，在遵守法律法规的前提下自主创业，自我发展。当然，宪法在第五十六条中还指出“中华人民共和国公民有依照法律纳税的义务”。这一条体现了权利和义务的统一。公民在创业成功后，还应履行基本的纳税义务，这是一个公民对国家、对社会负责的表现。《宪法》为公民个人自主创业提供了最基础的法律保障。

2. 公司法

虽然对公司法在整个法律体系中的地位问题，法学界一直存在争论，但可以明确的是，我国公司法是我国法律体系中一个极为重要的法律部门，是社会主义市场经济建设必不可少的法律。公司法在第二章第三节中对“一人公司制度”进行了专门规定。“一人公司制度”的确立在我国具有划时代的意义。法律上明确了一个人可以设立有限责任公司，人数不再是设立有限责任公司的障碍，这种制度为个人自主创业提供了积极的法律保障。另外，公司法第二十六条第一款规定“有限责任公司的注册资本为在公司登记机关登记的全体股东认缴的出资额。公司全体股东的首次出资额不得低于注册资本的百分之二十，也不得低于法定的注册资本最低限额，其余部分由股东自公司成立之日起两年内缴足；其中，投资公司可以在五年内缴足”。第二款规定“有限责任公司注册资本的最低限额为人民币三万元”。这一规定大大降低了公司设立的门槛，使资金不再是设立有限责任公司的主要障碍。因为融资往往是创业者起步的头等难题，把“一次缴清”改为“分期缴付”，大大降低了融资的难度，为劳动者自主创业，特别是青年创业创造了良好的机会。公司法的这些规定必将起到鼓励自主创业、促进就业的作用。

3. 合同法

合同就是契约。在劳动者自主创业过程中，合同的利用率是相当高的。其中，既有与合作者的合作协议，又有与雇工的雇佣劳动协议;既有融资协议,又有抵押协议。可见,创业者会遇到数以万计的复杂合同法律问题。而对于合同法律问题处理的好坏又直接影响到创业的成败。因此研究合同法律问题显得尤为重要。我国合同法为妥善解决各类合同法律问题提供了积极的法律保障。我国合同法确立了诚实信用的缔约原则,并对合同订立、履行以及违约责任等合同法律问题作了详尽的规定。尤其是在合同法中还规定了合同履行的抗辩权制度,抗辩权制度的设计有效地保障了合同履行各方的合法权益,为合同的合理、适当、高效履行提供了有效的法律保障。

4. 物权法

《物权法》的实施改变了具有数千年历史的中国人的财富观念,将个人所有权变成了实实在在的财产权利,并且通过约束行政机关的权力,将公民的个人财产所有权落到实处。物权法规定:"国家实行社会主义市场经济,保障一切市场主体的平等法律地位和发展权利"。法律进一步明确,"国家、集体、私人的物权和其他权利人的物权受法律保护,任何单位和个人不得侵犯"。这些规定都确立了公民个人对属于自己的财产享有的占有使用和收益的权利,只有明确个人财产的法律地位,劳动者自主创业才有积极性,创业者才乐意把全部精力和才智投入到自己的事业中来。"公有财产和私有财产平等保护"正是我国物权法的核心内容之一。物权法给创业者吃了一剂定心丸,为鼓励自主创业提供了强有力的保障。当然,如果创业者需要投资融资,就需要了解《担保法》;体现纳税义务则需了解《税法》;进行人力资源管理需了解《劳动法》;而企业技术方面则涉及《专利法》等。可见,法律知识的准备是创业者成功创业的基础条件之一。

第二节 创业政策

一、创业政策的特点

1. 针对性

针对性是指创业政策针对的主体是创业者及其创业活动。创业者本身具有与其他社会个体不同的特点，创业活动也具有区别于其他活动的目的和过程。创业政策不但针对创业活动的各个阶段，也针对创业活动中所涉及的各个方面规定相关的标准和准则。

2. 操作性

操作性指创业政策是创业者创业行动的导航器，创业者根据创业政策所确定的原则、条件、流程等相关规定来设计实施自己的创业计划。创业政策在制定时应体现其操作性或可执行性。

3. 连续性

创业者的创业活动是个持续而长期的过程。简单可分为创业策划期、创业发展期、创业稳定期、创业成熟期、创业衰退期五个阶段。创业政策应针对创业活动的发展时期，持续鼓励和帮扶创业者向所确定的目标前进。

二、创业政策分类

根据政策的作用，可大致将创业政策分为引导性政策、扶持性政策和管理性政策三类：

(一)引导性政策

引导性政策是指国家机关为了对创业者的创业行为和创业活动进行引导而制定的相关政策。引导性的政策大都比较宏观，主要为创业者的创业行为指明方向和目标，并为创业者的创业活动提供政策性的保障。引导性政策可看做是纲领性政策，是相关部门制定本部门相关政策的依据。比如国务院在《国务院关于做好促进就业工作的通知》(国发〔2008〕5 号)中提出了“改善创业环境,促进创业带动就业。完善支持自主创业、自谋职业政策体系,建立健全政策扶持、创业服务、创业培训三位一体的工作机制,简化程序,规范操作,提高效率,……使更多的劳动者成为创业者”。这可看做是引导性政策。由于有这一引导性政策的规定,人力资源社会保障部、发展改革委等相关职能部门,以及其他各级行政机关才能根据这一政策制定与本部门工作内容相关的涉及创业方面的政策。

(二)扶持性政策

扶持性政策是指国家机关根据创业者创业活动的特点而制定的鼓励、优惠和照顾性质的政策。扶持性政策具有特殊性,主要体现在创业者创业活动的初期阶段。在这一阶段创业者要面对较大的压力和较复杂的社会关系,为了协助创业者成功创业,相关部门和各级组织从各方面给创业者提供宽松和灵活的政策环境。例如,2000 年 1 月教育部公布了《教育部关于贯彻落实中共中央、国务院〈关于加强技术创新,发展高科技,实现产业化的决定〉的若干意见》,这项政策规定:“大学生、研究生(包括硕士、博士研究生)可以休学保留学籍创办高新技术企业。各高校要支持科技人员兼职从事成果转化活动,允许科技人员离岗创办高新技术企业、中介机构,并可在规定时间内(原则上为两年)回原高校竞争上岗。”另外,比如国办发〔2008〕111 号文件中规定:“登记失业人员、残疾人、退役士兵,以及毕业 2 年以内的普通高校毕业生从事个体经营的,要按有关规定,自其在工商部门首次注册登记之日起 3 年内,免收管理类、登记类和证照类等有关行政事业性收费。”

(三)管理性政策

管理性政策是指国家机关为保障创业者创业活动的顺利开

展以及相关政策得以规范，及时实施而制定的管理政策。管理性政策体现了规范性、操作性特点。一方面根据管理性政策，创业者能够合理利用政策规定开展创业活动，另一方面，行政管理部门等组织能够依据管理政策对创业者的行为进行控制管理。比如《关于联合实施“阳光行动”重庆市青年创业贷款项目的通知》（渝青联发〔2008〕21号）文件中，对创业贷款项目从申请人条件、贷款流程、贷款品种等内容都进行了具体规定，既方便符合条件的创业青年申请，又便于共青团组织和银行机构进行监督和管理。

三、与创业相关的政策

（一）注册登记类政策

注册登记类政策主要解决创业者创业行为的“准入”问题。创业者创业行为最现实的表现就是以一定的形式进入市场，进入社会系统。而“准入”问题往往是一些初次创业者所面临的第一个现实问题。因此，包括国家和地方政府都对创业者创业实体的注册登记给予了大力支持。2000年，《中华人民共和国个人独资企业法》正式实施，整部法律条文透出的最令人兴奋的信息是个人一元钱就可注册一个企业当老板。进一步拉动民间投资，规范个人独资企业行为，是国家制定这一法律的主要目的。这意味着假如你愿以自己的家庭作为经营场地，有家属亲朋愿为从业人员，你就可以用一元钱注册一个企业当老板。2003年国家出台了《关于切实落实2003年普通高校毕业生从事个体经营有关收费优惠政策的通知》。通知规定，凡高校毕业生从事个体经营的，除国家限制的行业（包括建筑业、娱乐业以及广告业、桑拿、按摩、网吧、氧吧等）外，自工商行政管理机关批准其经营之日起，一年内免交个体工商户登记注册费、个体工商户管理费、集贸市场管费。2006年1月，为进一步鼓励高校毕业生从事个体经营，财政部和国家发改委下发了《关于对从事个体经营的下岗失业人员和高校毕业生实行收费优惠政策的通知》。通知明确规定,从事个体经营的下岗失业人员、高校毕业生免交的收费项目包括:工商部门收取的个体工商户注册登记费(包括开业登记、变更登记、补换营业执照及营业执照副本)、个体工商户管理费、集贸市场管理费、经济合同签证费、经济合同示范文本工本费;税务部门收取的税务登记证工本费;卫生部门收取的行政执法卫生监测费、卫生质量检验费、预防性体检费、卫生许可证工本费;民政部门收取的民办非企业单位登记费(含证书费);劳动保障部门收取的劳动合同鉴证费、职业资格证书工本费;国务院以及财政部、国家发改委批准设立的涉及个体经营的其他登记类、证照类和管理类收费项目。在北京,大学生只需带着学历证明和北京市户口,到户口或经营所在地的社保所申请即可。在上海,如果成立非正规企业,只需到所在区县街道进行登记,即可免税三年。在天津,实施放宽注册资本缴付标准与时限,允许毕业生以人力资源和智力成果投资入股,放宽私企经营范围,工商部门上门为企业服务等政策。在湖南,从事个体经营的高校毕业生可享受三年内免交登记类、管理类和证照类的各项行政事业性收费的优惠政策。在海南,高校毕业生从事个体经营者可全额免交个体工商户注册登记费等18 项收费项目。

(二)财政金融政策

财政金融政策主要解决创业者的投资融资问题,主要体现在对资金资本的支持上。资金资本问题往往是创业者在创业过程中考虑得最多也最困难的一个问题。没有一定的资金资本作基础,创业行动往往无法实现,创业行程难以起航。因此解决创业者的资金资本问题成为国家和地方政府创业政策重点解决的问题。比如中组部、教育部、人事部、劳动和社会保障部等 14 部门2006 年联合下发《关于切实做好 2006 年普通高等学校毕业生就业工作的通知》规定。各地、各部门要切实加大对高校毕业生自主创业和灵活就业的扶持力度，进一步落实有关小额担保贷款和收费优惠政策。2009 年 1 月国务院发布《关于加强普通高校毕业生就业工作的通知》（国办发〔2009〕3 号），鼓励和支持毕业生自主创业。对高校毕业生从事个体经营符合条件的，免收行政事业性收费。在当地公共就业服务机构登记失业的自主创业高校毕业生，自筹资金不足的，可申请不超过 5 万元的小额担保贷款；对合伙经营和组织起来就业的，可按规定适当扩大贷款规模；从事当地政府规定微利项目的，可按规定享受贴息扶持。上海市政府从 2006 年起，连续 5 年每年投入 1 亿元用于大学生科技创业基金，为"书生商人"添砖加瓦。重庆市 2009 年起加大对自主创业的金融支持力度，在小额担保贷款基金中，设立 1 亿元的大中专毕业生创业基金，鼓励大中专毕业生自主创业。与此同时，大学生的贷款最高额度，已从最初的 2 万元提高到 5 万元。而对创业能力强、创业项目优的大学生，贷款额度可放宽到 8 万元；大学生合伙经营小企业和组织起来共同创业的，可按人均 5 万元规模申请贷款，但总额不超过 100 万元。辽宁省规定，各级政府设立的下岗失业人员小额贷款担保基金和中小企业担保基金也要用于为高校毕业生自主创业申请小额贷款提供担保，金额 5 万元左右。湖南省规定，对自愿到湘西地区及县级（含）以下基层自主创业的高校毕业生，自筹资金不足的，可申请小额贷款。对从事微利项目的，贷款利息由财政承担 50%。江西对从事个体经营且符合条件的高校毕业生，可享受不超过 5 万元的小额贷款，贷款期限最长不超过 2 年；对符合条件合伙经营的，可以根据人数和规模扩大贷款规模；对从事属于国家支持发展的服务业、餐饮业和商贸业项目，可享受参政贴息 50%。在福建，某著名企业家出资 1 000 万元人民币，对福州大学生进行创业投资。苏州市对毕业生自带科研成果和资金创办民营科技企业或自带科研成果实施转化的，经认定，可优先享受项目立项，获得贷款后可优先享受政府贴息，同时，可优先获得由政府有关部门牵头成立的担保机构提供的融资担保。

（三）税收政策

税收政策无论对人们行为的影响还是对社会价值与优先顺序的象征来说，都是相当重要的。税收政策对于创业者来说，一方面影响到创业过程中的获利实现，另一方面也体现了创业者应当承担的社会责任。我国《企业所得税暂行条例》规定，个人独资企业按33%的税率缴纳企业所得税，个人独资企业的投资人应从企业的收益中按20%的比例提取缴纳个人所得税。这显然非常不利于自主创业的开展。而税法同时也规定创业投资企业从事国家需要重点扶持和鼓励的创业投资，可以按投资额的一定比例抵扣应纳税所得额。对创业投资企业采取股权投资方式投资于未上市中小高新技术企业2年以上（含2年），凡符合国家规定条件的，可按照其投资额的70%在股权持有满2年的当年抵扣该创业投资企业的应纳税所得额；当年不足抵扣的，可以在以后纳税年度结转抵扣。这对创业者来说又是比较有利的。深圳制定了鼓励毕业生自主创业的优惠政策，毕业生新办从事咨询、信息、技术服务的独立核算企业或经营单位，自开业之日起，免征所得税两年；毕业生新办商业、物资、对外贸易、旅游、仓储、居民服务、饮食、教育文化等行业的独立核算企业，自开业之日起，免征所得税一年；毕业生新办从事交通运输、邮电通讯业的独立核算企业或经营单位，自开业之日起，第一年免征所得税，第二年减半征收所得税；毕业生创办为农业生产的产前、产中、产后服务的企业，对其提供技术服务和劳务所得的收入，免征所得税。苏州市人事局为了鼓励大学生自主创业，出台了《关于鼓励大中专毕业生自主创业的若干意见》，意见规定毕业生开办私营企业，凡从事公用事业、商业、物资业、对外贸易业、旅游业、仓储业、居民服务业、饮食业、教育文化业的，自开办之日起，经报市地方税务部门批准，一年内免缴企业所得税；从事咨询业、信息业、技术服务业的，自开办之日起，两年内免缴企业所得税；开办交通运输、邮电通讯零售企业的，自开办之日起，第一年免缴企业所得税，第二年减半缴纳企业所得税；毕业生开办私营企业，从事技术转让，以及有关的技术咨询、技术服务、技术培训所得，年净收入在 30 万元以内的，技术合同经市、县科技行政部门认定登记，经主管税务机关批准，暂免征收所得税。对经市、县科技行政部门批准，由毕业生开办的独立核算的科技企业，所取得的技术转让收入，经主管税务机关批准，可免征营业税。

（四）人事档案管理政策

人事档案是我国的人口管理的基本制度。创业者在创业之初，其人事档案无确实的挂靠单位，尤其是对一些异地创业者来说，不便于对其户籍、工龄、组织发展等个人问题进行管理。为了解决创业者的后顾之忧，各级部门都出台了相应的人事档案管理政策，支持大学生创业。比如重庆市对自谋职业的毕业生根据本人意愿，可将户口和人事档案暂存就读学校 2 年或由市大中专毕业生就业指导中心存管 2 年，存管期间免收档案管理费。江西省规定，高校毕业生灵活就业或在非公有制单位就业，免费进行劳动合同签证，3 年内免费提供档案管理，并享受社保代理服务，自愿到县级以下基层事业单位和各类中小企业、非公有制单位就业，符合相关条件的，3 年内免职业资格证书工本费、劳动争议仲裁费、职业技能鉴定费等 8 项行政事业性收费。河南许昌出台政策，对灵活就业的大学毕业生，可将户口和档案存放在政府人事部门所属的人才交流服务机构，由人才服务交流机构负责提供人事关系接轨、户籍和档案管理、社会化保险缴纳等人事代理服务。成都市在户籍方面，对到成都市农村、社区和基层工作的高校毕业生，户口可留在原籍或根据本人意愿迁往工作所在地；在工龄计算方面，到农村、社区和基层志愿服务的，其服务期限合并计算为工龄；在农村、社区连续工作 2 年以上的高校毕业生报考公务员和应聘事业单位工作人员的，每工作 1 年且考核合格，笔试总成绩加 1 分。福建省对高校毕业生从事自主创业、灵活就业的，可在各级社会保险经办机构设立的个人缴费窗口办理社会保险参保手续。高校毕业生自主创业的，政府人事行政部门所属的人才中介服务机构，免费为其保管人事档案（包括代办社保、职称、档案工资等有关手续）2 年。

（五）教育培训政策

教育培训政策主要是为创业者在创业前和创业过程中提供智力支持，从创业精神的培养、创业知识的教育和创业行为的锻炼等方面给予大学生实际帮助。国办发〔2009〕3 号文件规定："有创业意愿的高校毕业生参加创业培训的，按规定给予职业培训补贴。强化高校毕业生创业指导服务，提供政策咨询、项目开发、创业培训、创业孵化、小额贷款、开业指导、跟踪辅导的'一条龙'服务。各地要建设完善一批投资小、见效快的大学生创业园和创业孵化基地，并给予相关政策扶持。"大学生创业孵化基地建设是为有创业意愿的大学生提供全程化的跟踪指导，同时使创业带头人在基地中迅速成长起来，成为大学生效仿的榜样，也是突破目前大学生创业活动瓶颈的关键。近几年来，重庆、辽宁、上海、福建、安徽等省市先后建立了相当规模的高校毕业生创业孵化基地，收到了很好效果，拓宽了就业渠道；同时也为当地经济建设输送了大批人才，社会反响良好。对创业带头人的创业项目提供创业孵化场地和公司基本运行设施，帮助他们的创业公司规避在基本设施建设方面的投资风险。这对于创业者在生长和发展初期，特别是启动资金很少的大学生们尤为重要。利用孵化基地规范的管理和社会形象，为大学生创业者建立最初的商业信誉，为大学生创业搭建支撑平台，提供创业项目、信息、场地、政策、保障、援助及相关的公益性服务。同时,帮助创业带头人在孵化基地开办各种形式的微型企业,聚集人气和商气,逐步建立起高校大学生创业市场。重庆市大学生创业孵化基地为大学生创业者提供创业场所,免租金、免物管费;免费提供专家咨询;进行专业的创业指导及创业培训,提升技能;免费使用创业数据库;并对优秀项目提供创业投资、成果转化与产品推介。上海设立专门针对应届大学毕业生的创业教育培训中心,免费为大学生提供项目风险评估和指导,帮助大学生更好地把握市场机会。湖南省劳动和社会保障厅下发的《关于进一步做好高校毕业生就业有关工作的通知》,明确要求各地公共就业服务机构设立高校毕业生专门服务窗口,提供免费政策咨询、职业指导和职业介绍服务。

案例　重庆两翼农户万元增收措施

重庆市实施两翼农户万元增收意见中要求:建立完善"万村千乡市场工程"持续发展机制,促进城乡"双向流通"。加大农林产品市场和销售网点建设扶持力度,对"两翼"新建的农林产品批发市场、新建和改造的乡镇农贸市场,自营业之日起3年内免收市政府设立的各种规费。每年组织一批农产品批发市场、大型超市、餐饮企业、食品加工企业、高等院校与专业合作社、生产基地进行产销对接,对农林产品冷链系统、加工配送中心、质量检测系统等给予补助。支持举办各类促销节会,对到市外参加或举办农产品展示展销活动的,给予适当经费补助。对农林产品电子商务公共平台建设和营销大户给予适当支持。发挥各级供销社的作用,在"两翼"建设100个农产品交易市场、1 000个辐射全国的林下产品销售网点。实施林下经济品牌战略,对柑橘、土鸡等区域性特色产品进行整体包装营销;对新获得中国名牌产品和驰名商标、注册地理标志的,实行以奖代补。

第三节　教育部关于大学生创业工作的意见

党的“十七大”提出“提高自主创新能力,建设创新型国家”和“促进以创业带动就业”的发展战略。大学生是最具创新、创业潜力的群体之一。在高等学校开展创新创业教育,积极鼓励高校学生自主创业,是教育系统深入学习和实践科学发展观,服务于创新型国家建设的重大战略举措;是深化高等教育教学改革,培养学生创新精神和实践能力的重要途径;是落实以创业带动就业,促进高校毕业生充分就业的重要措施。为统筹做好高校创新创业教育、创业基地建设和促进大学生自主创业工作,现提出以下意见:

一、大力推进高等学校创新创业教育工作

1. 创新创业教育

在高等学校中大力推进创新创业教育,对于促进高等教育科学发展,深化教育教学改革,提高人才培养质量具有重大的现实意义和长远的战略意义。创新创业教育要面向全体学生,融入人才培养全过程。要在专业教育基础上,以转变教育思想、更新教育观念为先导,以提升学生的社会责任感、创新精神、创业意识和创业能力为核心,以改革人才培养模式和课程体系为重点,大力推进高等学校创新创业教育工作,不断提高人才培养质量。

2. 加强创新创业教育课程体系建设

把创新创业教育有效纳入专业教育和文化素质教育教学计划和学分体系,建立多层次、立体化的创新创业教育课程体系。突出专业特色,创新创业类课程的设置要与专业课程体系有机融合,创新创业实践活动要与专业实践教学有效衔接,积极推进人才培养模式、教学内容和课程体系改革。加强创新创业教育教材

建设，借鉴国外成功经验，编写适用和有特色的高质量教材。

3. 加强创新创业师资队伍建设

引导各专业教师、就业指导教师积极开展创新创业教育方面的理论和案例研究，不断提高在专业教育、就业指导课中进行创新创业教育的意识和能力。支持教师到企业挂职锻炼，鼓励教师参与社会行业的创新创业实践。积极从社会各界聘请企业家、创业成功人士、专家学者等作为兼职教师，建立一支专兼结合的高素质创新创业教育教师队伍。高校要从教学考核、职称评定、培训培养、经费支持等方面给予倾斜支持。定期组织教师培训、实训和交流，不断提高教师教学研究与指导学生创新创业实践的水平。鼓励有条件的高校建立创新创业教育教研室或相应的研究机构。

4. 广泛开展创新创业实践活动

高等学校要把创新创业实践作为创新创业教育的重要延伸，通过举办创新创业大赛、讲座、论坛、模拟实践等方式，丰富学生的创新创业知识和体验，提升学生的创新精神和创业能力。省级教育行政部门和高校要将创新创业教育和实践活动成果有机结合，积极创造条件对创新创业活动中涌现的优秀创业项目进行孵化，切实扶持一批大学生实现自主创业。

5. 建立质量检测跟踪体系

省级教育行政部门和高等学校要建立创新创业教育教学质量监控系统。要建立在校和离校学生创业信息跟踪系统，收集反馈信息，建立数据库，把未来创业成功率和创业质量作为评价创新创业教育的重要指标，反馈指导高等学校的创新创业教育教学，建立有利于创新创业人才脱颖而出的教育体系。

6. 加强理论研究和经验交流

教育部成立高校创业教育指导委员会，开展高校创新创业教育的研究、咨询、指导和服务。省级教育行政部门和高等学校要加强对国内外创新创业教育理论研究,组织编写高校创新创业教育先进经验材料汇编和大学生创业成功案例集。省级教育行政部门应定期组织创新创业教育经验交流会、座谈会、调研活动,总结交流创新创业教育经验,推广创新创业教育优秀成果。逐步探索建立中国特色的创新创业教育理论体系,形成符合实际、切实可行的创新创业教育发展思路,指导创新创业教育教学改革发展。

二、加强创业基地建设,打造全方位创业支撑平台

1. 全面建设创业基地

教育部会同科技部,以国家大学科技园为主要依托,重点建设一批"高校学生科技创业实习基地",并制定出台相关认定办法。省级教育行政部门要结合本地实际,通过多种形式建立省级大学生创业实习和孵化基地;同时要积极争取有关部门支持,推动本地区有关地市、高等学校、大学科技园建立大学生创业实习或孵化基地,并按其类别、规模和孵化效果,给予大力支持,充分发挥基地的辐射示范作用。

2. 明确创业基地功能定位

大学生创业实习或孵化基地是高等学校开展创新创业教育、促进学生自主创业的重要实践平台,主要任务是整合各方优势资源,开展创业指导和培训,接纳大学生实习实训,提供创业项目孵化的软硬件支持,为大学生创业提供支撑和服务,促进大学生创业就业。

3. 规范创业基地管理

大学科技园作为"高校学生科技创业实习基地"的建设主体,要把基地建设作为园区建设的重要内容,确定专门的管理部门负责基地的建设和管理;加强与依托学校和有关部门的联动,共同开展大学生实习实训和创业实践。有关高等学校要高度重视大学科技园在创新创业人才培养中的作用，出台有利于大学科技园开展学生创业工作的政策措施和激励机制。

4. 提供多种形式的创业扶持

大学生创业实习或孵化基地要结合实际，为大学生创业提供场地、资金、实训等多方面的支持。要开辟较为集中的大学生创业专用场地，配备必要的公共设备和设施，为大学生创业企业提供至少 12 个月的房租减免。要提供法律、工商、税务、财务、人事代理、管理咨询、项目推荐、项目融资等方面的创业咨询和服务，以及多种形式的资金支持；要为大学生开展创业培训、实训；建立公共信息服务平台，发布相关政策、创业项目和创业实训等信息。

三、进一步落实和完善大学生自主创业扶持政策，加强创业指导和服务工作

1. 切实落实创业扶持政策

省级教育行政部门要按人力资源和社会保障部、教育部等《关于实施“2010 高校毕业生就业推进行动”大力促进高校毕业生就业的通知》(人社部发〔2010〕25 号)要求，与有关部门密切配合，共同组织实施“创业引领计划”，并切实落实以下政策：对高校毕业生初创企业，可按照行业特点，合理设置资金、人员等准入条件，并允许注册资金分期到位。允许高校毕业生按照法律法规规定的条件、程序和合同约定将家庭住所、租借房、临时商业用房等作为创业经营场所。对应届及毕业 2 年以内的高校毕业生从事个体经营的，自其在工商部门首次注册登记之日起 3 年内，免收登记类和证照类等有关行政事业性收费；登记求职的高校毕业生从事个体经营，自筹资金不足的，可按规定申请小额担保贷款；从事微利项目的，可按规定享受贴息扶持；对合伙经营和组织起来就业的，贷款规模可适当扩大。完善整合就业税收优惠政策，鼓励高校毕业生自主创业。

2. 积极争取资金投入

省级教育行政部门要与有关部门协调配合，积极争取当地政府和社会支持，通过财政和社会两条渠道设立"高校毕业生创业资金"、"天使基金"等资助项目，重点扶持大学生创业。要建立健全创业投资机制，鼓励吸引外资和国内社会资本投资大学生创业企业。

3. 积极开展创业培训

省级教育行政部门要积极配合有关部门，对有创业愿望并具备一定创业条件的高校学生，全面开展创业培训。要积极整合各方面资源，把成熟的创业培训项目引入高校，并探索、开发适合我国大学生创业的培训项目。同时，高等学校要加强对在校生的创业风险意识教育，帮助学生了解创业过程中可能遇到的困难和问题，不断提高防范和规避风险的意识和能力。

4. 全面加强创业信息服务

省级教育行政部门和高等学校要加大服务力度，拓展服务内涵，充分利用现有就业指导服务平台，特别是就业信息服务平台，广泛收集创业项目和创业信息，开展创业测评、创业模拟、咨询帮扶，有条件的要抓紧设立创业咨询室，开展"一对一"的创业指导和咨询，增强创业服务的针对性和有效性。

5. 高等学校要出台促进在校学生自主创业的政策和措施

高校可通过多种渠道筹集资金，普遍设立大学生创业扶持资金；依托大学科技园、创业基地、各种科研平台以及其他科技园区等为学生提供创业场地。同时，有条件的高校要结合学科专业和科研项目的特点，积极促进教师和学生的科研成果、科技发明、专利等转化为创业项目。

四、加强领导，形成推进高校创业教育和大学生自主创业的工作合力

1. 省级教育行政部门要把促进高校创新创业教育和大学生自主创业工作摆在突出重要位置。要积极争取有关部门支持，创造性地开展工作，因地制宜地出台并切实落实鼓励大学生创业的政策措施。要加大对高校创新创业教育、创业基地建设的投入力度，在经费、项目和基金等方面给予倾斜。有条件的地区可设立针对大学生的创业实践项目，为大学生创业实践活动提供小额经费支持。根据工作需要，可评选创新创业教育示范校、创业示范基地。

2. 高等学校要把创新创业教育和大学生自主创业工作纳入学校重要议事日程。要理顺领导体制，建立健全教学、就业、科研、团委、大学科技园等部门参加的创新创业教育和自主创业工作协调机制。统筹创新创业教育、创业基地建设、创业政策扶持和创业指导服务等工作，明确分工，切实加大人员、场地、经费的投入，形成长效机制。

3. 营造鼓励创新创业的良好舆论氛围。省级教育行政部门和高等学校要广泛开展创新创业教育和大学生自主创业的宣传，通过报刊、广播、电视、网络等媒体，积极宣传国家和地方促进创业的政策、措施，宣传各地和高校推动创新创业教育和促进大学生创业工作的新举措、新成效，宣传毕业生自主创业的先进典型。通过组织大学生创业事迹报告等形式多样的活动，激发学生的创业热情，引导学生树立科学的创业观、就业观、成才观。

第三章　创业类型

创业类型的划分是展开创业研究的基础，本章在探讨不同创业类型的基础上，探讨了创业的主要形式。

第一节　创业分类

目前，对于创业活动的分类方式较多，国内外学者们从不同的角度给出了不同的分类，其中较常见的分类有以下几种：

一、Gartner 分类

Gartner、Mitchell 和 Vesper(1989)通过调查，针对个人、组织、环境、过程等四个方面进行研究，发现创业类型可以分为八种[1]：

·离职创立新公司，新公司与原来任职公司属于不同行业性质，新公司也必须立即面对激烈的市场竞争。

·新公司由原行业的精英人才组成，他们试图以最佳团队组合，集合众家之长，来发挥竞争优势。

·创业者运用原有的专业技术与顾客关系创立新公司，并能够比原公司提供更好的服务。

·接受一家运营中的小公司，快速实现个人创业梦想。

·创业者拥有专业技术，能预先觉察未来市场变迁与顾客需求的新趋势，因而决定掌握机会，创立新公司。

·为提供特殊市场给顾客更好的产品与服务而离职创立新公司，新公司具有服务特殊市场的专业能力与竞争优势。

·创业者为实现新企业理想，在一个刚萌芽的新市场中从事创新，希望获得领先创新的竞争优势，但相对的不确定风险性也比较高。

·离职创立新公司，产品或服务与原有公司相似，但是在流程与营销上有所创新，能为顾客提供更为满意的产品与服务。

二、Christian 分类法

Christian(2000)等人依照对市场和个人的影响程度，把创业分为四种基本类型，即复制型创业、模仿型创业、安家型创业和冒险型创业[2]。

三、根据创业动机的差异性分类

张玉利和杨俊(2003)根据创业动机的差异性，把创业行为分成三类[3]。

1. 机会拉动型创业

创业的动机在于个人抓住现有机会的强烈欲望，是一个个体的偏好，并将创业作为实现某种目标(如实现自我价值、追求理想等)的手段。

2. 贫穷推动型创业

创业的动机处于别无其他更好的选择，是一种被迫的选择，而不是个人自愿行为。

3. 混合型创业

混合型创业是介于机会拉动型和贫穷推动型创业之间的创业行为。

四、基于初始动机的分类

Raphael Amit(1994)的研究中从动机的角度将创业划分为推动型创业和拉动型创业[4]。推动型创业是指创业者对当前的状态不满，并受到一些非创业者特征的因素的推动而从事创业的行为。拉动型创业是指创业者在“新创一个企业的想法”以及“开始一个新企业活动”的吸引下，由于创业者自身的个人特质和商业机会本身的吸引下产生的创业行为。

GEM 报告（2001）最先提出了生存型创业和机会型创业的概念，这一概念的提出是建立在前人学者对推动型创业和拉动型创业的研究基础之上的。在 GEM（2002）报告中，Reynolds 等人支持生存型创业就是指那些由于没有其他就业选择或对其他就业选择不满意而从事创业的创业活动；机会型创业就是指那些为了追求一个商业机会而从事创业的创业活动。

五、基于初始资源的分类

芝加哥大学教授阿玛尔·毕海德曾在哈佛商学院讲授创业课程，为了整理出清晰的授课计划，他带领学生对 1996 年进入美国 Inc. 500（Inc 杂志评选出的成长速度最快的 500 家企业）的企业进行了深入访谈，并于 2000 年出版了专著《新企业的起源与演变》[5]。毕海德教授强调创业并不单纯指企业家创建新的企业，大企业中同样有创业行为。毕海德教授将原创性的创业概括为五种类型，分别是边缘创业（marginal businesses）、冒险型的创业（promising start - ups）、与风险投资融合的创业（VC - baked start - ups）、大公司的内部创业（corporate initiatives）和革命性的创业（revolutionary ventures）。

六、基于创业者的分类

Smith（1967）通过对调查数据的分析，发现样本企业创业的类型是可以被划分出来的，他根据分析结果将创业类型划分为：craftsman entrepreneurship 和 opportunistic entrepreneurship。并认为 craftsman entrepreneurship 中，创业者在处理社会环境问题时能力较弱，而且在时间导向上会受到制约；而 opportunistic entrepreneurship 中的创业者的受教育和培训的范围比较广泛，社会感知以及对未来的定位比较高[6]。

Smith 和 Miner 认为不同类型的创业者所创造的新企业是属于不同类型的，并且在后续的企业成长管理方式上也是不同的。根据创业活动的主体差异，创业活动可以分为个体创业和公司创业。Morris 和 Kurakto(2002)的研究对个体创业和公司创业作了比较深入的比较。个体创业主要是指与原有组织实体不相关的个体或团队的创业行为，而公司创业主要是由已有组织发起的组织的创造、更新与创新活动。虽然在创业本质上，公司创业和个体创业有许多共同点，但是由于起初的资源禀赋不同、组织形态不同、战略目标不同等，再创业风险承担、成果收获、创业环境、创业成长等方面也有很大的差异。

Madhushree Nanda Agrwal(2004)的研究中将创业类型划分为以下五种[7]。

一是机会型创业(opportunistic type)：由经济上的预期而驱动的创业行为。

二是推动型创业(push type)：由生存推动而驱使的创业行为。

三是管理型创业(managerial type)：拥有很高的领导权、管理权，为了获得经济回报而进行的创业。

四是新工匠型创业(new craftsman type)：具有高独立工作的需求，同时希望从事实现产品或服务想法的工作。

五是想法驱动机会型(idea driven opportunistic type)：由想法驱动创业与机会驱动创业混合而成的创业类型。

七、基于战略的分类

Robbie 和 Wright(1995)在前人将创业划分为 craftsman and

the opportunist 的基础上，进一步从创业形式上把创业活动划分为 buy－out 和 buy－in 两种类型[8]。

Meyer 和 Godesiabois（2003）从创业者早期战略导向的角度展开研究，在认知层面上将创业者分为三种类型[9]。

一是 Disruptive Technology Entrepreneur（DTE）：技术分裂型创业者。

二是 Market Share Building Entrepreneur（MSBE）：市场共享型创业者。

三是 Market Inefficiency Entrepreneur（MIE）：低效市场创业者。

Boettke（2004）的研究将创业划分为两种类型：

第一类，套利型创业：利用价格差异的机会，对于已经存在的差异边缘，通过低买高卖获取利润的创业活动。

第二类，创新型创业：在 Smith 的研究中提出的利用新商业机会的创业；在 Schumpeter 的研究中提出的基于低成本或新技术开发的创业活动。

八、基于创业效果的分类

戴维森（P. Davidson，2001）基于创业效果在组织层面和社会层面的产出对创业进行了分类，分为成功创业、催化剂式创业、重新分配式创业、失败的创业[10]。

组织层面和社会层面都是负的创业行为属于失败创业；组织层面为负而社会层面为正的创业行为属于催化剂式创业；组织层面为正而社会层面为负的创业行为属于重新分配式创业；组织层面和社会层面都为正的创业行为属于成功创业。社会应该赞赏成功的创业，而重新分配式的创业不可避免，同时催化剂式的创业更需要鼓励。

Carter、Gartner 和 Reynolds（1995）的实证研究从创业结果的

角度将创业分为三类[11]。

一是成立企业的创业:这类创业活动体现为初始创业者通过把握、利用机会成立商业实体。

二是放弃型创业:这类创业活动体现为创业者发现并利用了商业机会,但是开发利用机会的过程中由于众多因素而导致没有能力成立企业,利用商业机会的过程最终被放弃。

三是继续尝试型创业:这类创业活动体现为创业者在上一次创业过程中没有成功,但是创业者仍然保持着继续创业的意愿并有着继续创业的行为。这种创业类型最终会转化为成功创业或放弃。

九、创业动机与创业战略交叉维度分类

GEM 报告按照创业动机将创业类型划分为生存型和机会型,这种划分标准为众多学者所肯定。熊彼特早在 1939 年就提出了五种创新的模式:一是新产品创新,二是新资源创新,三是新市场创新,四是新生产方法创新,五是企业组织创新。后来的学者们又进一步基于创新的角度提出了企业的模仿战略、领先战略。当同时考虑创业动机与创业战略,将得到这样的创业类型划分为生存模仿型创业、生存领先型创业、机会模仿型创业、机会领先型创业[12]。

生存模仿型创业:生存创业倾向较高时又采取了模仿型战略的创业起点相对较低,基本没有太多的产品或服务的独特性,创业者为了摆脱当前的情况而模仿其他领先企业,这类创业在我国非常常见。

生存领先型创业:生存领先创业倾向较高时又采取了领先战略的创业起点相对较高,虽然创业者因没有更好的选择而创业,但创业者将自己的创业起点放在了较高的层面,作为一个领域的领先者,难免要面临更多的风险,而这类创业者试图通过承担可

能的较多的风险来获得更高的利润。

机会模仿型创业:机会型创业倾向较高同时又采取了模仿型战略的创业企业起点相对较低,创业者在某一领域中发现了商业机会,但是由于各种因素,识别并开发这种需要通过模仿领先者的方式来实现。

机会领先型创业:机会型创业倾向较高同时又采取了领先型战略的创业企业起点相对较高,创业者识别出一个很独特的商业机会,并将这个商机实现出来,成为某一领域的领先者。

十、创业动机与价值创造交叉维度分类

创业活动是带有追逐利润的目的,不管生存型创业还是机会型创业都带有各自的预期。而创业企业新创造的价值的多少反映了创业活动的效果。将创业动机与创造价值交叉考虑,可以反映出创业初始的预期与创业后客观情况的对比,分为保守型创业、逐利型创业、稳定型创业、冒险型创业。

保守型创业:属于生存型创业的一种,在这种创业活动中,创业者只是为解决当前的经济困境而从事创业,不愿意承担更多的风险而只追求基本的利润回报,所产生的创业行为相对保守。

逐利型创业:属于生存型创业中的一种,在这种创业活动中创业者以追求高额回报为主要目的,这样会承担较多的风险,面临较多的不确定性。这种创业行为有孤注一掷的倾向。

稳定型创业:属于机会型创业中的一种,在这种创业活动中,创业者以实现商业机会为目的,非利润回报对于创业者来说具有更大的吸引力。这种创业行为处于一种稳定发展的情况。

冒险型创业:属于机会型创业中的一种,在这种创业活动中,创业者在实现商业机会的同时,追求高额利润回报,承担较多的风险。经济利润的刺激同实现商业机会的欲望对于创业者来说同样具有吸引力。

第二节　创业模式与途径

一、常规的创业模式

1. 独立创业新企业

创业者自己设计或构思创业的产品和经营模式，自创品牌、从无到有地创办和发展自己的企业，这是创业的典型形式，最能体现创业精神的一种模式，有利于创业者将企业不断做大，一切皆由创业者掌握。但他们要面对各种各样的困难，即使经营环境的各种因素模糊不定甚至矛盾对立，也必须独立自主地迅速作出决策，并对自己的决策负责。这种模式对创业的条件和创业者的能力要求较高。以这种模式创业成功后，很多创业者逐步成为成功的企业家。这种创业，给创业者的成就感最强。

2. 加盟

创业者加盟别人的企业，成为别人品牌和企业经营模式的复制经营者。这样创业，创业者不需自己摸索，只要向特许方或盟主交纳一笔费用（加盟费、品牌使用费、货款、设备款等），就可在别人开发的企业经营模式的基础上开始创业。

目前，连锁加盟有直营、委托加盟、特许加盟等形式，投资金额根据商品种类、店铺要求、技术设备的不同有差异，可满足不同需求的创业者。加盟创业的最大特点是利益共享，风险共担。创业者只需支付一定的加盟费，就能借用加盟商的无形资源，并利用现成的商品和市场资源，还能长期得到专业指导和配套服务，创业风险也有所降低。创业者在选择加盟项目时要有理性的心态，事先进行充足的准备，包括收集资料、实地考察、分析市场等，并结合自身实际情况再决定。

3. 经销和代理

选择某产品的生产厂家，成为其代理商或经销商，做产品的批发或零售业务。一般较畅销或品牌价值较高的产品,取得代理商或经销商资格的代价较高,竞争也很激烈。反之,经销商开拓市场的成本往往较高,失败的风险也较大。

4. 收购现有企业

市场上经常会有一些现成的企业由于各种原因需要转让或出售,尤其是一些餐馆或零售店铺,创业者便可以收购这些现成的企业,收购后可以较快地进行经营活动。这种模式的好处是省去了创办的麻烦,同时可以利用原企业已有的客户和业务;但如果原业主是因为在经营中存在致命缺陷才出让,那么你接手后的风险可能就会较高。

5. 购买技术或专利

如今,有很多技术或专利在等待投资以把它们转化为现实的生产力。创业者只需支付一笔技术转让费,就可利用该技术从事生产和创业。这种模式的优势在于你有可能成为该项新产品的独有企业,从而占有该产品较大的市场份额。最大的风险在于市场开拓,因为大多数产品的上市和市场开拓投入,是个人创业者,尤其是小本创业者所无法承受的。

6. 合作创业

有些创业者手上有项目,有些创业者有某种创业优势和资源,他们会寻找合作伙伴共同创业。如你创业缺乏某种资源,你可以考虑与拥有这种资源的伙伴进行合作。这种模式的好处是你可以与合作伙伴分享资源和共担风险。但你得与你的合作伙伴共同决策,不能全由你独自掌控。如果你们彼此不协调,则比其他模式又多了一项创业失败风险。

7. 企业内创业

企业内创业是指为了获得创新性的成果而得到组织授权和资源保证的企业创业活动,是指已经设定好了经验的范围、项目、资源、区域等等因素,那么创业者需要根据企业内的资源,通过改变现有的结算方式、生产效率、生产成本、生产技术、相关服务等来通过创新等方法实现的过程。企业内创业的激励目标是通过企业来吸引有市场创新能力的核心人才,同时有效控制新产品的投资风险,其最终目标是帮助企业成为上市公司。企业内创业的方式有业务部门核心人才创业、创立子公司合伙人机制、企业内独立创业三种。

二、其他创业模式

1. 网上创业

在网上开设电子商务网站或在阿里巴巴的淘宝网上开办商店,是很多小本创业者的选择。建立地区或行业性的综合门户网站,也是网上创业的可行模式。目前网上创业已成为一种时尚。在淘宝网上开店的创业成本较低,但建立知名的电子商务网站和门户网站,在技术、资金和管理方面的门槛都不低。

目前,网络创业主要有两种形式:网上开店,在网上注册成立网络商店;网上加盟,以某个电子商务网站门店的形式经营,利用母体网站的货源和销售渠道。网上创业的优势是门槛低、成本少、风险小、方式灵活,特别适合初涉商海的创业者。像易趣、阿里巴巴、淘宝等知名商务网站,有较完善的交易系统、交易规则、支付方式和成熟的客户群,每年还会投入大量的宣传费用。对初次尝试网上创业的人来说,事先要进行多方调研,选择既适合自己产品特点又具较高访问量的电子商务平台。一般来说,网上加盟的方式更为适合,能在投入较少的情况下开业,边熟悉游戏规则,边依托成熟的电子商务平台发展壮大。

2. 在家创业

在家办公和创业,在美国等发达国家比较流行,我国城市居民中也有越来越多的人选择这种方式开始创业。例如,城郊居民利用自家的宅院为城镇和外来观光人员提供农家院和农家饭服务，城市居民在家做来料加工等业务，都属于在家创业。这种模式的好处是成本低，但企业经营受到一定的局限。用住宅房作为经营场地，申办工商登记时也会受到一定的限制。

3. 承包经营

接手一家现有企业的经营权，向企业的业主交纳一定的承包经营费，待行业经验和业务渠道积累到一定的时候，收购自己所经营的企业，或退出后独立开办另一个类似的企业继续经营。这也是一些成功人士采用过的一种创业模式。这种模式的最大好处是可以大大降低自己开办企业的启动资金，同时也不用经历企业开办甚至初创经营的许多艰难困苦。但这种模式的好机会太少。如果你将接管的企业产品滞销、负债累累，你可能同样面临较大的压力和风险。

4. 兼职创业

对上班族来说，如果头脑活络，有钱又有闲，想"钱生钱"又不愿意放弃现有工作，兼职做老板应该是最佳选择了。对上班族来说，兼职创业，无需放弃本职工作，又能充分利用在工作中积累的商业资源和人脉关系创业，可实现鱼和熊掌兼得的梦想，而且进退自如，大大减少了创业风险。兼职创业，需要在主业和副业、工作和家庭等几条战线上同时作战，对创业者的精力、体力、能力、忍耐力都是极大的考验，因此要量力而行。此外，兼职创业族最好选择自己熟悉的领域，但要注意不能侵犯受雇企业的权益。

5. 团队创业

如今，创业已非纯粹追求个人英雄主义的行为，团队创业成功的概率要远高于个人独自创业。一个由研发、技术、市场、融资等各方面组成、优势互补的创业团队，是创业成功的法宝，对高科技创业企业来说，更是如此。俗话说，"一个好汉三个帮。"一群人同心协力，集合各自的优势，共同创业，其产生的群体智慧和能量，将远远大于个体。创建团队时，最重要的是考虑成员之间的知识、资源、能力或技术上的互补，充分发挥个人的知识和经验优势，这种互补将有助于强化团队成员间彼此的合作。一般来说，团队成员的知识、能力结构越合理，团队创业的成功性就越大。

6. 概念创业

概念创业，顾名思义就是凭借创意、点子、想法创业。当然，这些创业概念必须标新立异，至少在打算进入的行业或领域是个创举，只有这样，才能抢占市场先机，才能吸引风险投资商的眼球。同时，这些超常规的想法还必须具有可操作性，而非天方夜谭。概念创业具有点石成金的神奇作用，特别是本身没有很多资源的创业者，可通过独特的创意来获得各种资源。创业需要创意，但创意不等同于创业，创业还需要在创意的基础上，融合技术、资金、人才、市场经验、管理等各种因素，如果仅凭点子贸然行动，基本上是行不通的。

7. 大赛创业

利用各种商业创业大赛，获得资金提供平台，如 Yahoo、Netscape 等企业都是从商业竞赛中脱颖而出的，因此也被形象地称为创业“孵化器”。如清华大学王科、邱虹云等组建的“视美乐”公司、上海交大罗水权、王虎等创建的“上海捷鹏”等。

三、创业常见途径

1. 体验型创业

通过亲身体验，铺下创业的基础，然后再创业。这也是很多成功的创业者所使用过的一种创业方式，通过亲身体验来熟知一种行业的门径和技巧，包括创业所需要的知识、技术、人脉、进货渠道以及它的经营方法和管理技巧等，待机会成熟时迅速地去创业并获得成功。这种创业途径稳定性强，成功率高，通过亲身体验能让你清醒地认识到该种行业的竞争状况和发展前景，这样做能帮你少走很多的弯路，避免很多不必要的风险和错误。

2. 模仿型创业

对自己的亲戚或朋友正在做的行业进行观察，如果他们的创业很成功，那么你就可以在不影响到他们利益的情况下，做和他们一样的生意。这种创业途径能快速地找到好的进货渠道，遇到疑难问题时会有可靠的人来指导你，可以和你的亲戚或朋友进行有益的交流和沟通，使自己获得快速的进步，在员工、货物等方面可以和你的亲戚朋友做到互补。

3. 关联型创业

对自己的亲戚或朋友正在做的行业进行观察，如果他们的创业很成功，那么你就可以在不影响到他们利益的情况下，做与他们企业相关的产品和项目。比如帮他们搞宣传，比如帮他们搞批发和销售，处理他们的库存或废物，帮他们做设计，做他们的前期工序或后期工序等。这种创业途径在相同条件下，你能比别人优先拿到订单，能让你避免受骗和上当。当然虽然是你亲戚或朋友的企业，你同样需要把自己的工作和产品做精，做细，不能因为自己的错误或瑕疵而给他们带来负面的影响，要把你亲戚或朋友的企业作为一个稳定点，同时去开发其他的客户和资源，这样你才能发展起来，越做越强。

知识链接：企业法律形式

根据我国相关法律的规定，创业者可以选择有限责任公司、股份有限公司、合伙和个人独资等企业形式。按照财产的组织形式和所承担的法律责任不同，企业的法律形式有三种选择：独资企业、合伙企业和公司制企业。前两种属于自然人企业，出资者承担无限责任；后者属于法人企业，出资者承担有限责任。

独资企业又称为个人业主制企业，是指由个人出资兴办，完全归个人所有，单独承担无限责任的企业。该种法律形式主要适用于零售业、服务业、手工业、家庭农场等小型企业。独资企业的主要优点十分明显:设立手续简单,利润独享;经营灵活,决策迅速,保密性好。独资企业的主要缺点是:承担无限责任,经营风险较大;由于受个人出资的限制,企业规模往往较小;组织机构不健全;企业经营水平受到企业业主素质的制约,企业的连续性往往较差。

合伙企业是指由两个或者两个以上当事人,按照协议共同出资、合伙经营、利润共享、共同承担无限责任的企业。合伙企业在一定程度上弥补了独资企业业主在资本、知识、能力等方面的缺陷,合伙企业的产生具有必然性。合伙企业的优点主要表现在:扩大了资金来源,扩大了公司规模,提高了竞争能力,拓展了经营领域。合伙企业的缺点主要是:决策协商一致比较困难,承担较大的债务风险,仍然承担无限责任,企业规模和业务范围仍然受到限制等。

公司制企业又称为公司,是依照较严格要求的法定程序成立、由数人出资兴办、以营利为目的的企业法人。公司制企业不同于前两种形式的企业,公司制企业与独资企业、合伙企业的主要区别是:公司制企业是法人企业,对债务承担有限责任;公司是企业法人,有独立的民事行为能力,对债务承担有限责任;公司是依法设立的,公司的设立在发起人资格、最低资本额、公司章程和公司的组织机构等方面均有一定的要求。公司的种类十分繁杂,依据不同的标准,可以有不同的分类,按照股东所承担的责任不同,可分为无限公司、有限责任公司、股份有限公司和两合公司。我国《公司法》所指的公司仅指有限责任公司和股份有限公司。

参考文献:

[1] Gartner, Mitchell, Vesper. A taxonomy of new business ventures[J]. Journal of Business Venturing, 1989, 4(3): 169 ~ 186

[2] Christian B, Julien PA. Defining the field of research in entreneurship [J], Journal of Business Review, 2000, 16: 165 ~ 180

[3]张玉利,杨俊. 企业家创业行为调查[J]. 经济理论与经济管理,2003:61~66

[4] Raphael Amit. Academic spin-off processes and types of ventures in regions outside hich tech clusters:the case of belgium,1994

[5] Bhid V. The origin and evolution of new businesses [M]. Oxford University Press,2000:3~23

[6]Smith NR. The Entrepreneur and His Firm:The relationship between type of man and type of company, bureau of business and economic research, Michigan State University,East Lansing,Mich,1967

[7]Madhushree Nanda Agarwal. Type of entrepreneur, new venture strategy and the performance of software startups

[8] Robbie K, Wright M. Management Buyins: Entrepreneurship, Active Investors and Corporate Restructuring,MUP,Manchester,1995

[9] Meyer, Godesiabois. Founder Archetypes, Founding Teams, and New Venture Performance,2003

[10] Davidson Pand Wiklund J. Levels of anasis in entrepreneurship research:current research practice and suggestions for the future. Entrepreneurship Theory and Practice,2001. summer:81~89

[11] Carter,Garter,Reynolds. Exploring Startup Event Sequences,1995

[12]葛宝山,刘庆中. 基于 TIMMONS 模型的创业类型系统分类研究[J]. 中国青年科技,2007,1:26~32

第二篇

提高创业能力

第四章　创业环境及资源

创业环境研究是创业研究的关键问题之一。创业环境是指那些与创业活动相关联的因素的集合,包括宏观环境、行业环境和微观环境。成功创业需要有足够的资源,创业资源缺乏,创业成功率低。创业资源是指新创企业在创造价值的过程中需要的特定的资产,包括有形与无形的资产,它是企业创立和运营的必要条件。

第一节　宏观环境

创业的宏观环境是指行业以外所有对创业有重要影响的外在因素,主要包括:政治环境、宏观经济环境、科学技术环境、社会环境等方面[1]。

一、政治环境

政治环境是指那些制约和影响企业的政治要素。政治因素及其运行状况是企业宏观环境中的重要组成部分。我们说,政治是可能性的艺术,分析政治环境将有助于创业者判断哪些是可能发生的,哪些是不可能的。成功创业者的过人之处,就在于能充分认识、利用对己有利的相关政策及环境,并能根据当前的政策与形势,积极有效预测社会未来的发展趋势。

1. 构成政治环境系统的要素。一般可分为四个层次:

(1)稳定性要素,主要指作为国体和政体的根本政治制度,它处于系统的最高位置，一般不发生变化。

(2)相对稳定性要素，包括政党、政治团体及相关的基本政治制度。它们一般不做大的调整和变化，但不排除随时的完善性变化，尤其是在社会经济发展的阶段性转变时期，往往做较大的调整和变动。

(3)动态性要素，主要指政治方针和政策。这类要素是大量的、广泛的，也是富于变化的，因此是政治环境要素最重要的部分，对企业的影响具有刚性约束的特征。这一类要素主要包括政府的政策和规定、税率和税法、企业法、关税、专利法、环保法、反垄断法、进出口政策、政府预算和货币政策，等等。

(4)附属性要素，主要指上述三种要素共同决定的政治气氛，会反过来影响上述要素的作用状况及政治环境。

2. 国家相关方针政策对企业创业发展的影响

国家相关方针政策体现国家意志，所以对于创业者而言，要时刻关注国家的政策变化。如政府需要通过税收来促进社会公共事业发展，因为税收减少了企业可以用于再投资的现金，创业者只能在低于合理数量的水平上投资，这就意味着创业所需回报率必须足够高，以便冲抵政府的税收。

二、宏观经济环境

宏观经济环境也称一般经济环境，主要由社会经济结构、经济发展水平、经济体制和宏观经济政策等要素构成，它是一个多元的、动态的系统。一种经济要素的变化，会引起一系列连锁反应，造成诸多经济要素程度不同的变化，甚至出现整个经济形势的发展或逆转。能够把握宏观经济形势变化趋势，预见经济环境变化并有远见地适应环境变化，是成功创业的关键。

三、科学技术环境

技术环境是指企业所处环境中科技要素以及和该要素有关

的各种社会现象的集合。它包括社会科技水平、社会科技力量、国家科技体制、国家科技政策和经济立法等诸多因素。在面临原料、能源危机的今天,科学技术已成为决定人类命运和社会进步的关键所在。科技水平和产业化程度的高低也是衡量一个国家或地区综合实力和发展水平的重要标志,如美国高技术产业在国内生产总值中的比重已达40%~60%。科学技术是第一生产力,是最具活力的生产要素,它可以创造新的产品、新的顾客、新的市场,改变企业的竞争地位和赢利能力,降低成本,缩短生产周期,所以,它是企业战略涉及的一个重要内容,世界上成功的企业无一不对新技术的采用予以极大的重视。

技术虽然不能决定一切事物,但是面对今天日益加剧的市场竞争,面对日新月异的科技发展与技术进步的新挑战,企业能否正确认识社会的科技环境,对科技环境的影响能否作出积极适当的反应,将决定着企业的成败。企业的技术实力及其科技行为对于其生存和发展具有越来越重要的意义和价值。

四、社会环境

社会环境是指企业所处环境中诸多社会现象的集合。企业在保持一定发展水平的基础上,能否长期地获得高增长和高利润受企业所处环境中的社会、人口、文化等方面的变化与企业的产品、服务、市场和所属顾客的相关程度的影响。在社会环境中,人口的地区流动性、人口年龄结构、区域性等方面的变化、社会阶层的形成和变动、社会中的权力结构、人们的生活方式和工作方式、社会风尚与民族构成等,都会影响到社会对企业产品或服务需求的变化。

第二节　行业环境

根据迈克尔·波特五力竞争模型,行业环境包括:购买者的讨价还价能力、供应商的讨价还价能力、相关替代者的威胁、产业内的新进入者的威胁(进入壁垒的存在)、现存企业之间的竞争程度[2]。

一、购买者的讨价还价能力

在完全竞争市场里面,购买者或者消费者除了具有接受或者拒绝市场所提供的商品的权利以外,并没有什么讨价能力。所有的产品都是同质的,因此不会存在因质量、服务或者其他特征不同的商店。所有的产品也是同价的,因此也不可能进行讨价还价。当放松这些条件时,我们会发现在许多情形下,购买者有很大的讨价还价能力。购买者在讨价还价过程中,最切身相关的两个问题是:①产品价格的降低;②产品质量的提高。购买者的这两种讨价立场都会减少生产企业的利润。价格上的让步使收益部分的利润缩水,而质量提高则通过提高成本使利润缩水。

一旦放松了完全竞争的假设条件之后,购买者群体在以下情况下可能变得强有力。

1. 购买者群体的集中度

如果市场中的销售量多于购买者的需要数量,那么销售者的自然倾向就是降价促销。即使他们不降价,也会提供额外的服务以提高其产品质量。这两种方式都会导致利润缩水。

2. 购买者的成本

如果产品在购买者总成本或者总收入中占据重要份额,这时购买者对价格就格外敏感。当购买量很大时,价格上的微小让步就可能给购买者带来巨大的利益。大多数消费者对这种情形都非常熟悉,因为在汽车和住房价格上的讨价还价是消费者最主要的讨价经历。汽车和住宅房地产产业允许消费者议价的原因就在于他们懂得他们的消费者由于要进行大宗购买,因此对价格很敏感。

3. 相似产品

如果可以购买的产品基本上一样,那么购买者对销售者就会持无所谓的态度,这时候购买者就有了讨价能力。假设购买者可以找到替代选择,从某一特定销售者那里购买,他们自然而然地就需要一个理由,其中一个最好的理由就是价格便宜。这里的潜台词是:销售企业认为,如果它的产品质量高或者有某些特别的地方,那它就可以赢得一个溢价。

4. 转换成本

如果购买者面临的转换成本很少,购物时既可以以价格为基础,也可以以质量为基础,而不会导致很高的转换成本,那么购买者的讨价能力就很强。转换成本是一种将购买者绑定在与销售者间业已存在的关系之上而耗费的成本。

5. 购买者的收入

那些获利不丰或者收入低的消费者对价格很敏感。不论是个人收入(对于消费者来讲)还是运营利润(对于产业采购商),当购买者缺钱时,他对价格的敏感性就会增加。尽管富人有时候也会讨价还价,利润丰厚的公司的采购代理也会寻求一份省钱的协议。但是在大多数情况下,当购买者手中有充足的资金时,签署一份棘手合同的成本会超过因讨价而带来的微小节余。

6. 整合的威胁

如果采购企业能造成一种可靠的威胁——如果企业选择不在公开市场上购买,企业自身能够生产出这种产品或者提供这项服务——那么,它就从产业内的销售商那里获取了一种讨价杠杆(bargaining leverage),从而提高了自己的讨价能力。这种因素在典型的制造或购买决定中发挥了作用,而且还在战略层面上起到了这样的作用:如果购买商能够自己生产所有的产品,对所有的后向整合企业(backward integration)来讲都是一种实实在在的威胁;如果该企业能够给自己提供某些投入要素,这个过程就是所谓的有限整合(tapered integration)。购买者的讨价能力之所以提高是因为:①卖主要么接受购买商的出价,要么只能选择放弃,因为购买商具有完全的信息。如果卖主放弃的话,购买商依然可以自己给自己供货。②购买商知道生产这种产品或者交付此种服务的确切成本,因此能够更有效地签署协议,尽可能地接近卖主的保留价格。对卖主来讲,最主要的抵消因素就是能可靠地树立起前向整合(forward integration)的威胁。

7. 漠视质量

如果产品或者服务所在的产业质量特征并不是很明显,那么成本就成为消费者选择时的决定性因素。在漠视质量的情况下,价格成为销售者之间进行区别的最主要的原因。价格敏感性的提高将导致顾客到处逛商店,从而对产业的利润产生不利影响。

8. 充分信息

购买者群体所掌握的有关产品价格、制造成本、相比之下的产品特色和销售者的谈判策略的信息越多,他们进行议价的手段也会越多。在新兴产业里,购买者和销售者之间做生意时还是陌生关系,某些成本和价格信息还可以保密。这使得新兴产业内的企业很少受到利润的压力。而在成熟产业里,由于企业相互之间建立了长期的信息记录和档案,它们更可能拥有充分信息,这样也导致降价的压力。

二、供应商的讨价还价能力

与购买者一样,供应商通过两种方式对产业施加讨价压力。供应商寻求:①提高他们所售商品和服务的索要价格;②在现有的市场出清价格下,降低所提供产品和服务的质量。这两种讨价目标都使所关注的产业内的利润产生缩水的净效应。如果其他方面等同,这会使产业吸引力减小。如果供应商所在产业能成功地运用这种策略,它就将所关注产业的利润转移到了自己的产业内。那些把全部精力和分析都放在买方而不关注供应商产业的创业者会发现,由于价格缩水的压力,他们的利润也会迅速受到侵蚀。

供应商的讨价能力与购买者的讨价能力正好是硬币的两面。上述原理也同样适用,只是这次我们关注的产业称为购买者。而供应商可以在一些条件下对其利润施加压力。

1. 供应商的集中度

当供应商一方是由少数企业主宰,并且比所关注产业更加集中时,供应商就处于强势。

2. 替代者的作用

当供应方的产品鲜有良好的替代品时,他们就处于强势。而当在市场中可以获取供应方产品的良好替代品时,即使规模大、力量强的供应商也不可能保持高价格和低质量。

3. 购买力

如果所讨论产业对供应商来讲并不是重要客户,那么供应商就处于强势。如果所关注产业所花费的资金与整个供应方的销售额相比所占份额很小,那么对于所关注产业来讲,要想获得所有价格的让步、质量提高,或者诸如送货、质量保证和及时修理等额外的服务就很困难。

4. 质量的重要性

当所购买的产品或服务对产业的产品或服务的成功至关重要时,这些投入要素的质量必须很高,所关注产业里的企业通常会为这些高质量支付高昂的成本。没有类似质量的替代品,所关注产业的产品或者服务的成本会升高,这一点可能会严重损害产业的获利能力。

5. 转换成本

在购买者努力讨价还价以争取价格让步或者质量提高的过程中,供应商可转换成本阻碍购买者,激起供应商之间的自相争斗从而坐收渔翁之利。当然,这和我们在前面提到的购买者讨价能力的状况是类似的。

6. 整合的威胁

同样,这与购买者讨价能力状况之间的相似之处也是显而易见的。如果供应商能够独自完成所关注产业已做到的事情,那么所关注产业就不能指望施加给对方多少讨价能力。对于供应商来讲,这就是一个使用或出售的决定。他们可以选择将自己的投入要素出售给另外一家企业,也可以自己使用这些投入要素来生产最终产品。而且,有限整合,即供应商内部使用部分的投入要素,可以用来获取有关成本的信息,这相应地提高了供应商的讨价能力。

三、相关替代者的威胁

每个产业都在与其他产业竞争客户。有时候这些竞争是相当直接的,例如绝缘玻璃纤维与石棉、纤维素、泡沫塑料之间的竞争。有时候替代品之间的竞争尽管确实存在,却是间接的。例如,“在家就餐”食品加工业及其派送链——食品杂货店和超市——就与“在外就餐”的餐饮业及其许多分支之间具有竞争关系。有些时候很难辨别出另外某一产业是否与之相关。例如,“汽车之家”产业(motor home industry)是否与其他的交通工具(客车、卡车和轮船),或者位于州际公路、临近野营地和公园的汽车旅馆形成竞争?很显然,替代产品是根据其功能定义的,而不是它的外观、生产过程甚至价格。

创业者理解替代品的本质很重要,原因有三:第一,当创业者是市场中第一个经营某种商品或者商品类型者时,他们有时认为自己面前没有竞争的原因是“我们是第一家做这种生意的”。但是,竞争往往存在于功能上,由替代产业带来的挑战可能会浮现出来。第二,替代产业可能会给所关注产业产品的要价限定了上限，从而限制产业的可能收益。通常是，如果某种产品要价过高，这将迫使顾客转向其他产品。来自替代产品的价值的吸引力越大，该产品的价格上限越低。第三，由于心理因素的影响，现有企业往往低估替代者的威胁，这就阻碍了这些企业的快速反应。对于创业者来讲，这可能成为优势。在现有企业意识到威胁之前，创业者经常会有一段机动时间。

四、进入壁垒

创业悖论指出，如果创业者发现了一个容易进入的产业，那么对别人来讲同样也会比较容易进入。这使得机会转瞬即逝，因为低门槛是无利可图产业的典型特征。如果创业者找到了一个难以进入的产业（暗指利润丰厚），所有潜在的利润都是建立在起初的高启动成本上的，只有这样才能跨越门槛。因此结论或许是：低进入壁垒的产业无利可图，高进入门槛的产业也无利可图（结论对于中间情况依然适用）。解开悖论的答案在于新企业有与已有企业不同的新的进入资源与战略类型。它们使新企业在壁垒很高的情况下依然能够进入。

进入壁垒可以分为两种一般类型：①结构性壁垒。这由产业的历史、技术和宏观环境造成，如规模经济、行业中过剩的生产能力、专用资产、转换成本等等；②报复性壁垒。这是现有竞争者的预期反应活动，包括竞争对手的声誉、价格战等等。

五、现有企业的竞争程度

产业内如果购买者的讨价能力很强，供应商的讨价能力也很强，也有良好的替代品，进入壁垒很低，这些将使产业更具有竞争性。每一种力量都单独引起成本上升或价格下降，或者对两者都有影响。这种成本上涨或价格缩水降低了行业内企业的运营利润。利润的降低迫使低效率企业退出该产业（如果退出壁垒较低的话)，而中等效率的企业不赚不赔，最有效率的企业持续获取低利润，直到产业的情形有所改观。

1. 众多势均力敌的竞争者

产业中竞争者越多，其中的某些企业通过降低价格和质量而“行为不端”的可能性越大。这给所有人都带来麻烦。当竞争对手处于均衡状态时，规模均等，产业内没有明显的其他可以寻求指导的领导型企业。产业领导者有助于保持行业自律价格，防止产业陷入恶性价格大战中。

2. 产业的缓慢增长

当产业增长时，有足够多的消费者来满足企业的生产能力。缓慢增长导致企业为争夺消费者而展开竞争，或者通过降低价格的方式，或者通过提高质量的方式。同时，随着产业增长放缓，投入到广告上的费用增加。这就给企业增加了额外成本，降低了利润。

3. 固定成本高

企业如果固定成本很高，其经营杠杆必然很高。这意味着它们需要较大的产量才能达到盈亏平衡，而跨越盈亏平衡点以后，单位产品销售可以使底线显著增加。因此，固定成本很高的企业会竭尽所能地提高产量。这可能会导致价格竞争。航空业和汽车业最近的经历就是这方面的典型例子。

4. 日用类商品

当产业无法使自己的产品具备特色，从而使产品属于日常消费产品，或者被公众视为日用类产品时，由价格和服务的激烈竞争带来的压力将会增加。与这种情况相关的是缺乏转换成本和购买者势力的增强。现在应该来阐述间或出现在我们讨论之中的“所有的事情都别无二致”这句话的含义。在上下文中，“所有的事情都别无二致”指的是企业的资源基础战略。也就是说，探讨产业是否具有进入的吸引力，我们不用考虑新进入者可能给创业企业带来的资源。事实上,资源的类型与资源具备竞争优势四种特征的程度至关重要。对于一个靠资源配置取胜的企业来讲,进入某个不怎么有吸引力的产业或许也会成为有利可图的机遇。如果企业没有任何资源优势可言,那么即使进入一个吸引力很强的产业也可能收效平平。

第三节　创业资源的含义及应具备的特征

创业资源就是对创业有益的任何东西或才能。创业者没有完全一样的,企业也没有完全相同的。对新建企业来讲,创业者是其独特的资源,也是无法用钱买到的资源。企业有不同的资源起点(称为“资源的异质性”),而这些资源是其他企业无法获取的(称为“资源的固定性”)。

创业企业的起源是什么?经济组织起源于企业家自己拥有的或者创业团队控制的资源。这些经济组织有潜力获取这些资源并最终对这些资源进行整合。企业的历史往往起源于一种相对较少的战略资源和技能。每个公司的独特性表明了这些资源在市场上的表现。

美国学者马克·J. 多林格认为企业要建立起持久竞争优势,其创业资源应具备以下四个特征[2]。

一、有价值

资源何以有价值?当某种资源帮助组织将其战略实施得既有效果又有效率时,就是有价值的。这就意味着在分析企业业绩的“优势、劣势、机遇和威胁,(SWOT)模型”中,有价值的资源能利用环境中的机遇,并使环境中的威胁最小化。在创业企业的运作过程中,有价值的资源大有用武之地。有价值的资源和能力包括财产、装备、人员以及诸如营销、融资和会计上的独特技能。由于所有这些都是普遍存在的，因此我们应该考察其他影响因素。

二、稀缺

许多企业都拥有有价值的资源，所以这不能成为竞争优势或者持久竞争优势的来源。而且由于它们到处都可以被获取，因此不能称为稀缺资源。法律资源或许是一个例子。不论是预聘的自由职业律师还是在职职员，他们的主要职责就是要在纷扰不断的现实环境中尽量减少法律诉讼的威胁。很显然，这些都是有价值的资源，因为他们消除了法律纠纷的威胁。但是律师并不稀缺。即使不是全部的话，至少大多数的企业都可以接触到几乎同样的法律人才（当然，要在一定的价格下）。因此，保留法律顾问或者在公司内成立法律部门并不能成为优势的来源。诸如此类的普通资源在某些条件下或许是必不可少的，也能提高企业存活的机会，但是它们不能成为持久竞争优势的来源。

企业要想产生持久竞争优势，到底需要资源稀缺到什么程度呢？独一无二的有价值资源显然可以给企业带来持久竞争优势，但是这些资源有必要是同一类型吗？可能并不是。只要资源不能被竞争对手广泛获取，它就可以被认为是稀缺的。如果资源的供求均衡，该种资源的均衡状态是经常可以达到的，它就不再处于稀缺状态。可以被视作稀缺资源的有：优势的地段、通常被看做卓越领导者的管理人员，以及对像石油储备等自然资源的控制（如果你是在做石油生意的话）等。

三、难以复制

拥有稀缺资源和有价值资源的企业显然要比缺乏这些资源的企业具有优势。事实上，这些战略资源的优势经常能引发创新，使企业成为市场上的领导者。但是，在某个价位上，即使稀缺资源也是可以得到的。如果价格高到没有了利润空间，企业在这种资源上的优势已经耗尽了,也就无所谓持久竞争优势。在保留利润的低价格下,仍然无法进行复制的资源称为难以复制(也称做无法完全模仿)的资源。三方面的因素使得企业复制其他企业的资源困难重重,那就是独特的历史条件、模棱两可的因果关系和社会的复杂性。

独特的历史条件。对很多组织来讲,最重要的历史时刻是它们的成立之日。从一开始,组织就被打上了其创建者的洞察力和其创建企业的目的所留下的烙印。伴随组织诞生的那些起初的资源,由于其当时当地的条件而具备了独特性。其他地方的在不同时间建立起来的企业不能获取这些资源,因此,这些资源无法复制。独特历史条件的例子很多,例如在当时还未被别人意识到的重要位置创办公司,另外,由科学家和工程师创建的创业企业,他们的特殊知识代表着人力资本。最近,对那些专注于基因工程和软件研发的公司来讲,情况就是如此。

模棱两可的因果关系。模棱两可的因果关系存在于当因果关系尚未被人完全了解或者存在模糊性的情况下。在商业活动中,在对于什么原因引起什么结果以及事情为何会发生等这些问题上就属于模棱两可的因果关系。当人们没有完全了解这些事情时,其他企业很难进行复制。尽管起初的细枝末节看起来都一样,但由于与实际情况相符的规律不为人知,因此模仿者无法达成这种结果。就连创业者本人往往都无法解释他们成功的原因,模仿者又怎能期望。

复杂的社会关系。社会的复杂性是企业的能力与资源不能被轻易复制的第三个原因。只要企业利用人力和组织资源,社会的复杂性就可能是模仿的一个壁垒。原因何在?管理者、顾客以及供应商之间的人际关系都很复杂。例如,有些人或许意识到了,我们的顾客很喜欢我们的销售人员,但是知道这些并不能使竞争对手复制我们销售人员的可爱之处。竞争对手甚至可以把我们全部的销售力量都挖到他们那里,但是即使这样也未必能复制出原先的那种关系,因为这些销售力量在不同的条件下工作,管理人员不同,激励体制也不相同。或许,最复杂的社会现象要属组织文化。创业企业的文化是创建者价值观、习惯、信念以及这些因素与新建组织和市场相互作用的复杂综合体。这种文化可能是很令人鼓舞的、高度权威的、十分富有进取心、极度节俭的,或者是这些因素与其他因素的综合。组织文化很难从外部"识别",也无法直接观测或接受数量测试,这使得复制几乎不可能。

四、不可替代

不可替代的资源指的是那些不能被普通资源替换的战略资源。例如,我们假定有两家企业 A 和 B,A 企业有一种有价值的稀缺资源而且将该资源用于实施其战略。如果 B 企业有一种普通资源,这种普通资源可以作为 A 企业的有价值的稀缺资源的替代品,而且这些普通资源基本上被用于同样的事情上,那么 A 企业的稀有的有价值资源并不产生战略优势。事实上,如果 B 企业可以通过获取普通资源来威胁 A 企业的竞争优势的话,那么其他很多企业都可以这么做,这就使得 A 企业无优势可言。

第四节　创业资源的类型

创业资源共有六种类型:物质资源(physical)、声誉资源(reputational)、组织资源(organizational)、财务资源(financial)、智力和人力资源(intellectual/human)以及技术资源(technological)。我们称其为 PROFIT 因素[3]。

一、物质资源

物质资源是企业在生产和管理过程中使用的有形资产。它包括企业的工厂和装备、企业的位置以及在此位置上可以利用的设备。有些企业还拥有诸如矿石、能源和土地等天然资源。这些天然资源可能影响到企业物质投入要素和原材料的质量。

物质资源如果具备上述的四种特征,就可能成为持久竞争优势的来源。然而,由于大多数物质产品都可以加工生产,也可以采购,它们可能并不稀缺,也不难以复制。只有在特殊情况(比如独特的历史条件)下,物质资源才有可能成为持久竞争优势的来源。

二、声誉资源

声誉资源是企业环境中的人群对于企业的感觉。声誉可以存在于产品层次上,以品牌忠诚度的形式出现,也可以以全球形象的形式存在于公司层面。由于创新和发明的持续不断,技术资源的优势只能维持较短时间,但是声誉资源却可以维持相对较长时间。很多企业在很长时间里依然保持良好声誉。《财富》杂志的有关企业声誉的年度调查显示,任何特定年份的排名最靠前的10家企业都有7家以上曾经多次在这种调查中排在前10名。《财富》杂志的调查使用了8个不同的标准来进行排名:管理水平、公司资产的使用状况、企业的财务健康程度、企业的投资价值观、产品或者服务的质量、创新性、对于社会和环境的责任感程度以及吸引、培养和留住最优秀人才的能力。

三、组织资源

组织资源包括企业的结构、流程和体系。通常情况下,组织资源这个术语指的是企业的正式汇报体系、信息加工和决策体系以及正式或非正式的计划体系。

组织结构是一种能够使组织区别于竞争对手的无形资源。一个能催发快行动的组织结构可以成为创业者最有价值的资源。

在后工业经济时代，组织应该比以前更快、更多地制定决策，参与创新，获取和传播信息。

那些能将创新从生产功能中分离出来的组织结构会加速创新，那些将市场营销从生产中分离出来的组织结构更能促进营销。适合的组织设计取决于环境的复杂程度和变化程度。组织资源也经常表现为个人的技能或者能力。各种不同类型的资源组合与企业的年龄和所处的生命周期阶段(life - cycle stage)相关。某种资源是否比别的资源更关键，这取决于企业所处的生命周期阶段。

举例来说，在企业的初始阶段，人力资本和经验比较重要，但随后组织资源将处于主导地位。

对于那些经历孕育阶段而发展起来的创业企业，或者那些从业已运营的企业中分离出来的企业，抑或是那些努力对现有业务进行扩展的企业，都还有其他的无形资源可以利用。共同回忆的历史(故事)和有案可查的历史(档案和存档)或许也可以看做组织的资源。这些都是组织过去的一部分。考虑到“过去是作为序幕而存在的”，组织的历史将会被结合进创业企业的文化中，为现在和未来的行为提供一系列规则、规范、政策和指导。

四、财务资源

财务资源指的是货币资产。它通常是企业的举债总量、发行新股的总量以及进行内部运营所能筹集的现金的数量。能在平均成本水平以下筹集到资金是一种优势，这应该归功于企业的信用等级和过去的财务表现。创业企业的财务资源和财务管理能力有很多指标，如负债权益比率、现金与资本投资比率以及外部信用评级。对白手起家的创业者来讲，获取财务资源是开始经营的至关重要的因素(这也肯定是必需的部分)。但是，大多数创业者误认为财务资源很少能成为持久竞争优势的来源。

五、智力和人力资源

智力和人力资源包括创业者及其雇员和管理团队的知识、培训和经验。

它涵盖了组织中每个个体的判断力、洞察力、创造力以及视野和才智,甚至还包括创业者的社交技能。在别人看起来只不过是竞争激烈或糟糕混乱的局面里,创业者往往能发现重大机遇,因此创业者的识别能力也是一种资源。创业者的价值观和他们对于因果关系的信念可以为企业文化打下最初的烙印。例如,笃信种族和文化多元化的创业者就可以基于这些价值观组建自己的团队,他们肯定会做得很好。最新的研究表明,多元化与战略相互作用可以在以下三个方面改善业绩:提高生产力,提高权益收益率,提高市场业绩。

除此之外,关系资本(relationship capital)是人力资本的一个子范畴。

关系资本并不是指组织成员所认知的东西,而是组织成员认识谁,以及这些认识的人掌握什么信息。网络式工作使创业者可以使用一些不被自己控制的资源。这也减少了拥有的风险,同时也降低了经营成本。创业的网络联合已经成为普遍的实践。“创业者是十足的个人主义者”的陈旧认识已经得到调整,以便能反映当今现实中的复杂商务环境。事实上,关系可以帮助你进行融资,甚至你的母亲也可能帮你融资。

通常情况下,创业企业最重要而且最有价值的资源就是初始的创业者。他们是一些拥有独特的个人特征、无法被复制的历史和复杂社会关系的独特人物。在本章的随后部分,我们将把创业者当做人力资源来对待。

六、技术资源

技术资源由工艺、系统或实物转化方法组成。这大体包括实验室、研究和开发设备以及测试和质量控制技术。由研发而生成的知识随后以专利的形式被保护起来,这也是资源,例如配方、特许经营权、商标和版权等。技术秘密和专有工艺也是资源。技术资源和智力资源之间有所不同。智力资源体现在人身上,是可动的。如果人离开企业,资源也随之消失。技术资源是物质的、无形的、得到法律保护的,所有权归于组织。

复杂的物质技术能否为持久竞争优势提供来源?一般来说,答案是否定的。技术资源——机器、计算机系统、设备、工具、机器人和庞杂的电子系统等——并不能成为持久竞争优势的基础,因为这些可以被复制和再造。这些复杂技术中的任何一项,现实中有很多可以流动和能力很强的工程和科技人员,他们可以拆开后再重新组装。但是,如果竞争对手为了经营目的完全模仿别人的产品,那么专利保护将判定其为非法行为。

第五节　创业资源的整合

资源对于新创建企业来说是重要的,但从创业视角看,在掌握了机会的前提下,资源的整合更重要。新创建企业的创业者要认清资源需求的两面性,提升整合资源的能力,形成以利益相关者等为核心的资源整合机制,以实现创业成功和价值创造最大化。

一、利益相关者

利益相关者,由 stakeholder 一词翻译而来。在中文还有其他翻译方法,如“下赌注者”,“吸引风险承担者”,“吸引利益持有者”。本文是指与创业者创建新企业有直接利害关系的自然人或法人单位。

二、利益相关者的追求

新创建企业存在很大的风险和不确定性，为什么利益相关者还要对新企业提供资源和作出承诺呢？下面从分析面临的风险和相关的原因作出论述。

1. 利益相关者面临的风险

创建一个新企业，众多参与者都要冒一定风险，原因在于他们的投入或投资是不可逆的，也就是如果创业失败，那么利益相关者都要不同程度地遭受损失，在对新企业的有形和无形资产的清算过程中，利益相关者一般都要受损失，而且如果将其机会成本考虑在内时，这一问题更加突出。

2. 满足利益相关者的需求

寻找利益相关者，一方面要寻找那些具有共同点的人，同时也需要寻找可以互补的人。这些有能力进行投资并愿意承担风险的人包括：投资或经营多样化的利益相关者比那些单一化的人更容易向新创建企业进行投资，因为他们更有能力提供创业所需要的初始资本；有丰富经验的利益相关者更容易向新企业投资，因为他们积累了丰富的经验和知识；有些利益相关者有很多过剩的资源，他们不需要任何新投资，也不会带来大量的机会成本，他们对自身资源如何运用的压力大大高于新创建企业资源的需求。如果要让利益相关者对企业有信心，创业者首先要有信心。同时创业者也要有诚实可信的声誉。最后还要与利益相关者在利益上公平分享回报等。

3. 资源整合机制

对新创建企业来说，要尽快建立起以利益相关者为核心的资源整合机制，以保证企业机会的顺利实现企业的持续发展。通过吸纳策略，建立社会资产运用机制。J A . tarr 和 IC. MacMillan 从社会学角度，运用社会合约和社会交易概念观点和方法详细分析了作为新创建企业运用资源的方法、机理和培养方法。他们强调作为新创建企业，一方面通过吸纳他人资源而获得合法地位。合法地位是外部行为者的强有力的制度支持，经常是新创业企业成功的关键因素，因为新生事物有很多不利方面。所以，他们会依靠同学、朋友等的关系，甚至媒体的宣传，缩短人们的认识过程，拉近与利益相关者的距离，尽快建立起自己的合法地位。另一方面，吸纳未被利用的物品。通过这一方法获得的资源是不用归还的，尽管所有者认为资产是有价值的。搜寻可用之物策略，就是寻找那些他人丢弃或者不打算继续使用的资源。放大策略，这是一种使资产价值远比原始所有者感知的价值大得多的方法。

三、建立合作和联盟，构筑多赢共赢机制

非所有权控制力已经成为企业管理的重要组成部分。这种控制力的表现形式之一是企业之间的联盟。研究表明，联盟已经占到所有企业销售收入的25%。企业之间的联盟因而成为获取竞争优势的重要来源。然而新企业在寻求联盟合作伙伴方面面临着很大的挑战，这是因为潜在的合作伙伴并不知道创业者们是否会按照他们的要求去做。因而新创企业在网络中并没有占据重要位置，但是当所在的行业具有松散的结构时，如技术和竞争方式发生了巨大的变化，那么他们就有机会形成联盟。当新企业开始有合作伙伴共事时，他们之间的关系从普通交易关系发展到融合关系，从最初的缺少社会关系，发展为紧密的关系。当成为紧密关系时，企业会运用特殊的资产，使合作伙伴的计划和问题的特殊知识得以开发。

四、克服障碍形成成本转移机制

转移成本是从一家供应商更换到另一家供应商所产生的一次性成本，包括重新训练员工的成本、增加辅助设备的成本、测试

或修改新资源使之适用的成本与时间、需要技术援助的成本、重新设计产品甚至包括切断脐带关系而产生的精神损耗等等。创业一方面是克服他人形成转移成本的过程,另一方面也是自己形成转移成本的过程。从转移成本角度分析,企业家和初创企业难以获取资源。克服转移成本。创业者希望顾客及各种潜在的资源提供者提供资源,就需要让这些资源提供者感受到将资源转投到新创建的企业给他们带来的收益大大高出由此产生的转移成本。所以,创业者获取资源的前提是能提供创新的产品和服务,为潜在的资源提供者创造更大的价值,或者针对他们目前不满意的问题提供有明显改善的方案。创业者创业的机会其实就来源于此,这也是大量利基企业存在的原因。信息经济的快速发展为初创者克服转移成本提供了机遇。在当今的电子商务时代,消费者的选择范围扩大,电子邮件、即时通信工具、BBS 可以将卖家的所有资源在最短的时间内从一个网上交易平台传播到另一个平台,转移成本大大减少。从而为创业者吸引顾客、建立自己的优势提供了条件。通过用户锁定留住顾客。用户锁定指由于信息产业中的产品多数处于某个系统中,单件产品只有与其他产品相互配合才能发挥作用。因此用户在购买了某件产品之后,通常还要购买配套的硬件和软件,并且学习产品的使用方法,才能充分发挥其效用。此时,一旦用户向某种特定的系统中投入各种补充和耐用的资产时,就会产生锁定。锁定程度的大小与早期的投入,即转移成本有关。投入越多,则锁定程度越高。从长期来看,新技术取代旧技术,老产品升级到新产品是必然趋势。但是何时升级,升级到哪一代产品的决定权在用户手中。在老系统还能正常工作的前提下,如果采用新系统带来的价值增量不能抵消转移成本,那么用户将会继续观望等待。

五、以少取多发挥杠杆机制

杠杆效应就是以尽可能少的付出获取尽可能多的收获。杠杆效应就是“四两拨千斤”，杠杆效应的发挥是一个创造性产生的过程。美国著名的投资银行家罗伯特·库恩说过：“一个企业家要具有发现价值和创造价值的能力，要具有在沙子里找到钻石的功夫。”识别一种没有被完全利用的资源，能看到一种资源怎样被运用于特殊的方面，说服那些拥有资源的人让渡使用权，这意味着创业者并不被他们当前控制的或支配的资源所限制，他们用大量的创造性的方式，利用杠杆撬动资源。杠杆资源效应体现在以下方面：更加延长地使用资源；更充分地利用别人没有意识到的资源；利用他人或者别的企业的资源来完成自己创业的目的；将一种资源补足另一种资源，产生更高的复合价值；利用一种资源获得其他资源。

参考文献：

[1] 初明利，于俊如. 创业学导论. 北京：经济科学出版社，2009

[2] [美]马克·J. 多林格. 创业学：战略与资源（第三版）. 北京：人民大学出版社，2006

[3] 陈寒松. 新创企业资源整合机制探讨. 商业时代，2008，(21)

第五章　创业者

创业者是创业研究中最早最深入的部分。创业成功与否有很多影响因素，但创业者是最重要的影响因素之一。创业者应具备一定的创业素质与能力，同时要通过一定的途径培养这些素质与能力。

第一节　创业者

一、创业者的含义

说到创业者，不得不说到相关的另一个词"企业家"。有人说二者是同一个英文词"entrepreneur"的不同翻译[1]。有人讲二者是紧密相关的两种不同的职业称谓，即在考察创业过程时，习惯把创业主体称为创业者，但在研究创业企业的经营管理时，则喜欢把创业者称为企业家[2]。不论哪种观点，二者在大多数场合都是可以通用的。在本书中，将不加区别地使用这两个词。

"创业者"(entrepreneur)(或翻译为企业家)一词来源于法语中的 entreprendre，按字面翻译，其含义是"中间人"或"中介"[3]。最早可以称为创业者的人是马可·波罗，他试图建立起西方和远东间的通商之路，他通过与一个在今天被称做风险投资者的人签订合同来销售商品、获得利润。

在中世纪，创业者是那些管理重大生产项目的人，无须承担风险，只是运用已有的、通常由政府提供的资源来管理城堡及其防御工事、公共建筑、修道院和大教堂等项目。

17 世纪,创业者与创业风险联系起来了。当时著名经济学家 Richard Cantilon 观察到商人、农夫、手工业者和其他独立业主们“以一定的价格购买,却以不确定的价格出售,他们都在风险下经营”,Cantilon 将创业者定义为在市场交易中以商定的价格购买劳动力和生产资料,然后再以不确定的价格把相应产品卖出去的商业行为者。并说明创业者的本质特征是“承担风险”[4]。“Cantilon 意义的创业者实际上就是在面对一定风险情况下作出经济决策的中介人(middleman)”。因此把创业者视为风险的“承担者”。正如 Landes 认为,Cantilon 意义上的创业家经济系统是一个产出(putting - out)系统,“商人生产者(merchant man - ufacture)将劳动力从村舍驱散出来,集中在一起生产制成品或半成品”(Landes,1966)。Cantilon 意义上的创业家深刻反映了欧洲大陆当时发生的巨大的社会变迁——封建经济体系逐渐崩溃,以商人为代表的新型阶层逐渐崛起。

到了 18 世纪,创业者与资本供给者开始划分。创业者需要资本创业,资本持有人需要选择投资项目,出现这种情况的原因之一是,工业革命发生并在整个世界扩展。在这一大背景下,出现了许多新的发明,这是对变化中的世界的一种反映。当时许多发明者都没有足够的财力来支持他们的创新创业活动,如著名的发明家爱迪生就是如此。爱迪生从私人手中募集资金以支持他在电和化学方面的试验与开发研究。爱迪生是资本的使用者(创业者),而不是风险资本的供给者(风险资本家)。风险资本家是从事大量资本风险投资并获取高额投资回报率的专业性资本管理人。

19 世纪末 20 世纪初,创业者与管理人员常被混为一谈,而且更多的是从经济的角度考察。如理查德·埃利(Richard T. Ely)和阿尔法·海斯(Ralph H. Hess)就曾如此描述创业者:“简单地讲,创业者组织和经营一家企业以谋取个人收益。他按现价支付企业中消费的各种原材料、使用的土地、雇佣雇员的人工服务,以及所需的资金。他贡献出自己所有的积极性、技能和独创性,计划、组织和管理企业。他还预计出在不可淤积和不可控制环境下亏损和赢利的可能性。在扣除了各种已付成本之后的企业年收入的净剩余就留给了创业者自己。”[5]

到20世纪中期,关于创业者的新概念逐步建立起来。著名经济学家约瑟夫·熊彼特(J. A. Schumpeter)认为,创业者是创新者、经济变革和发展的行动者。在他看来,“创业者”就是能将生产要素进行重新组合(包括新产品、新工艺的开发、新市场的开拓、新原料的利用)的经济人物。他把具有创业与创新精神视为创业者的唯一标准。创业者的任务就是“创造性的破坏”。他还认为,在资本主义的发展中,实施生产要素新组合和创业者起着核心作用。熊彼特在其3本代表性著作中,以创业者(企业家)为核心建立了资本主义经济发展理论。他认为“发展并不是经济生活中从外部强加于它的,而是从内部自行发生的变化”,他在此处的“内部自行发生的变化”指的是技术和方法的变革——创新,创新包括5种情况:引进新产品、引进新技术、开辟新市场、控制原材料的新供应来源、实行组织创新。“把新组合的实现称为‘创业’,把职能是实现新组合的人们称为‘创业者’。”熊彼特还论述了,完成创新职能的创业者需要一定资质,如具有完全胜任不厌其烦的会议和交涉的特殊体力和魄力,善于说服他人以获得支持和通过谋略与胆识巧妙操纵他人的能力。创业者致力于创新的根本动力来自:①建立私人王国;②对胜利的热情;③创造喜悦。创业者实现创新主要是企业家“通过信用来完成的”,因为提供这种信用是创业者的职能。创业者也正是通过信用而获得资本(熊彼特喻之于桥梁和杠杆),使他所需要的商品受他控制,把生产要素转移到新的用途中去,他的报酬来源于创新的结果。熊彼特进一步论述创业者在资本主义发展中的作用。他认为资本是经济变动的一种形式，永远不会是静止的，开动资本主义发动机并使它继续运转的基本动力，来自新消费品、新的生产或运输方法、新市场以及企业所创造的产业组织的新形式。资本主义的本质就是"创造性的毁灭"，毁灭的主角就是创业者。熊彼特还在其经济周期理论的纯粹模式中，以创业者创新为动力，创新使创业者获得垄断地位，其他企业模仿创新跟进，导致经济上升，产品供给增加，价格下跌，繁荣回落，趋向均衡。至此，他推导出了创业者是推动资本主义发展的主体力量，即资本主义的发动机。

经济学家艾伯特·夏皮罗（Albert Shapero）认为，创业者的行为包括：①首创；②组织或重组社会和经济制度使资源和环境转化为实质的利益；③承受风险或失败[6]。

经济学家卡尔·范思珀（Karl Vesper）认为，对一个经济学家来说，创业者是一个将资源、劳动、原材料和其他资产组合起来并创造比原先更大价值的人，也是引入变革、创新和新秩序的人。对心理学家而言，创业者是典型的被某种动力驱使的人，为了获得某种利益、进行某种实验、实现某种目标，或为了避免听命于他人。对一个生意人而言，创业者的出现是一个威胁，一个敢作敢为的竞争对手。与此同时，相对于另一个生意人而言，创业者可能是盟友、供应源、客户或为其他人创造财富的人，他要为利用资源，减少浪费，创造出别人乐意得到的工作而找到更好的方法[7]。

经济学家 H. Leibenstein（莱宾斯坦）将 X 效率理论引入创业分析中。莱宾斯坦认为，由于劳动契约不可能完全一致，生产函数无法完全可知，以及不是所有的生产要素都可以在市场上购买，因此生产要素的效率难以发挥全力，莱宾斯坦将这种"来源不明的非配置低效率"称为"X－低效率"；进而，他指出，创业家的作用就是弥补上述几方面的缺陷，克服"X－低效率"，扮演着"填补空白者"和"投入补充者"的角色。

二、创业者类型

从在创业过程中所处的角色和所发挥的作用来看，创业者可以分为独立创业者、主导创业者和跟随创业者（参与创业者）三种类型；从创业的背景和动机来看，创业者可以分为生存型创业者、变现型创业者和主动型创业者三种类型[8]。

（一）独立创业者、主导创业者与跟随创业者

同为创业者，在创业活动中也有不同的角色和地位：有人适合独立创业，比如有一定的资金实力并有极强的独立性；有人适合合伙创业，比如容易与人相处，有组织精神。在合伙创业中，有人适合作决策，有人适合执行。

1. 独立创业者

独立创业者是指自己出资、自己管理的创业者。其创业动机和实践受很多因素影响，如发现很好的商业机会，或失去工作或找不到工作，或对目前的工作缺乏兴趣，或对循规蹈矩的工作模式和个人前途感到无望，或受他人创业成功的影响等。

独立创业充满挑战和机遇：可以自由发挥创业者的想象力、创造力，充分发挥主观能动性、聪明才智和创新能力；可以主宰自己的工作和生活，按照个人意愿追求自身价值，实现创业的理想和抱负。但是，独立创业的难度和风险较大：可能缺乏管理经验、缺乏资金、技术资源、社会资源、客户资源等，生存压力大。

2. 主导创业者与跟随创业者

主导创业者与跟随创业者是相对的。在一个创业组织中，带领大家创业的人就是组织的领导者，即主导创业者，其他成员就是跟随创业者，也叫参与创业者。

在创业组织中，主导创业者只能有一个，参与创业者可以有若干个，这样才能有效运作。好的创业组织，其成员应该是优势互补的，既要有善于技术开发的，也要有擅长市场开拓的；既要有

善于日常运行管理的,也要有擅长财务管理的。

(二)生存型创业者、变现型创业者与主动型创业者

1. 生存型创业者

生存型创业者是指自主创业的下岗工人、失去土地或不愿困守乡村的农民及毕业找不到工作的大学生。清华大学的一项调查显示,这部分创业者占中国创业者总数的90%。其中许多人是迫于生计才创业的,创业领域一般限于商业贸易,少量从事实业者也基本是小打小闹的加工业,当然也有因为机遇成长为大中型企业的,但数量极少。

2. 变现型创业者

变现型创业者是指过去在党政机关掌握一定权力或者在国有企业、民营企业当经理人期间积累了大量市场关系并在适当时机自己开办企业,从而将过去的权力和市场关系等无形资源变现为有形财富的创业者。

目前,后一类变现者是主体,前一类变现者在增加,而且一些地方政府的政策对此起到了推波助澜的作用,如鼓励公务员带薪下海,允许政府官员创业失败之后重新回到原工作岗位。但是,这种做法有可能造成市场竞争环境公平性的人为破坏。

3. 主动型创业者

主动型创业者又可以分为两类:一类是盲动型创业者,一类是冷静型创业者。盲动型创业者大多极为自信,做事冲动。有人说,这种类型的创业者大多同时是博彩爱好者,喜欢买彩票,而不太喜欢检讨成功概率。这样的创业者很容易失败,而一旦成功,往往是一番大事业。

冷静型创业是创业者中的精华,其特点是谋定而后动,不打无准备之仗,或是掌握资源,或是拥有技术,成功概率通常很高。

还有一种类型是主动型创业的特例:除了赚钱,没有什么明确的目标,也不计较自己能做什么、会做什么,就是喜欢创业和做

老板的感觉,可能今天做着这件事,明天又去做那件事,所做的事情也可以完全不相干。其中有一些人,甚至连对赚钱都没有明显的兴趣,也从未考虑自己创业的成败得失。奇怪的是,这类创业者中赚钱的并不少,创业失败的概率也并不比那些兢兢业业、勤勤恳恳的创业者高。而且,这类创业者大多过得很快乐。

三、创业者素质

素质是指人的思想与行动的潜在要素和势能,素质的外在化就表现为各种认识世界与改造世界的能力。由于创业者是创新的实施者、生产要素的组织者和重新组合者、新市场的开拓者和企业的经营管理者,对创业者的素质要求也随着社会经济的发展而不断提高[9]。

百森学院企业管理研究中心主任、著名管理学专家威廉·D.拜格雷夫将企业家的行为特征归纳为10个方面。

Dream(梦想):创业者对他们自己及其公司的未来具有眼光,强烈地梦想成功。

Decisiveness(果断):不优柔寡断,而是决策敏捷,这是成功的关键。

Doers(实干):一旦决定某个行动,总是尽快实行。

Determination(决心):全身心投入事业,极少半途而废,即使面对似乎难以逾越的障碍,也是如此。

Dedication(奉献):献身于事业,工作起来干劲十足而不知疲倦,创业时一天工作12小时,一周工作7天是常见的。

Devotion(热爱):热爱自己的事业,热爱自己的产品或服务。

Details(周详):仔细周详地计划和管理创业的事务。

Destiny(命运):把握自己的命运。

Dollar(金钱):致富并非初衷,但财富是衡量创业成功的重要尺度之一。如取得成功,就应得到相应的回报。

Distribution(分享):与自己的雇员分享企业所有权,因为员工是新公司成功的关键。

美国国家创业指导基金会(NFTE)的创办者史蒂夫·马若堤在他的著作《青年创业指南》中指出:创业素质可以培养,其中12种素质是创业者需具备的,即:①适应能力——应付新情况的能力,并能创造性地找到解决问题的方法;②竞争性——愿意与其他人相互竞争,具有竞争意识;③自信——相信自己能做计划中的事;④纪律——专注并坚持计划原则的能力;⑤动力——有努力工作实现个人目标的渴望;⑥诚实——讲实话并以诚待人;⑦组织——有能力安排好自己的生活,并使任务和信息条理化;⑧毅力——拒绝放弃,愿意明确目标,并努力实现,哪怕有障碍,也能坚决克服,最终达到目标;⑨说服力——劝服别人明白你的观点并使他们对你的观点感兴趣;⑩冒险——敢于挑战别人不敢挑战的事情,有勇气使自己面对失败;⑪理解——有倾听别人的声音并准确明白别人观点的能力;⑫视野——能够在努力工作实现目标时,看清最终目标并知道努力方向[10]。

我国学者陈德智借鉴古代圣贤的思想精髓,提出创业者应具备"智、信、仁、勇、严"的素质和才能[11]。学者韩国文曾对学习创业学课程的800多名在校大学生进行调查,对列出的20种素质按重要程度排序,排在前10位的如表5-1所示:

表5-1 创业者素质重要性调查排序

排序	1	2	3	4	5	6	7	8	9	10
内容	成就欲	冒险精神	自信心	创造力	执著精神	洞察力	责任心	诚信	勤奋吃苦	公道宽容

综合前人的研究,我们认为创业者素质包括:创业精神和创业能力。创业精神是成功创业的前提,创业能力是创业成功的保

证。这就是创业者素质,即创业者应具备的基本素质。创业精神既是创业的动力源泉,也是创业的精神支柱,是成功创业的前提。没有创业精神一般来说就不会有创业行动,创业也就无从谈起。即便有创业,也往往是浅尝辄止、半途而废,因为创业的道路不会是一帆风顺的。所以顽强的创业精神对于成功创业是至关重要的。

(一)创业精神

1. 创造梦想的精神。一般认为好的创业者应该是善于发现商机的人,但是什么样的人才能发现别人发现不了的机遇呢?是那些习惯于创造梦想的人。梦想会指引他去寻找、捕捉机遇,并将机遇转化为恒久追求的事业。

任何伟大的事业都源于伟大的梦想,而伟大的梦想却起源于创造梦想的人。当微软刚开始创业的时候,其创始人比尔·盖茨就提出这样一个伟大的梦想:让计算机进入家庭,并放在每一张桌子上。进入21世纪后,微软又提出新的梦想:通过优秀的软件赋予人们任何时间、任何地点、通过任何设备进行沟通和创造的能力。伟大梦想的指引,是微软之所以成为伟大公司的根本原因。

2. 不懈追求的精神。创业者光有梦想还不够,还要能够把过去的梦想进行优选提炼,凝聚成为一生的热爱和追求,并把这种热爱和追求与创业的领域融为一体,才能保证有足够的耐心和坚韧、勇气和信心,去战胜各种艰难险阻和困境挫折,坚定不移地甚至是寂寞地走自己认定的道路。创业的道路是漫长而艰辛的,没有一种如热爱自己生命一样热爱事业的精神,是无论如何也坚持不下来的。

3. 学习新知的精神。任何事业,光有一股狂热激情,哪怕是再持久也不够。还要有不断学习新知识、新经验、新技能,补充自己不足、提高自身水平的强烈意识。为了实现自己的梦想、追求自己热爱的事业，就必须勇于突破专业、职业、年龄、性别、环境等诸多条件的限制，以孩童般强烈的好奇心和求知欲，对凡是有益于自己事业的东西，都如饥似渴地学习；不懂技术学技术、不懂管理学管理、不懂营销学营销、不懂财务学财务，不断地完善自己，永无止境。

4. 打破陈规的精神。任何的创业，都是一种探索，一种冒险，绝没有一劳永逸的成功秘籍，也没有预先画好的地图。一切都要因时、因地、因人、因事而异。离开创新和创造，创业就是一句空话。如果以为仅模仿前人成功的经验做法就能创业成功，那简直是异想天开。因为如今的世界，信息瞬间万变、科技日新月异、消费者需求永无止境，唯有不停地创新创造，才能跟上时代的步伐，才能在异常激烈的竞争中站稳脚跟，脱颖而出。

5. 直面挑战的精神。创业者必须清醒地意识到，你是这个组织的领导人，应当对组织最终的结果负全部责任。任何逃避和推脱都是无效的、荒谬的。特别是当组织遇到重大决策或危急关头时，要敢于承担责任，只有这样，这个组织才有中流砥柱，员工才有主心骨，你才能赢得所有相关人员的尊重和信赖，才能使这个组织有战斗力、有持久力[12]。

（二）创业能力

创业精神是创业行动的动力之源，然而要想创业成功，仅凭顽强的创业精神是远远不够的，还需要有充分的创业能力。创业能力是创业的武器，是创业成功的保证。创业能力分为学习能力、应变能力、沟通能力和自我控制能力四个方面。（初明利，于俊如，2009）

1. 学习能力

学习的能力包括获取知识的能力、创造知识的能力、应用知识的能力三个方面，学习知识既要在广度上做文章，也要在深度上做文章，更要在创造性上下工夫。

与一般的学生时代学习不同,创业者要学会自学,学会带着问题学、带着疑问学,要有目的、有针对性地学。学习的最终目的是应用和创新,能够将创新成果迅速转化为现实生产力。创业者在学习基本知识和基本理论的基础上,特别要注意学会科学的学习方法、研究方法,大胆怀疑、大胆想象、敢于创新、勇于创新。每个创业成功的人在学习方面都已经近似疯狂。他们不会放弃任何一个学习机会,生意对手、农民、教师、学生、商人、成功者、失败者……任何人都有可能成为他们的老师。他们通过学习来逐步充实自己,完善自己,努力打造一个尽可能全能的自我。商场中并没有所谓"全能战士",但是当创业者具备多方面的知识后,在创业初期便可一身多职,既能在市场一线打拼,也能对一份财务报表的复杂数据进行分析,大大提高企业运作效率。

2. 应变能力

应变能力是根据事物的发展变化审时度势地作出机智果断的应变,随时调整行为的能力。具有应变能力的创业者,能够从表面的"平静"中及时发现内在的"变化",认真分析,勇于开拓,对原先所做的决策进行及时的修正。具有应变能力的创业者,不因循守旧,不墨守成规,对创业过程中遇到的新问题、新事物,能够进行科学判断,审时度势,做出正确的决策,领导企业走向成功之路。

3. 沟通能力

现在的创业,一般分两类:一是技术类创业,二是服务类创业。这些都需要足够的沟通能力或亲和力,这是一个必要条件。无论是与组织核心人员还是对公司员工、合作伙伴、投资方等,沟通是关键。创业者要能够掌握沟通技巧,随机应变,左右逢源,在人际交往中做到以热情、真情待人,能够揣摩和理解对方的心理,促使相互间心灵沟通,情感融洽,获得理想的人际关系。

4. 自我控制能力

商场的要诀是"首先控制你自己,然后你才能控制别的人"。

一个人一旦失去了自制，别人就会轻易将他击败，这是一条铁的定律。控制自己不是一件非常容易的事情，因为我们每个人心中永远存在着理智与情感的斗争。自我控制就是要按理智判断行事，克服追求一时情感满足的本能愿望。创业者，为自己打工，是自己的老板，无论在时间还是决策上都具有很大的自由度，所以创业者必须具备较强的自我控制能力。

当然，这并不是要求创业者必须完全具备这些素质才能去创业，但创业者本人要有不断提高自身素质的自觉性和实际行动。提高素质的途径：一靠学习；二靠改造。要想成为一个成功的创业者，就要做一个终身学习者和改造自我者。

第二节　创业精神

创业之路是一条艰难之路，若无相应的精神心理素质支撑，是难以起步或坚持到底的。古今中外，所有成功的创业者，尽管他们创业的领域不同、途径各异、成就的大小不等，但若研究分析他们的创业历程，就不难发现，他们确有不少共同之处，就是那种创业的精神气质。

一、创业精神的内涵

（一）创业精神的概念

创业精神是一个广泛的概念，对它的概念界定方式也比较多。如果从不同的研究层面和对象出发可以分为企业创业精神和个人创业精神。

企业创业精神就是企业层面上的创业行为特征。对于企业的创新精神来说，一般都从产品市场创新（product - marketing novation）、冒险（risk - taking）和主动行为（proactiveness）三个维度来表示。

个人创业精神主要是指创业实践活动中,对个体起动力及调节作用的心理倾向和特征,它是个体的创业基本素质结构中的非认知性因素结构,主要包括创业意识和创业心理品质两个方面。心理学、成功学的研究表明,在一个人的创业活动中,创业意识(包括需要、兴趣、动机等因素)和创业心理品质(包括情感、意志等因素)作为个体的非认知性因素是个体行为的指挥和控制系统,具有激活、指向和调节功能,它虽然不直接参与对创业本身的认识,不进行创业的具体操作,但却是创业活动启动、维持、强化、整合的巨大内驱力。创业精神是个体创业成功不可缺少的内在条件,它支配和调节着创业者的态度和行为,并规定着态度、行为的方向、力度,具有很强的选择性和能动性。

(二)创业精神的特征

个人创业精神具有以下特征:

1. 一致性

个人创业精神中首先体现出社会价值与个人价值的一致性。个体创业目标的实现应该与组织目标的实现必须是一致的。作为一个创业者,追求的必然首先是为自身创造财富,但是在创业中同样应该使自己的物质追求和精神需要相一致。把自己的事业同国家、社会的物质需求和精神需要紧密联系在一起。如果只追求个人或家庭吃好、穿好、幸福美满,必定是成不了大业的。即使能够得到一定满足,也是不能长久的。

2. 长期性

个人创业精神的定位是长期的,这是创业精神的基本要素,它使得个体具有主动性而不仅仅是等待问题的发生,更多考虑将来和长期的工作绩效。长期性还体现在创业过程不是一蹴而就的,创业者的活动和行动在相当长的一段时期内会受到来自各方面的影响。

3. 行动性

个人创业精神是行动导向的，而不是陈述导向。从这个意义上说，具有创业精神的人是指积极且不懈地试图解决问题的人，而不是停留在想法和口头上的人。创业者要成功创业，除了观念和思想的激荡外，更重要地体现在将这些想法变成现实的具体的执行力，执行力是创业者必备的核心能力，勇于将创新的想法或观念付诸实际行动，哪怕是暂时不为社会大众所接受的观念，就是创业精神行动性的体现。

4. 坚持性

具有创业精神的个体，在困难或挫折面前，应该决不退缩，坚持不懈，毅力坚强，并且会积极地寻求解决问题的方法，克服这些困难和挫折。持之以恒是创业最终取得成功的基础和保证，也是创业精神经受时间考验的最好证据。

（三）创业精神的地位和作用

创业精神是创业实践活动的“发动机”，是创业活动的前提条件。具有了创业精神的人才会关注社会对创业的需求，然后对创业产生兴趣，萌发创业动机，才可能造成创业行为的出现。创业者在创业实践的过程中，创业品性、创业意志、创业态度起着重要的导向作用，直接影响创业行为的结果。当创业者取得创业成功时，创业的态度和意志影响着创业者是选择继续寻求机会创新，还是选择“分了一匙羹”之后就退出；当创业者不幸受到挫折时，创业态度和意志也影响着创业者是继续努力，还是选择退出。由此可见，只有充满创业精神的个人才有可能真正取得创业事业的成功。

从创业者应具备的创业基本素质来看，根据个体素质结构可将创业基本素质分为三大要素，即“创业精神”、“创业能力”和“创业知识结构”。其中，创业能力是影响创业实践活动效率，促使创业实践活动顺利进行的主体心理条件，一般包括专业能力、职业能力、经营管理能力、综合性能力，是创业素质中的能力结构，又被称为“操作系统”。创业知识结构是对创业实践活动过程具有工具和手段意义的个体知识系统及结构，一般分为：专业知识、职业知识、经营管理知识和综合性知识，是创业素质中的知识结构，又被称为“工具系统”。而创业精神，它是个体的创业基本素质结构中的非认识性因素结构。它虽然不进行创业的具体操作，但却是保持整个创业活动顺利进行并最终成功的“动力系统”。由此可见创业精神在个人创业活动过程中处于极其重要的地位，具有重要的影响作用。

二、创业精神的内容

根据创业精神的含义，在进行创业精神培养时，应以创业意识的培养和创业心理品质的培养为主要内容。

（一）创业意识

创业意识是创业主体的一种向往、期盼，甚至是创业主体迷恋创业活动的个性心理倾向，它主要包括创业的需要、动机、兴趣等心理成分，是一种对创业主体起前导作用的自我意识。它主要表现为正确的财富观念、强烈的成就欲望、热切的创新梦想和充分的自信心态。从本质上讲，这种自我意识是客观物质世界在人们头脑中的反映，但它又不是物质世界的直观影像，而是经过了认识主体的认识建构模式过滤重组之后的映象，带有浓厚的主观色彩。这种意识正确与否及其深刻程度，对人们的创业行为起着直接的指导作用。

1. 审视财富的正确观念

创业是为了致富，对于财富的态度和观念，直接影响和制约人们的创业行为。值得注意的是，由于多种原因，我国国民在思想观念上对财富有一种奇特的偏见和隔膜，人们往往把财富同社会的各种丑恶行为联系在一起，以致“谈富色变”，视致富为畏途。

这种心理障碍不破除，创业致富就无从谈起。树立创业意识，首先要矫正陈旧过时的财富观念。

（1）要正确认识财富的本质，坚信拥有财富是福不是祸。

从经济学的意义讲，财富就是有使用价值的价值量。无论其物质形态如何，本质上都是人类劳动的凝结。它同社会的任何丑恶行为都没有必然的内在联系。无论是贪官的贪贿赃款，各种经济刑事犯的不义之财，还是社会寄生阶层不按市场经济的等价交换原则换取的，是不包含他们所付出的任何劳动，他们是用非法的甚至罪恶的手段来攫取这些财富，这种攫取过程和攫取手段才是罪恶的，而财富本身无罪。

（2）要懂得财富是人类生存和发展的重要物质条件，创造财富是功不是过。

就个人而言，财富是人类生存和发展的基础。人要生存，就必须有衣食住行等物质资料。尽管在不同时代、不同国度里，物质资料的量和质都很不相同，但都必须有一定量的物质资料存在。这一定数量的物质资料就是财富。就社会而言，财富是国家经济安全和社会稳定的重要条件。在当代，经济因素在国际关系中的地位不断上升。实践表明，具备雄厚的财力优势，国家经济安全系数就比较大。通常所谓增强综合经济实力和抗风险能力，其核心内容，就是增加国民财富总量。而对我们这种发展中国家而言，许多问题的最终解决，都有待社会生产力的高度发展和国民财富总量的大幅度增加。因此，创造财富越多，越是有利于社会的稳定。

（3）坚持依靠诚实劳动创造财富。

要实现成功创业，必须把正确的财富观念转化为稳健的创业行为，真正自觉地按照市场法则来创业致富。无论创业主体最终为社会提供的是产品还是服务，都必须付出艰辛的劳动。只有不辞辛劳，艰苦努力，把足够的劳动量、知识量转化为对消费者具有新的使用价值的产品和服务，才会有创业创富的成功。任何试图依靠偶然的炒作或投机来达到一夜暴富的目的，都是不切实际的空想。目前，由于我国市场经济体制还在建构过程中，信用制度缺失还将在一段时期严重存在。面对这种情况，一个有远见的创业者尤其要坚持诚信为本，敛财有度。要知道立信才能立业，言而无信，约而不践，以欺蒙坑骗待人将会自毁声誉、自毁前程。

2. 渴望成就的强烈欲望

成功的创业者，并不是像人们想象的那样，靠运气、遗产、别人的帮助或提携而成功的；也不完全是靠高学历、高智商、高门第等特殊条件成功的。事实上，他们中的绝大多数人是靠长期不懈的努力、坚韧不拔的斗志、百折不挠的毅力取得成功的。他们始终没有放弃对事业的追求，支撑他们如此百折不挠地追求的就是渴望成就的强烈欲望。

(1)成就欲是一种力图驾驭自身命运，追求人生辉煌的自我意识。

美国人本主义心理学家马斯洛把人的需求归结为五个层次：生理的需要、安全的需要、归属和爱的需要、被人尊重和自尊的需要、自我实现的需要。所谓成就欲，就是一种期盼着在事业上做出成绩的心理追求，这是属于自我实现、自我发展这一层面上的需求，是人生欲求的最高层次。有成就欲的人，往往不甘寂寞，不满足于平淡恬静地过一辈子，总是想要在事业上有所作为，千方百计造就人生辉煌。成就欲之所以可贵，就在于这种高层次的追求可以转化为一种造就人生辉煌的强大的内在动力。

(2)成就欲是一种锁定人生目标，实现人生价值的心理预期。

人的追求及其所取得的成效，一般说来，不会超出自己的心理预期。预期目标可以引导人们认清使命，凝聚力量；预期目标也可以使人坚定信心、增强勇气。“创业艰难百战多”，任何一项开创性的事业都是在战胜各种艰难险阻中前进的，创业过程中既要克服原始积累期生活上的种种困难,又要承受挫折和失败时精神上的巨大压力;既要处理各种纷繁复杂的人际关系,还要顶得住扑面而来的市场风险。没有对自己所从事事业的坚定信心,没有一往无前的勇气,是很难闯过这一道道难关的。这种信心和勇气的最后支持,就是依据成就欲所确定的预期目标。另外,预期目标可以帮助我们评估进展、权衡利弊,选择正确的路径。目标可以让人立足现实,着眼长远,把每一步进展都同整体目标联系起来,从而分清主次,抓住要领,避免因小失大,避免阶段性利益损害整体目标的实现,从而做到尽可能以较小的成本获得最佳的效益,选取最佳的途径。

(3)成就欲是挖掘自身潜能,走向创业成功的基本素养。

心智和才能有两个部分,一部分是彰显外在的,一部分是隐匿潜藏的。一般人都只开发使用了前一部分,但要从事伟大、超常,特别是创造性的事业,就必须开发和使用好后一部分。成就欲作为一种心理素质,它的价值就在于可以促使潜能的充分开发。它可以促使人们在以往的教养和实践中未能开发的潜能得到进一步开发,也可促使人们永不满足于已有的教养,更不会停留在以往的实践层次上。这种不断地自我更新和刻苦实践,就会产生出新的思想火花,点燃潜藏的心智,激起潜意识的强烈震撼和悸动,开发出意想不到的智慧和力量来。由于成就欲的驱使,人们对于自己热切向往、梦寐以求的某个目标,不仅要调动意识中的各种智慧和力量,而且会废寝忘食,坐卧难安,让潜意识也处于一种高度的亢奋状态,从而使其间隐藏着的各种心智才能复苏觉醒、相互激荡,沿着意识给予的指令,不断寻求新的解答。

3. 迷恋创新的热切梦想

创业作为一种经济行为,它的生机与活力源于永不停息的创新。没有持续不断的创新,创业就成了无源之水、无本之木。立志创业致富,在心理上就必须具有强烈的创新意识,有着迷恋创新的热切梦想。

(1)创新意识是创业成功的活力源泉。

创新的基础作用,主要在于它开创了一种崭新的消费理念,刺激了新的消费需求,大大拓展了市场。对创业主体来说,开辟销路、拓展市场,任何时候都是创业的头等大事。无论创业主体提供的是产品还是服务,只要适销对路,市场不成问题,创业就有了成功的基础。创新的基础作用,在知识经济条件下尤其明显。知识经济本身就是一种永不停息的创新型经济。创业组织的全部生命力就体现在知识创新和产品创新能力上,缺乏创新能力的创业者,在知识经济时代,根本就不可能找到立足之地。

(2)创新意识是一种超越现实,追求美好人生的心理倾向。

创新意识是一种不盲从传统的批判意识,是一种质疑共识的求异思维。人们对于共识,既要承认其相对真理性,又要看到它的不完善性,不要把它绝对化。对共识保留某种怀疑态度,把这种认识思路作为认识客观事物的途径,并以此为基础,进行发散和求异思维,就能既利用好这种既有的认识成果,又不受其局限和束缚,不断提高新认识,开拓新思路。创新意识还是一种突破常规的超卓心理。创新意识新就新在勇于打破这种常规的桎梏,大胆根据当前的实际情况,得出新结论,实施新举措;不因循旧制,不作茧自缚。从本质上讲,创新意识是一种对现实永不满足的心理倾向,无论是历来如此的传统、众口一词的共识,还是相沿成习的常规,在这种意识面前都值得质疑、值得批判、值得突破和超越。

(3)突破思维定式,人人具有创新意识和能力。

创新意识是一切成功人士所共有的心理素质,但这并不意味着它仅仅是少数天才和权威人士独有的天赋和专利。其实,它是一种通过训练和培养,人人都可以具有的心理素质。在现实生活中,我们之所以在许多人身上看不到这种素养,除了客观现实的制约，还有思维主体自身思维建构即思维定式的限制。要创业、要创新、要形成创新意识，必须突破思维定式的束缚。突破思维定式则要破除从众心理，敢于在强大的群体压力面前独树一帜；要破除对权威的盲目崇拜，要懂得权威的相对性，不能把权威泛化，在任何领域都盲目崇拜；要破除本本主义和经验主义，坚持在新的实践中不断开拓创新。创业者必须不断接触新情况，研究新问题，探索新领域，只有这样才能不断开拓自主创业的新局面。

（二）创业心理品质

所谓创业心理品质，是指在创业实践活动中对人的心理和行为起调节作用的个性意识特征，它主要是指创业的情感、意志及其过程，是个体创业基本素质结构中的“调节系统”。培养创业心理品质，主要是使创业者树立正确的人生价值观，调动起积极向上的创业情感，具备勇于探索、知难而进的意志品质，养成创业所需的自强、自立、自信、自主的精神。这是创业成功的重要条件，也是创业精神的重要内容。

1. 独立自主的个性人格

人格，心理学上指人所具有的共同的心理特征；伦理学上指个人的道德品质；法律上指人能作为权利义务主体的资格。人格来源于强烈的自尊自重。个性一般是指一个人在其生活、实践活动中经常表现出来的、比较稳定的、带有一定倾向性的个体心理特征的总和，指一个人区别于其他人的独特的精神面貌和心理特征。个性对于一个人的活动、生活具有直接的影响，对创业者成功创业也具有重要作用。

（1）独立自主的个性人格是一切创造的思想起点和精神动力。

一个人是否有创业意识、创业行为和创业成就，很大程度上取决于他是否有独立自主的个性人格。任何创造都源于不依赖于他人的自主意识和独立行动。创造是一种非常规甚至反常规的思考方式和行为模式,常会遭到无端的非难和激烈的反对,没有不依赖于他人的独立人格,很难承受巨大的风险和压力坚持下去。只有那些自主意识很强,不依赖于他人,甚至不顾及他人意见的人,才能把创造进行到底。另外,创造是一种永无止境的创新追求,不但要超越前人,超越他人,有时还要超越自我,不知疲倦地探索未知。创业者走常人不敢走也不愿走的路,有时甚至会遭到众口一词的反对,风险和压力不仅来自对手,而且也可能来自最亲近、最信任的朋友和同事。没有不依赖于他人的自主意识和独立人格,这种探索是难以想象的。因此独立自主的个性人格是所有成功创业者共有的精神品格。

(2)独立自主的个性人格的思想基础是一种标新立异的内在冲动和与众不同的个性追求。

独立自主的个性人格本质上是一种对创造力的执著追求。开拓创新是创业的灵魂,只有标新立异、追求与众不同,才能创立一番事业。在心理上,独立自主的个性人格表现为对现存事物以及各种常理定律的怀疑态度和批判精神,是一种不愿循规蹈矩的超常心理;在认识上,独立自主的个性人格表现为在前人已有答案的地方寻找新的问题,探求新的答案,是一种不苟同众议的求异思维;在实践上,独立自主的个性人格表现为不知疲倦地了解新情况、研究新问题、探求新思路、创造新业绩,是一种持久的独创行动;在日常行为方式上,具有独立自主的个性人格的人,常常表现为一种持久的独创性冲动。

(3)独立自主的个性人格是在宽松的环境和科学的教育中逐步养成的。

马克思关于人的本质的学说指出"人的本质并不是单个人所固有的抽象物,实际上,它是一切社会关系的总和"。这就告诉我们,人的个性(尤其是个性倾向性)较少受生理、遗传等先天因素的影响,主要是在后天的培养和社会化过程中形成的。通俗地讲,人的个性不是先天固有的,而是在后天的培养、教育下塑造的。通过对兴趣爱好个性化的鼓励和引导,可以培养个性人格的自觉意识;通过对知识积累个性化的教育和引导,可以培养个性人格的认知建构;通过对价值追求个性化的塑造和引导,可以培养个性人格的目标指向。

2. 充分自信的健康心态

商场如战场,商海搏杀,人们相互较量的不仅是实力。还包括心智、顽强的意志、坚韧的毅力和健全的心态。自信则是其中的核心内容。没有充分自信的健全心态,再强的实力,再高的智商,有时也难保胜算。只有坚定不移地相信自己有足够的能力和本事征服各种困难,超越任何对手,才有可能成功创业。对于创业主体来说,树立一个积极肯定的自我意象,树立一种充分自信的健康心态,不但是成功创业的心理准备,而且是一种核心素养。

(1)充分自信的健康心态是自主创业成功的基础。

自主创业必备的独立人格,只能建立在充分自信的健康心态上。自主创业是一项个性鲜明的社会实践,创业主体必须具备个性鲜明的独立人格。创业过程中,无论信息的取舍、项目的确立、市场的判断,往往都必须独立自主地在瞬间作出决策,很难假手于人,更不可能有什么依赖。这种独立人格就是以自信为基础。面对瞬息万变的市场态势、稍纵即逝的重大商机,一诺千金的紧急决策,没有对自身能量和实力的充分自信,是难以当机立断、铸成大事的。无论你所从事的是哪一领域的创业活动,也不论你为社会提供的是产品还是服务,要价廉物美、胜人一筹,要么是降低成本,要么是提高效率,要么是提高质量,都必须依赖技术上、工艺上、管理上过人的创造力。这种创造力是一种长久积蓄而又只能偶然触发的能力,自信则是它的触媒和催化剂。许多著名企业的创始人为什么能在那么艰难的情况下初衷不改,甚至于“虽九死而其犹未悔”,究其力量之源泉,还是来源于对自己所从事的事业的正确、高尚以及必胜结果的坚定自信。

(2)自信心是自我意识展现出来的一种生存生命状态。

对于一个具有充分自信的健康心态的人来说，他之所以选择创业，绝不是为了逃避现实，选择安逸，而是自觉地选择风险，选择艰辛，选择永无止境的拼搏和追求。任何迎面而来的困难和挑战，他都会从容面对，勇敢迎接；任何恶劣的环境、强大的对手，都是他预料之中的事情，他都有能力有办法应付。同时，自信心体现为一种责任意识。具有充分自信的健康心态的人，不会把自己的行为以及这种行为的结果归咎于环境和他人。他们在创业过程中的一切言行和举措，都是依据自身的人生理想和价值观念作出的有意识的抉择，而不是外界环境所迫使。自信心的真正秘诀在于用理智代替情感，把意志化为力量，促使创业成功。自信心态健全的创业主体，无论在创业实践中碰到什么问题，他都能按照自己的价值观念，经过审慎的思考，理智地作出判断和抉择。他的一切行为的原动力，不是受外界冲击的情感和情绪，而是其固有的价值观。

(3)树立充分自信的健康心态，克服和超越自卑意识。

自信作为一种自我激励的精神力量，是任何一个创业主体都必须具备的。但这种心理素质并不是自发形成的，而是后天培养和教育的结果。自卑是一种消极的自我评价或自我意识，它是个体认为自己在某一方面甚至某些方面不如他人而产生的一种消极的自我意象。具有自卑感的人总是偏低地评价自己的能力、心智和品质，从而产生一种自己事事不如人、处处不如人的错觉，进而自惭形秽、悲观失望，失去发展进取的信心和勇气。一个人一旦被这种自卑意识所控制，其精神生活将受到严重束缚，聪明才智和创造力因此受到影响而无法发挥作用。创业主体要成功创业，就必须克服和超越这种自卑意识，树立充分自信的健全心态。克服自卑心理，要学会正确地评价自己和他人，学会扬长避短，找准自己努力的方向和发展的领域。

3. 百折不挠的顽强毅力

自主创业之路是一条荆棘丛生的漫长征途，不但需要勇气、自信，尤其需要毅力。因为创业是开创新的事业，不可能一帆风顺，不可能不遇到困难和问题。如果一遇到困难和问题就退缩不前，打退堂鼓，那就只会半途而废，一事无成。

(1) 自主创业面对的是变化无常的市场，每天都是新起点，没有一劳永逸。

当今世界的市场瞬息万变，对创业者来说，必须要有持之以恒的毅力。艰辛培育强人，安乐孕育弱者。世界上许多伟大业绩都是通过一些很平凡的人经过不断的努力而创造的。对那些执著地开辟新路的人而言，生命总会给他提供足够的努力机会和不断进步的空间。人类的幸福就在于沿着已有的道路不断开拓进取，永不停息。那些最能持之以恒、忘我奋斗的人往往是最成功的。失败为成功之母，只有具备屡败屡战的顽强毅力，才能避免功败垂成。但失败并非必定是成功之母，失败与成功两者之间没有必然的母子关系。如果失败后抱着无所谓的态度，等待你的可能还是失败。要百折不挠，勇往直前，还必须善于总结经验，吸取教训，找出原因，重新调整，推出新招。成功并不是轻而易举的，每一个成功者的后面，都隐藏着许许多多的失败，而正是这些失败才最终导致了他们的成功。失败并不可怕，怕的是不敢面对失败，失败了就一蹶不振。事实上，所有成功的创业者都是靠百折不挠的顽强毅力走向成功的。只要翻一翻创业成功者的传记，我们就不难发现，他们的成功在很大程度上应归功于非同一般的勤奋和百折不挠、持之以恒的毅力。

(2) 百折不挠的顽强毅力既是一种意志力，又是一种责任感，本质上是一种执著追求、锲而不舍的精神。

坚强的毅力，来源于对远大目标的执著、渴望，对事业的痴迷追求和对自己克服困难的坚定信心。创业者以自己对时空条件和市场形势的详尽分析和准确判断为依据，自己认定的、看准了的事，就集中力量克服一切困难和阻力，坚定不移地去完成。不管别人怎样评价，不怕别人如何反对，朝着自己确定的方向，一步一个脚印地向前迈进。意志力也表现为坚韧，在不利形势下，条件不允许、不成熟的时候，为了保存自己，为了实现自己人生事业的目标，必须要有坚韧不拔的忍耐和忍受。意志力还应表现为持久，即持之以恒，矢志不移。成功的创业者往往把自己的创业与一个地区、一个国家乃至全人类的某项共同事业紧紧联系在一起，以推进这项事业发展，达到一定高度为己任，执著追求，如痴似迷。顽强的毅力不仅使创业者对自己的理想目标充满坚定的信念，而且使创业者把实现自己的理想目标作为荣辱得失的标准。

(3)百折不挠的顽强毅力来自长期刻苦的自我修养和实践磨炼。

顽强的毅力不是与生俱来的，而是在后天的自我修养和实践磨炼中形成的。这种修养和磨炼，将对创业形成一种强烈的自觉意识、坚定的自我信念和持之以恒的自律意志，使之在创业实践中矢志不渝、百折不挠。要提高自觉意识，真正懂得选择创业就是选择一种奋斗不息、自蹈艰辛的人生。创业是一种全新的生存状态和生存模式。创业者的一生是特立独行、克难闯险的一生，他不是被动地适应环境，而是主动地改造世界；不是消极地接受命运的安排，而是积极地应对命运的挑战，努力追求自我价值的实现。这种生存方式，必定是充满磨难、充满挑战的人生。一个人选择创业，本身就是选择一条荆棘丛生的道路，实际上是自讨苦吃、自蹈艰辛。对于这一点，不仅要有备而来，而且要不断在实践中磨炼自己，提升自蹈艰辛的自觉意识。认识到一切艰辛苦楚都是自觉自愿的，就会再苦也不觉得苦，再累也不觉得累，真正能做到愈挫愈勇，百折不挠。众多成功的创业者，能做到几起几落，屡败屡战，首先是有这种自主创业执著追求的自觉意识。创业中的每一次实践活动，实际上都是一次顽强毅力的训练，只要认真对待，必有收获。

三、创业精神的培养

（一）创业精神培养的指导思想

1. 以马克思主义世界观、人生观、价值观理论为指导

大学生的世界观、人生观和价值观对其创业精神的形成起着十分重要的作用。马克思主义认为，人生观的形成不是人性的自我实现和自我完善，更不是什么上帝或神的启示，而是人们所处的历史条件和社会关系的产物，是人们对社会生活的反映。经济体制改革带来了社会转型，个人的生存与发展主要依赖个人的奋斗与拼搏。教育应致力于使青年具备自尊、自立、自强、开拓、进取、奉献的品格。但同时也不能羞于谈个人利益和个人追求，而要引导学生深刻认识实现个人利益和个人追求对社会环境及条件的依赖性，将个人利益与集体利益相结合，个人命运与祖国命运相结合；引导学生认识个人理想和奋斗在社会分工体系中的社会意义。为了实现可持续发展，建立能使个人发展和社会发展相互促进、良性循环的社会机制。要培养学生自我负责、努力实现自我价值的观念，使其明白读书、谋职、创业都应是主要由自己负责的事情，政府和社会都只能为其创造宏观条件。若能做到这一点，毕业生既可去寻找就业岗位而就业，又能在求而不得时走上自主创业之路，不仅解决自己的就业问题，又能为社会创造更多的就业岗位。改革开放以来，许多不识几个字的农民尚且能自主创业，大学生为何只等着社会给他们提供工作岗位？除历史文化和体制的原因外，受传统文化中存在不少与社会现代化进程背道而驰的糟粕，以及历史文化和计划经济体制在思想上形成的惯性

等因素的影响，传统的高校教育以及家庭和社会的教育一直是“就业型”教育，而非“创业型”教育。因此作为进行世界观、人生观、价值观教育的理论教育在创业精神培养方面应居于重要地位。

2. 以“三个面向”人才观理论为指导

教育必须面向世界、面向未来、面向现代化。创业精神培养应以邓小平“三个面向”教育观为指导，与时俱进，反映时代精神，紧跟时代步伐。《中共中央、国务院关于深化教育改革全面推进素质教育的决定》中指出：“高等教育要重视培养大学生的创新能力、实践能力和创业精神。”这一要求反映了国家对现代教育思想的认识进一步得到了深化，切中时弊。江泽民同志明确指示“教育在培育民族创新精神和培养创造性人才方面，肩负着特殊的使命”，“大学应该是培养和造就高素质的创造性人才的摇篮，应该是认识未知世界、探求客观真理，为人类解决面临的重大课题提供科学依据的前沿，应该是知识创新推动科学技术成果向现实生产力转化的重要力量”。因此，高等教育的改革，理所当然要把创新意识、创业能力的培养放在最为重要的位置。当前，我国大学生教育进入了新的发展阶段，并且随着学校的不断发展和招生规模的扩大，必将取得更快的进展。在发展大学生教育规模的同时，大学生就业问题也日益凸显。进一步加强大学生的素质教育显得尤为重要，其中创新精神和创业能力的培养日益突出。以“三个面向”人才观理论为指导，促使高校认清人才培养的目标，制定科学合理的人才培养计划，改善人才培养模式，调整教学内容与方法，真正使大学生人才的创业意识和素质得到提升。

3. 以“以人为本”思想为指导

随着社会的发展，学生的“技术性”、“工具性”虽然增强了，但价值观扭曲、社会责任感降低，缺乏创造性和创业精神等现象也随之产生。人们开始认识到教育不仅仅是为了给经济提供人才,而是应将其作为促进个体发展的目的加以对待。因此,“以人为本”的人本主义思想在教育领域也日趋受到重视。理想的教育应是既为现实社会服务,又有长远永恒的追求;既重视科学(技术)教育,又重视人文教育,是二者的有机整合。人本主义教育思想主张教育的根本目的在于人的自我实现,教育应“以人为本”,重视“人”的因素。它肯定人的价值、强调人的地位和尊严,倡导个性的充分自由发展,特别是人的意志、情感、兴趣、需要、价值等。人本主义心理学家马斯洛在他著名的“需要层次说”中,将尊重的需要、自我实现的需要列为高层次的需要,并认为“教育的功能……从根本上说是人的自我实现。是丰满人性的形成,是人种能够达到或个人能够达到的最佳状态”。而在他之后的人本主义心理学家罗杰斯更是强调对人的主体性的重视,多次明确地指出教育应把学生培养成有富“灵活性、适应性和创造性的个人”,应该“注重发展个人的主动性、创造性和责任感”,希望“学生成为自由的、负责的人”。这些思想对于我们进行创业精神教育具有十分重要的借鉴和指导价值,其以人的发展为终极目标,肯定人的价值,体现对人的独立人格和个性充分发展,特别是对学生主体性、创造性的培养的关注,正是我们创业精神培养必须努力达到的效果。以人为本的教育思想是对以获得知识和发展智力为手段的工具性的传统教育思想的超越,也是创业精神培养不同于知识、技能教育的重要体现。

(二)创业精神培养的原则

在先进的创业精神培养思想的指导下,结合大学生的实际,进行创业精神的培养,应坚持以下主要原则:

1. 以社会需求为基本导向的原则

培养学生的创业精神,无论是培养其兴趣、激发其动机,还是调动其情感,锻炼其意志都必须坚持以社会需求为基本导向的原则。教育、指导学生正确处理好社会需要与个人特长、爱好的关系，认清自我价值与社会价值的关系，做到两者兼顾。出现矛盾时，则应首先服从社会需要，然后再根据具体情况协调解决。认识自己在创业上的可塑性和可迁移性，正确处理好兴趣、爱好与现实创业可能性的关系。

2. 以大学生身心发展特点为依据的原则

培养学生的创业精神，必须遵循处于学龄阶段学生的心理成长的特点，依据其身心发展过程中知、情、意、行等方面的典型特征，在培养过程中既要充分发挥这一年龄阶段自主性、进取性、社会性增强的优势，又要克服其身心发展不平衡性带来的动荡性、闭锁性等不利因素，并结合教育的专业定向性，有的放矢，从而形成学生所需要的创业精神。

3. 以实践活动为重要手段和途径的原则

培养学生的创业精神，应正确认识和处理好创业精神与实践活动的关系。不参与实践活动，创业精神就无法形成，离开了创业实践活动，创业精神培养所要求的目标也将成为一句空话。因此，必须坚持将实践活动作为重要手段，通过各种形式的活动去激发和强化创业意义和心理品质，使它们在活动中最大限度发挥作用，并最终根植于学生的个性之中。

4. 以学生的主体性为培养动力的原则

在创业精神的培养过程中，需充分发挥学生的主体性，即学生在学习过程中的能动性、自主性、积极性和创造性。这就要求在培养过程中，需要一种充分发挥学生主体自觉意识和能动作用的学习方式，这种学习方式必须与学校教育中以课堂为主渠道，以书本知识为重点的方式有明显不同；而是让学生多置身于活动的实际情境中，在活动中因问题的产生、发展、变化、解决来主动调整学习的范围、内容、重点、难点；在这个过程中，学生变被动为主动，变抑制为兴奋，创业的动机和兴趣也易被激发起来，情感和意志在主体的能动作用下也更易产生。当然，学生主体性的发挥不是随意进行的，教师应以指导者的身份，为学生多提供教育、咨询服务，结合专业特点，提出建议和提供必要的帮助去有效地指导其达到培养的目标。

（三）创业精神培养的途径

1. 鼓励和引导大学生积极转变观念，实现从被动就业到主动创业的思想转变。

观念是行动的先导，培养学生的创业精神，应从更新旧观念，构建创业新观念入手。当前大学生有些思想观念还远不能适应创业的需求，如小钱不屑赚，大钱赚不来；缺乏吃苦耐劳精神；就业状况不理想，宁愿在家做“啃老一族”也不愿走向社会闯荡一番等。要转变学生的观念，首先要转变教育者自身的教育观念。对于教育者而言，要使创业精神的培养落到实处，必须用系统的观点，将创业精神的培养纳入创业教育与指导的整体框架之中，对它进行整体的设计。创业教育应该渗透于教育的全过程。其次要转变学生的观念，实现从被动就业到主动创业的思想转变。学生作为教育主体，激发其创业意识，调动其创业的情感，培养其开创性人格，必须从转变学生陈旧的就业观念开始，这就要求学生明确新形势下的就业观念，认识到自谋职业、自主创业是市场经济条件下的一种全新的就业方式。让学生冲破毕业就要国家分配的“等、靠、要”的就业旧观念束缚，把传统就业观转换为现代创业观。另外还应该积极激发学生的创业动机，培养对创业的浓厚兴趣，形成对学生起动力作用的创业意识。加强创业精神的培养，虽然不能也不必使每一个学生都成为创业者，但却应使每一个学生树立起自信、自主、自强、自立的创业精神，勇于开拓、积极进取，提高自我谋生的能力，从而成为适应时代发展要求的具有开创性个性的社会主义的建设者和接班人。

2. 积极推动教育教学改革，课堂教育中渗透创业理念

课堂是学生直接获得知识和信息的重要途径。在教学中渗

透创业理念，需要从以下几个方面入手。第一，更新教学内容。创业意识不是直白的知识点，多强调几遍，或讲讲来历，讲讲典型，就可以达到目的的。要将创业理念渗透到教学中，最基本的就是需要更新教学内容，使原有内容更富时代性和创新性。并紧紧与市场相联系，这样才能让学生感受到学有所用，才能激励学生从专业切入，开展特色创业。第二，改革教学方式。教学内容更新了，教学的方式手段也要随之更新。照本宣科式的教学早已为时代所摈弃，简单的“填鸭式”、“提问式”教学已经无法满足要求，要倡导启发式、案例式、讨论式教学方法，让理论在现实中找到“落脚点”，并学会在实践中灵活运用。第三，开设创业教育课程。在提高学生创业知识的同时，要催化创业意识的形成。目前很多高校已经开设了包括创业准备、创业项目的评估与商业计划书、企业筹办等多方面知识的创业指导课程，开设了国际劳工组织及中国劳动与社会保障部合作的城市就业促进项目推荐介绍的“创办你的企业”(SYB)技能培训课程。这些有益的尝试，尽管有成有败，但无论如何已经迈出了第一步，它将带动许多大学生迈出创业的第一步。

3. 帮助扶持学生积极参加创业实践活动，提升创业能力

要使大学生在观念上变革，就必须以实践作为大学生创业意识和创业能力孕育的载体，使更多的大学生强化竞争意识，进而萌发创业意识。通过实践环节激发创业意识的做法多种多样。高校可以通过举办创业竞赛和建立创业基地等形式切实提升大学生创业能力。创业类竞赛是培养大学生竞争意识的良好途径，它主要以锻炼学生的专业能力、创业能力为特征，如创业计划书大赛、职业技能大赛等。创业基地是大学生将创业激情转化为创业实践的重要平台，它既可以设定特别的园区，也可以依托专业实习基地。其运作的基本形式是通过学生建立实体化的创业公司或创业团队，开展创业活动。它不仅可以使参与的学生一展身

手，也可以营造浓郁的创业氛围，带动更多的大学生参与创业。此外，充分发挥学生社团的作用也是培养学生创业意识的有效途径。大学生社团是基于爱好特长而自发组成的团体，在大学生中比较有影响力。学校可以在宏观的调控下，允许学生社团市场化，给他们更大的空间，让学生在兴趣特长与专业之间找到恰当的结合点，亲身感受创业。

案例　史玉柱成功原因及其启发

史玉柱是具有传奇色彩的创业者之一。他曾经是莘莘学子万分敬仰的创业天才，5 年时间内跻身财富榜第 8 位；也曾是无数企业家引以为戒的失败典型，一夜之间负债 2.5 亿；而如今他又是一个著名的东山再起者，再次创业成为一个保健巨鳄、网游新锐，身家数十亿的资本家。史玉柱再次崛起的故事，突显出“执著与毅力”的魅力与价值。事业的创业者案例分析起伏、世间的是非议论，唯有敢与苦难做伴的人，才能从跌倒的阴影中爬起来，迈向成功。

1. 史玉柱的成就

(1) 史玉柱创办的公司

1993 年史玉柱在珠海创办“巨人公司”，仅中文手写电脑和软件的年销售额即达到 3.6 亿元，成为中国第二大民营高科技企业。1999 年注册建立生产保健类产品的生物医药企业——“上海健特生物农民创业论坛有限公司”。史玉柱开始运作“脑白金”，并且以一种奇迹般的营销成为保健品行业的奇迹，仅仅只用一年，“脑白金”就实现销售收入 2.5 亿元，成为保健品市场当仁不让的“龙头”，构建出一个属于自己的保健品帝国。2000 年 12 月 21 日注册成立“珠海市士安有限公司”。在珠海收购巨人大厦楼花。2001 年，史玉柱在上海申请注册一个“巨人公司”，谋求上市。2004 年 11 月 18 日，上海征途网络科技有限公司正式成立，再一次开启了他的网络IT生涯。2006年7月26日,史玉柱和其18位公司高管在开曼群岛正式注册“giant net work technology limited”,此公司通过一家在英属维尔京群岛注册名为“eddia international group limited”的公司控制上海征途网络科技有限公司的100%股权。2007年6月11日,“giant net work technology limited”正式改名为“giant interactive groupinc”。也就是现在上市公司的正式名称;同时上海征途网络科技有限公司正式更名为上海巨人网络科技有限公司。2007年创业者案例分析1,史玉柱旗下的巨人网络集团有限公司成功登陆美国纽约证券交易所,总市值达到42亿美元,融资额为10.45亿美元,成为在美国发行规模最大的中国民营企业,史玉柱的身价突破500亿元。

(2)外界给予的荣誉

2001年,史玉柱当选“CCTV中国经济年度人物”。

2004年,史玉柱当选安徽黄山区人大代表。

2006年,创业小额贷款条件当选“IT十大风云人物”、“2006年度中国游戏行业新锐人物”,获“2006年度中国游戏产业最具影响力人物奖”。

2007年,史玉柱当选“2007最具影响力企业领袖”、“2007十大影响力精英”。

2008年12月20日,史玉柱获“中国创业者开放30年创新人物”称号。

2. 史玉柱成功的原因

史玉柱的传奇经历告诉我们不要畏惧失败。任何人都无法躲避失败,成功的人成功之处很大部分就在于如何对待失败。史玉柱曾说:“当巨人一步步成长壮大的时候,我最喜欢看的是有关成功者的书,在巨人跌倒之后,我看的全是有关失败者的书,希望能从中寻找到爬起来的力量。”面对失败,史玉柱不断总结,不断完善,不断进步。他在迷茫的时候也要向别人虚心求教,他在沮丧的时候也需要别人不断地鞭策和鼓励。正是这种永不屈服的精神,使他能够首先放弃安逸而平淡的仕途,又不满足于暂时的辉煌成就,接着又不甘身处于失败的低谷,最后还不驻足于失而复得的领地。研究史玉柱,首先就是他的这种宝贵的精神,而这种精神也是创业所要求的基本素质修养和心理素质。

(1)准备发现与把握机会

史玉柱用事实告诉我们,人生成功的机会不止一次,可以有无数多次。悉数史玉柱所把握住的机会,做“巨人汉卡”的时候,他肯定不是第一个做的;做“脑黄金”的时候,国内的保健品当时已经很火了;他也不是先行者,做脑白金的时候就更别说,保健品市场可谓祖国河山一片“红”;再后来做网络游戏,那更是被人们唯恐不及的“红海”。但是,他总是在这些看上去不可能的地方发现机会,并且死死地抓住机会。而这就是我们所说的能力和创新素质。

(2)探索运用独特的营销方式

营销领域,他开创性地开启了中国广告轰炸推广之路,并且坚持十多年,且业绩不俗。他曾说,中国大学里的营销学都是滞后的。事实上,这样的观点已经逐步得到认同——在中国,“要学广告策划,就学史玉柱。要学市场营销,还学史玉柱”。在投资领域,在中国乃至世界,能在10年的时间白手起家,控制三家上市公司,财富飙升至500亿元的企业家少见。在经营方式上,2001年的借钱还债,如果除了说他是良心发现和“背着污点做不了大事”之外,他也是无愧于商业奇才的称号的。因为,这样的背景能帮助他推动健特生物的上市。2002年出卖掉脑白金,尽管外界诸多批评,但是,他将一个产业的生产环节和无形资产分别卖给两个上市公司的做法,又是常人所难以想到的。而这就是特殊的思维和素质。

(3)充分发挥想象力

创业者对本行业的有关要素，以及对有关要素的诸多组合应具有非凡的想象力。它表现在“抽象”和“具象”两个方面。抽象思维的想象力，重在对各种方案组合的逻辑推理设计，往往是枯燥无味的；具体思维想象力（又名“形象思维”），重在对各种方案组合后的形象再现演示，其中允许艺术构思，它如同创业工作、创业生活的系列影视剧。创业者必须高度重视“想象”素质，学会想象、培养想象、发展想象，就能使创业如虎添翼。

从史玉柱个人来说，与其说史玉柱是个企业家，不如说他是个幻想家、一个商业革命的推崇者。史玉柱，这个崇拜毛泽东、把《毛泽东选集》已经读得滚瓜烂熟的并不算年轻的创业者，从来就是把创业当成革命来干的。他把商场抽象成几大战场，而自己则是每场战役的总指挥，用打“三大战役”的方法进行促销电脑、保健品和药品。在每个省都从最小的城市启动市场。县城攻下来后，再全力进攻一个市，然后是几个市，一个省……做保健品时，他想象为什么人家要买自己的保健品，并亲身走入消费者中，去了解消费者对产品的需求。有人描述说，史玉柱有巨大的勇气和胆魄以及敢于冒险的精神。他是富于激情的人，这种激情甚至表现为诗人的浪漫气质，表现为对未来的想象力，表现为对遥远目标的不懈追求，表现为对于清规戒律的蔑视，表现为敢于反传统，表现为蔑视权威，表现为不拘一格，表现为不断的超越等。

(4)勇于大胆创新

“创新”的基本内涵是创业者通过利用一种新的发明创造，或者利用一种未经试验的技术可能性来生产新商品，又或者用新方法来生产老商品，通过开辟原料供应的新来源，或开辟产品的新销路，和通过改组工业结构等手段来改良，或彻底地改革生产模式；创新是创业的本质和手段，它贯穿于创业的全过程，创业者在市场竞争条件下，其实质就是一个不断创新者。当在同一领域，有众多竞争者时，就需要创新，找到合适的切入点，以突出你的与众不同。翻开史玉柱的档案可以发现:他每一天都在改变,每一天都在创新。在他看来,没有创造的素质就不要创办企业,没有创新的生活就不要更复岁月。史玉柱于1989年辞去公职时发誓:“如果下海失败,我就跳海!”他没有自食其言。没跳海是因为没失败,没失败是因为没停止创新。当年巨人集团每年都有新产品以“大军压境”之势推向市场。从巨人汉卡到中文手写电脑,从财务软件到多媒体教育软件,全是高新科技产品。

(5)有强大的组织能力

组织能力指的是创业者把各项生产要素有机组合起来,形成系统整体合力的能力。创业者就是研究、开发、生产、销售等各个环节的协调者、组织者和领导者。为使创业者的组织才能发挥到最高水准,创业者必须具备敏锐的判断力、坚韧的毅力,以及高超的管理艺术,尤其应具备以下两方面的能力:一方面他必须对自己经营的事业了如指掌,有预测生产和消费趋势的能力;另一方面,他必须善于选择合作伙伴,有组织或领导他人、驾驭局势变化的能力。“我是学数学的,思维方式就是从a到b。一般大家可能就按通行的路走了,但是我要列出从a到b所有的出口,列出所有可能的链接,要一条路都不落,看哪一条路可行,哪条路不可行——这也在一定程度上决定了我的思维方式。”史玉柱对一位记者这样解释自己。于是,有人看到,史玉柱经常和这帮“孩子”(对员工的亲切称呼)一起打游戏,甚至是玩到天亮。如果发现游戏中存在问题,即使是在凌晨三四点,史玉柱也会给研发团队的人打电话。正是在这样的与其说是雇佣关系不如说是朋友关系的相处中,史玉柱和这个20人的研发团队逐渐融合。媒体评价说,他不仅仅是一个工作上的老板,更是拥有共同兴趣的朋友。就在无形之中,使得研发人员感受到一个商界领袖的魅力,从而产生对企业的热爱。

“富在深山有远亲,贫在城邦无近邻。”一个让人很难理解的事实是，无论成败，史玉柱的周围都有一群死党。史玉柱说，他们之所以如此不离不弃，主要是因为大家志同道合，相信凑在一起一定能干一番大的事业；另外就是他对他们还算真诚，就是不骗他们。“我觉得我和他们在工作上面是经常会发生冲突的，但是个人关系确实非常好。我觉得我比不少的民营企业老板做得好，对自己的下属好是真心的。”关于这一点，史玉柱还强调，“对于自己的团队成员，你潜意识里要随时认定他们和你是平等的，有同样人格，那么你就会学会尊重。”

(6)创建并广泛利用社会网络

创业者必须善于建立本行业的广泛社会网络，包括有关本行业的现代电脑网络。密集的行业网络沟通有助于创业者从广泛的社会网络中获取高回报的创业信息，促使创业者在巨型网络提供的信息精华中，吸取经验教训、培养创业精神，既勇于冒险，又坦然地接受失败。“网络”素质较高的创业者，由于掌握了极其丰富的发明、生产、销售等诸多信息，真正做到了知己知彼，因而其决策之成功，回报之效益，为一般创业者所望尘莫及。史玉柱是这方面的行家里手。

(7)敢于拼搏

创业成功有时并不是一个技术问题，而是取决于一种精神状态，取决于创业者的努力程度。曾被誉为中国首富的现任希望集团总裁刘永好认为，优秀的企业家和管理人才是在市场竞争中打拼出来的，不仅仅是一张MBA(工商硕士)文凭。他特别强调，要成为企业家必须吃苦耐劳，而不能只是纸上谈兵。笔者分析“拼搏”素质应包括以下几方面内涵：一是有强烈的事业进取心，能适应新情况不断进取、不断学习，改进各项工作，社会责任感、成就欲强，有创造激情；二是有自信豁达的心态，遇到困难不畏缩、不悲观，坚强耐挫；三是有吃苦耐劳的品格，能与伙伴、下属并肩苦干，艰苦奋斗；四是有人格魅力，按中国传统观念看就是会做人，知书识礼，能在上司、部下、同事、关系单位及主顾之间经常创造出令人满意的工作与生活的氛围；五是有健康的体魄，工作时能集中精力，衡量身体健康与否的标准主要是看是否有体力精力处理好创业的内部管理与外部协调的工作。

史玉柱说过：不能做“囚徒”的人，就不要当企业家。他不是说要企业家去触犯法律，而是说企业家要敢于过囚徒般的日子，要有一种拼搏精神。他“关”过自己150天的“禁闭”。1990年1月，香港一家公司的金山汉卡冲击国内市场，压倒了史玉柱研究开发的m-6401汉卡。面对冲击，史玉柱只能再做一次“计算机疯子”。他把自己反锁在房间里，不管外面的世界是精彩还是无奈，都与他失去了联系。除了每周下一次楼买一箱方便面外，再没下过楼。即使春节，也是由两台计算机陪着过的。5个月，没洗过一次衬衫，没看过一次电视，没吃过一顿可口的饭菜，靠20箱方便面支撑着。5个月炼狱般的生活，使他最终重新夺回了电脑市场。

(8)有扎实的知识背景

1980年，不负父母厚望的史玉柱以浙江省怀远县数千名考生中最优异的成绩考上了浙江大学数学系，史玉柱成为了当年他那个县的理科状元。在大学三年级的时候，当时数学系可以选两个方向，一个是纯数学，一个是计算数学。史玉柱心想，纯数学太枯燥了，计算数学或许还能应用到其他的地方，就选择了计算数学方向，第一次接触计算机，并开始学习编程。1984年，史玉柱从浙江大学毕业，分配回安徽省统计局，分到单位没几天，史玉柱就被通知去西安统计学院进修，一去就是几个月。这次进修对史玉柱后来接触计算机影响很大，进修的老师是一个美国的教授，号称抽样调查之父，他介绍了最新的国外抽样调查的方法、统计的方法、抽样的方法，没有一样能够离开计算机。之后，又被保送到深圳大学软科学管理系，攻读研究生。正是有这些扎实的知识背景，才为其成功打下了一个良好的基础，并与IT网络结下了不解之缘。

3. 从史玉柱看创业者需具备的素质与能力

(1)要有创业意识

创业意识是指在创业实践活动中对人起动力作用的个性倾向,包括需要、动机、兴趣、思想、信念和世界观等心理成分,创业意识支配着创业者对创业活动的态度和行为。创业意识不是凭空形成的,也不是靠一时冲动产生的,而是需要创业者在创业实践活动中不断磨炼、积累和升华。创业活动是一种综合性很强的社会实践活动,它源于人的强烈的内在需要,这种内在需要是创业活动最初的诱因和动力。创业需要是创业意识的最低层次,如果没有创业的需要,就绝不可能产生创业行为也决不可能形成更高层次的创业意识。当然仅有创业需要也并不一定有创业行为,只有当创业需要上升为创业动机时,才能形成创业者竭力追求和获得最佳效果及优异成绩的心理动力。创业动机就是推动创业者从事创业实践活动所必备的积极的心理状态和动力。创业理想是创业意识的高级形式,是创业者对未来奋斗目标向往和追求较为稳定和持久的心理品质。有了创业理想即创业意识,创业者的创业行为就会充满朝气和活力,才会产生克服艰难险阻的大无畏精神,使创业者坚持不懈,勇往直前。

(2)要有创造性思维

创造性思维素质是指能够以较高的质量和效率获取知识,并能根据市场需求灵活运用所学知识开发出新产品和新技术的思维方式。创造性思维素质不仅注重对知识的学习能力,更强调发现问题和解决问题的能力。

(3)学会科学管理

创业者不仅要精通本专业的知识,更需要具备经济头脑和管理素质。科技必须应用于生产,生产出的产品或服务必须适应市场需要。在这一过程中,开发、生产和销售必须符合市场原则和机制，创业企业才有生存和发展的可能。这必然涉及到资源配置、预测决策、经济分析、经济核算、成果转让、成本费用等一系列经济问题。同时，在激烈的市场竞争中，企业目标是要追求利润最大化，在这一目标引导下，企业不仅要靠产品技术来追求效益，更要靠科学管理来提高效益，正所谓"管理出效益"。因此，创业者必须掌握现代管理的理念和方法，能从系统整体观念出发，统筹、协调、控制和优化各项资源。

(4)增强法律意识

市场经济本质上就是法治经济。随着市场经济的逐步成熟与完善，法律规范已经渗透到了经济领域生产、交换、分配、消费的各个环节和层面。加入 WTO、与国际市场接轨风险投资、企业股份制改造、法人治理结构的建立以及各类新型市场的培育与发展都离不开法律，具备法律素质、懂法并善于用法已是人才素质结构中不可或缺的重要元素。创业者必须熟悉和了解市场和企业等内外部环境的法律法规及其运行机制，更重要的是，要能以法律为武器，规范自己和企业的行为，保护自己和企业的合法权益。

(5)具有良好的心理素质

心理素质是指创业者个人的心理条件，由创业者的自我意识、气质、性格、情感、价值观等心理要素构成。心理健康可以使人心情愉快精力充沛、头脑敏锐、想象丰富、行为协调，可以从根本上提高工作效率，激发创造性。由于创业者致力于创业活动的特殊性，往往要求创业者具有与常人不同的心理条件，如：敢于冒创业风险；不惧怕创业失败；对自己高度自信；能勤俭、吃苦耐劳；有强烈的成功欲望。这在史玉柱身上得到了充分体现。

创业者的心理素质，还表现在自信、乐观、能够承受一定压力、具有较大的雄心等方面。自信心是任何一个创业者取得成功的前提。特别是在从事某项前所未有的创业活动时，其创业的新颖性，势必会有一些人不理解，甚至会招来冷嘲热讽，自信心就成为创业者的精神支柱。自信心和乐观是密不可分的，乐观是自信心的支撑点。没有乐观的态度，自信就难以支持，更谈不上持久。

(6)积累丰富的经验

创业者的经验素质是指创业者在创业过程及新创企业经营管理活动中实践锻炼和经验的积累。经验之所以对创业者具有重要意义，是因为经验是形成管理能力的中介，是知识升华为能力的催化剂。一个受过良好管理教育的人，只有与创业实践相结合，才能形成创业管理能力，成为成功的创业者。创业者的能力素质是指创业者解决创业及创业企业成长过程中遇到的各种复杂问题的本领，是创业者基本素质的外在表现。它也是创业者整体素质体系中的核心要素，从实践的角度看，表现为创业者把知识和经验有机结合起来并运用于创业管理的过程。

(7)具备企业家精神

19世纪的西方经济学家把生产要素分为土地、劳动和资本，后来，第四种生产要素——“企业家才能”被发现。在熊彼特创新理论中强调了企业家有创新过程中的决定性作用。他认为，只有那些对企业的发展具有远见卓识和拼搏能力，对发明或资源开发高瞻远瞩，对洞察其经济潜力具有特殊天资并使其在投入使用后不断臻于完善的人，才能称之为企业家。企业家精神是我们社会中不可缺少，极其珍贵的一种精神财富，同时也是成功创业者必须具备的。企业家精神主要包括创新精神、竞争精神、契约精神、信用精神、民族精神和未来精神等。创业者之所以能够创业，就在于他的创新精神。要创业，就不能墨守成规，亦步亦趋，老是重复别人做过的事，而应当以新立足，以奇取胜，做别人没有做过的事业。

竞争精神，这是创业者真正的活力所在，创业诞生于竞争之中，尤其在当今社会中，竞争更为激烈，创业者只有具备竞争意识，才能在政治、经济等各个领域的角逐中捷足先登。契约精神，要求创业者必须讲求信用。信用实际上是企业家的生命，维护企业和个人的信用就应像保护自己的双眼一样，在企业经济交往活动中以诚信为本，是创业者必须追求的一种基本精神。市场经济既是契约经济、信用经济，又是法制经济。

成功的创业者都应有一种强烈的爱国之情、报国之志。重要的一点就是人要有志气，要有闯劲，说史玉柱有人格魅力，原因之一就在于他是一个有骨气的人，一个有志向想成就事业的人。在许多人看来，人活着就是享受，就是追求幸福。有人问史玉柱："当你最辉煌的时候，你觉得你幸福吗?"史的回答是："表面上是幸福。实际上是痛苦。"应该说史王柱的回答是实事求是的。其实，在史玉柱经营脑黄金，大量资金涌进的时候，他完全可以收场。他的所得也足以够他受用一辈子。但史玉柱确实是一个有志向的人，是一个不简单地满足于小富即安，想在事业上有所成就的人。所以，才想到把事业不断做大。对这点，应该有一个积极的肯定。史玉柱的成功同样源自于年轻人的激情和闯劲。没有一股劲，没有一点冲的意识，只能永远是一个秀才——光说不做。他是一个书生，但又不是一个简单的书生。

(8)必须具备一定的文化功底

创业者的文化功底，不是简单的学历或文凭，应当在具有深厚知识的基础之上，尽可能做到广博、全面、综合。某种意义上，是史玉柱的博学多才成就了他纵横商海。

(9)要有政治头脑

作为创业者，要取得成功，还必须具备一定的政治素质，特别是在社会主义国家，一个成功的创业者，不能只埋头创业，不抬头看路。他不仅是事业的实干家，同时也是具有清醒政治头脑，富有政治眼光的创业领导人，他能时刻把握企业的社会主义方向，使自己的经营活动符合党和国家的政策、法律、法规。

(10)具备观察公关等能力

创业者应该具备的能力包括观察能力、决策能力、组织能力、推销能力、公关能力等多个方面。观察能力和思想敏感程度紧密相连,是思想敏感程度的实践表现。任何创业,都是从发现问题开始的。不能发现问题,就无从创业,作为创业者,要善于从常规中发现例外,从正常中发现反常,从黑暗中看到光明,从挫折看到成功。只有具备敏锐的观察力,克服视觉中的"盲点",才能设计出自己的创业方案。创业者必须具备一定的决策能力,提高自己的决策水平,实现决策的科学化。创业者还应具备一定的组织能力,通过协调、沟通、领导、指导等手段形成集体合力的能力。创业者须具备基本的推销能力。所谓推销,就是创业者实现自己所创造价值的过程,任何创造,都要用之于社会,使他人得到所创造的果实。创业者的公关能力,实际上就是与他人沟通,使他人认识自己所创造价值的能力,在各种传播媒体日益发达,社会联系日益紧密的今天,创业者的公关能力越来越重要。创业者应该能直面大风大浪,勇于承担责任,他们永不疲倦,在困难面前毫无惧色。因为他们永远是铺路人,他们勇往直前,没有退路。创业者不具备这些条件不能说他们不能创业,创业精神和潜质不是天生的,对自身创业潜质评价是为了创业者在创业道路上必须时刻提醒自己,不断提高自身素质并克服自身与创业格格不入的惰性。只有这样才更有可能成为创业者和企业家。

4. 从史玉柱看创业者的素质与能力的培养途径

(1)接受一定的正规教育或加强自学

教育的重要性主要体现在对于创业者解决所面临的问题方面所起的重要作用,尽管获得正规的学位并不是成功创业的必要条件,比如有人以安德鲁·卡内基、亨利·福特等这些高中辍学者的成功证明这一点。但我们仍然认为教育确实能为创业者形成一个有说服力的个人背景,尤其是在受教育的专业和创业的领域有关系的时候。史玉柱于1984年浙江大学数学系毕业后，又到深圳大学科学管理系进修研究生，正是由于其所受教育和扎实的专业知识为其之后的成功奠定了牢固的基础。

(2)在复杂多变的创业实践中提升自己

创业道路肯定不是一帆风顺的，创业者应着重培养自己过硬的心理素质，既能海纳百川虚怀若谷，又要经受住失败和挫折，压不弯，打不垮。要抱有一种对成功的坚定追求的态度，凭借知识、智慧和胆识去开创能发挥个人所长的事业。史玉柱从首富到首负再到首富，是其对成功坚定追求的结果。

创业的环境是动态变化的，创业过程中的策略和措施必须根据具体环境的变化作出调整。创业者要善于观察形势，能够认识和把握客观环境中变与不变的东西，抓住矛盾的主要方面，把握事物的主流。创业者只有按照事物的主流把握调整战略方向，针对具体的变化形式提出应对措施，才能在变化的环境中趋利避害、化被动为主动，最终赢得胜利。对客观环境的敏感反应能力又是处事不惊、沉着应对的把握能力，既能把握现实情况又能正确预测未来，既有认识又有对策。

创业者在思维特点上表现为不为陈规旧俗所束缚，能随机应变适应外界条件变化，并能摆脱思维惯性和定式，充分发挥创造性。在全面素质的培养中，要着力培养和提高自己思维的逻辑性、独立性、批判性和独创性品质。思维的独创性具有灵活性、很强的想象力和发散思维的特点，这些都与创造性思维密切相关。同时，也不可忽视培养聚合性思维，因为发散性思维与聚合性思维的有机结合才是创造性思维的基本模式，所以应平时注重强化对自己思维方式的训练与培养。

创业是一个不断摸索的过程，创业者难免在此过程中不断地犯错误。那么对于创业者而言，反省正是认识错误、改正错误的前提，反省的过程，就是学习的过程。有没有自我反省的能力，具不具备自我反省的精神，决定了创业者能不能认识到自己所犯的错误，能不能改正所犯的错误，是否能够不断地学到新东西。曾子说："吾日三省吾身。"对创业者来说，问题不是一日三省吾身、四省吾身，而是应该时时刻刻警醒、反省自己，同时积极主动地调整自己。成功时，反思自己的不足。失败后，反思自己的经验教训。唯有如此，才能时刻保持清醒。创业是一个斗体力的活动，更是一个斗心力的活动。创业者的智谋，将在很大程度上决定其创业成败。尤其是在目前产品日益同质化，市场有限、竞争激烈的情况下，创业者不但要能够守正，更要有能力出奇。

（本案例资料来源于陈福强的研究论文）

参考文献：

[1]王玉帅，尹继东.定义的演化和重新界定.科技进步与对策，2009，(10)

[2] 杨艳萍.创业学.长沙：湖南大学出版社，2004

[3] 夏清华. 创业管理. 武汉：武汉大学出版社，2007

[4] Robert F, Herbert, Albert H. Link. The Entrepreneur Mainstream Views and Radical Critiques. New York: Praeger Publishers, 1982:17

[5] Richard Tely, Ralph Hess. Outlines of Economics. 6th ed. New York: MacMillan, 1937:488.

[6] Albert Shapero. Entrepreneurship and Economic Development. Wisconsin: Project ISEED, LTD., The Center for Venture Management, Summer 1975:187.

[7] Karl Vesper. New Venture Strategies. Englewood Cliffs. NJ: Prentice Hall, 1980:2.

[8] 刘平. 创业学：原理与应用. 大连：东北财经大学出版社，2008

[9] 韩国文. 创业学. 武汉：武汉大学出版社，2007

[10][美]史蒂夫·马若蒂.青年创业指南.北京：经济日报出版社，2003

[11] 陈德智.创业管理.北京：清华大学出版社，2001 年第一版.第12页

[12] 初明利，于俊如. 创业学导论.北京：经济科学出版社，2009

第六章　创业组织与团队

第一节　创业组织

一、创业组织的含义、类型及构成要素

（一）创业组织的含义

一般认为创业组织是联合起来创立一个企业的两个或两个以上的个体，这些个体有着共同的财务利益，而且在企业的前创业期就已经存在[1]。然而，关于创业组织的界定，理论界还没有统一的定论。Kamm 和 Nurick（1990）认为，创业组织是经过构想，决定共同创业并成立公司的一群人。Gartner 等指出，创业组织应该包括对企业战略选择产生直接影响的人，应该把董事会尤其是占有一定股权的投资者包括在内[2]。Mitsuko（2000）则把创业团队定义为参与且全身心投入公司创立过程，并共同克服创业困难和分享创业乐趣的全体成员。至于律师、会计师和顾问等外部专家，由于只参与公司创立的部分工作，因此不能算作创业组织成员。因为组织通常不会在创建一开始就完备[3]，Gaylen 等（2001）认为创业组织指的是在公司成立之初执掌公司的人或是在公司营运的前两年加盟公司的成员，但不包括没有公司股权的一般雇员。Leon Schjoedt 则表示在创业初期履行职责、执行任务的成员都可被认为是创业团队的成员。可见，对创业团队界定的焦点主要集中于创业团队成员的划分以及创业过程的划分之上。创业团队成员划分的变量有：是否有共同的财务目标，是否对公

司的运营有影响及其影响程度，是否在公司任重要职位等等。而关于创业过程，相当多的研究者将其描述为 3 到 10 个阶段[4]。路易士(Lewis,1993)认为，组织是由一群认同并致力于达成一个共同目标的人所组成的，这一群人相处愉快并乐于工作在一起，共同为达成高品质的结果而努力。在这个定义中，路易士强调了三个重点：共同目标、工作相处愉快和高品质的结果。盖兹贝克和史密斯(Katezenbach，Smith，1993)认为，一个组织是由少数具有"技能互补"的人所组成的，他们认同于一个共同目标和一个能使他们彼此担负责任的程序。

(二)创业组织的类型和构成要素

1. 创业组织的类型

一般说来，创业组织大体上可以分为星状创业组织和网状创业组织两大类[5]。

在星状创业组织中，一般有一个核心主导人物，充当了领军的角色。这种组织在形成之前，一般是核心领袖有了创业的想法，然后根据自己的设想组织创业组织。因此，在组织形成之前，核心领袖已经就组织的组成进行过仔细思考，根据自己的想法选择合适人选加入组织。加入创业组织的成员也许是核心领袖以前熟悉的人，也有可能是不熟悉的人，但其他的组织成员在企业中更多时候是支持者角色。

这种创业组织的优点是：结构紧密，向心力强，主导人物在组织中的行为对其他个体影响巨大；决策程序相对简单，组织效率较高。缺点就是容易形成权力过分集中的局面，从而使决策失误的风险加大。特别是当其他组织成员和核心领袖发生冲突时，因为核心领袖的特殊权威，使其他组织成员在冲突发生时往往处于被动地位，在冲突严重时一般都会选择离开组织，这会对组织成长不利。

在网状创业组织中没有明确的核心人物，其成员一般在创业之前都有密切的关系，比如同学、亲友、同事、朋友等，大家根据各自的特点进行自发的组织角色定位。因此，在企业初创时期，各位成员基本上扮演着协作者或者伙伴的角色。这种创业组织没有明显的核心，整体结构较为松散，组织决策时，一般采取集体决策的方式，通过大量的沟通和讨论达成一致意见。因此组织的决策效率相对较低。由于组织成员在组织中的地位相似，因此容易在组织中形成多头领导的局面。当组织队成员之间发生冲突时，一般都采取平等协商、积极解决的态度消除冲突，但组织成员不会轻易离开。但是一旦组织成员间的冲突升级，使某些组织成员撤出组织，就容易导致整个组织的涣散。

2. 创业组织的构成要素

任何创业组织，都包括五个必不可少的要素，简称“5P”，即人员（people）、目标（purpose）、定位（place）、权限（power）和计划（plan）。对于创业企业更要明确这几个要素，以加强组织的凝聚力和抗风险能力[6]。

（1）人员

组织成员是创业成功的关键因素，只有适合创业的成员被吸收进入创业组织，才能够保证创业企业的稳健经营。不适合的人进入创业组织，会给企业的管理以及发展带来巨大的危害。选择成员的方法主要是根据组织的目标和定位，明确组织需要的技能、学识、经验及才华等，然后根据个人加入组织的目的、知识结构、性格、个性、兴趣、价值观念选择合适的人选。创业组织中，成员的知识结构越合理，创业的成功性越大。纯粹的技术人员组成的公司容易形成以技术为主、产品为导向的经营理念，从而使产品的研发与市场脱节。在创业组织的成员选择上，必须充分注意组织整体的知识结构：技术、管理、市场、销售等，充分发挥每个成员的优势。创业组织中，成员的价值观念和道德品质决定了今后企业文化的形成。一个人的价值观念很难改变，因此，在创业组织形成之前,必须通过深入的交流和充分的了解,价值观念相近的人在一起组成的组织,创业的成功性更大。

(2)目标

高效的组织对其所要达到的目标具有明确的认识,并坚信这一目标具有重大的意义和价值。这种目标的重要性激励着组织成员把个人目标升华到群体目标中去,组织成员在实现共同目标过程中实现自我的满足。这种组织中,成员愿意对组织目标做出承诺,清楚地知道组织希望他们做什么工作,以及他们应当怎样共同工作最终完成任务。因此,在创业组织工作开展之前,应当让所有成员充分参与讨论并确定创业目标。共同、远大的目标可以使创业成员振奋精神,与企业的政策和行动协调、配合,充分发挥个人的潜能,创造出超乎寻常的成果。

(3)定位

定位是组织通过何种方式同现有的组织结构相结合,如何产生出新的组织形式。在这里,定位包含两层意思:①创业组织的定位。创业组织在企业中处于什么位置,由谁选择和决定组织的成员,创业组织最终应对谁负责,创业组织采取什么方式激励下属。②组织成员的定位。作为成员在创业组织中扮演什么角色,是制定计划还是具体实施或评估。是大家共同出资,委派某个人参与管理;还是大家共同出资,共同参与管理;或是共同出资,聘请第三方(职业经理人)管理。这体现在创业实体的组织形式上,是合伙企业或是公司制企业。

(4)职权

职权是指组织负有的职责和享有的权力。对组织权限进行界定也就是要明确组织的工作范围、工作重心、不同组织的界限。组织的权限范围必须和它的定位、工作能力和所赋予的资源相一致。适当的、合理的授权是调动组织积极性的关键因素。不同的组织类型、目标和定位就有不同的组织的工作范围、工作重心和界限。这主要取决于组织的基本特征,如规模、结构和业务类型等。

(5)计划

计划就是将组织的职责和权限具体分配给组织成员,并明确组织成员如何进行分工合作。好的组织工作计划一般包括:组织需要成员数量、组织领导的特征、领导者的权限和职责、组织沟通的方式、组织沟通的工作任务、每位组织成员的工作时限、完成组织任务的界定、评价和激励组织成员的方式。这些内容的确定应根据组织本身特点和实际需要进行合理选择。

二、创业组织设计

企业的存在和发展与企业的组织是分不开的,企业发展目标的实现必须通过有效的组织形式来保证,企业的经营管理的职能必须通过统一的组织与组织程序来实现[7]。

(一)企业组织设计的内容

组织设计是指为了有效地完成经营战略目标,通过建立组织机构,确定部门及人员的职能、职责和职权,协调相互关系,将企业内部各个要素连接成为一个整体,使生产经营能够协调,并有序进行的体系。创业企业组织设计的内容主要有:

1.确定组织职能

组织职能就是对企业的经营管理活动给予组织上的保证。不同的企业,除了一些基本的组织职能外,或多或少会有所差别。确定组织职能是进行组织设计的前提,只有当组织职能确定后,才能设立相应的组织结构,划分部门之间的权限职责、协调岗位的分工以及进行人事安排。在职能划分时,必须将企业生产经营所要求的职能规定下来,然后确定设立的部门和各个部门承担的职能。

2. 组织结构

组织结构是企业组织系统的构成形式,包括纵向的组织层次和横向的组织机构以及组织形式。企业内部的组织层次一般分为基层组织、中层组织和高层组织,组织层次表现为企业自上而下行使权力、履行职责的分工。组织机构是企业的整个相互协调监督的关系网络。组织机构和组织层次的纵横交错,以及规定企业产权制度的组织形式,构成了完整的组织结构。

3. 纵横职权划分

组织结构要顺利运行,必须按照责权利一致的原则,划分清楚各个组织层次和各个组织机构的职责和权限。从组织层次上来看,分为高层的经营决策权、中层的专业管理权、基层的作业管理权;从组织机构来看,各个部门按专业分工来设置,不同的部门有不同的职责和权限,同时,不同的部门之间还存在协作关系。

4. 人事安排

在建立了组织结构和进行职权划分后,紧接着就是人事安排。根据各个组织机构的职能,确定各个职位需要配备人员所应具有的相应的知识、才能、经验等,据此选择合适的人选担任。

(二)企业组织设计的原则

企业为了有效地完成经营战略,建立一套高效、合理的组织体系是前提和基础。因此,组织设计在企业经营管理中显得极其重要。

1. 理想的组织的特征

被誉为"组织理论之父"的韦伯,认为理想的行政组织网络有六个特点:①组织中的人员应有固定的和正式的职责和依法行使职权;②组织的结构是一层层控制的体系;③组织中成员的关系只有对事的关系并无对人的关系;④成员的选用务必使人尽其才;⑤专业分工和技术训练;⑥成员的工资和升迁要有稳定的制度。

2. 企业组织设计的原则

从创业企业的实际情况出发，一般来说，创业企业在进行组织设计时，要遵循以下几个主要的原则：

(1)统一目标原则

组织是实现组织目标的有机载体，组织的存在是为了完成组织目标，为组织的结构、体系、过程、文化等服务的。组织的运行首先必须给大家指明一个行动方向，让不同的部门、不同的员工为同一个目标而努力奋斗。

(2)效率原则

创业的目标是追求利润，效率原则是衡量任何组织结构的基础。企业应首先把企业的各项事务确定下来，针对不同的事务确定不同的岗位，然后选择合适的人员。这样根据实际需要来确定岗位和人员可以尽可能地精简机构，减少企业开支，降低企业生产成本，增强企业在市场上的竞争能力。

(3)组织层级简单原则

组织层级的设计应在管理有效的控制幅度之下，尽量减少管理层级，以利于精简编制，促进信息流通。组织层次过多，容易造成上下级之间的沟通困难。各种命令和信息经过多种途径的传播，容易发生信息扭曲，理解偏差，影响管理效能。创业企业的规模不大、人员少，业务相对简单，组织层次应该尽可能少。

(4)合理的管理幅度原则

管理幅度是指企业内部的各个组织层次上，管理人员所能领导的人员数目。如果管理人员所下属的人员多，可以便于管理人员接近基层人员，有利于沟通和协调，容易发挥下属人员的积极性。但是，如果管理幅度过大，往往会出现管理人员因不能有效管理，致使管理失效。管理人员所下属的员工少，可以有利于严格控制下属人员的行动，但是，又往往造成人才浪费或是企业组织层次增加。一般认为高层的管理幅度窄一些(3～5人)，基层的管理幅度可以宽一些(8～12 人)。

(5)专业化原则

专业化原则是指将企业划分为若干个职能部门,相应地成立组织机构,负责管理企业重要的和专业性较强的工作,规定相应的职责和权限,并配备各方面的专业人才。组织整体目标实现需要完成多种职能工作,应充分考虑劳动分工与协作。创业企业,业务比较简单,组织结构可以相对简单,但是各项职能不能缺少,必要时将数项职能合并在一个机构中行使。

(6)权责一致原则

在组织中,权力是履行职责的前提,因此应赋予各个职能部门及其人员相应的权力,保证其履行职责。同时,为了防止滥用权力的现象发生,还必须规定相应的责任。有多大的权力,就有多大的责任,权力和责任相一致,这样才能保证职能部门及其员工为了实现组织目标,而共同奋斗。

(7)适应创新原则

创业企业总是处在一个复杂多变的环境中,企业对周围环境的反应速度和企业本身组织结构的弹性,成为企业能否持续生存和发展的关键所在。组织结构为了适应变化的环境不应当是僵化不变的,在进行设计时,应注意组织的适应性,随着企业经营情况的改变,能迅速作出反应。在企业初创阶段,企业机构的设置不需要求全,应尽量简单,只要能满足当时的企业经营需要就可以,只有随着规模的扩大,企业结构才可逐渐扩大。

(8)淡化家族色彩原则

创业企业中家族经营较为普遍,家族成员固然可靠忠诚,其弊端是家族成员知识、能力、才干不足的话会限制企业的进一步发展。创业企业在人员的配备中必须本着“任人唯贤”的指导思想,以专业需要、知识、能力、经验为标准,淡化家族色彩。

第二节　创业团队

"赢在起跑线，就是要赢在开始。"对于创业而言，创业团队构建的水平与管理效果将直接影响到创业成功的概率大小，以及创业企业生命周期的长短。大量案例表明，高水平的创业团队与高绩效的团队管理，使创业企业一开始便具备了先天的竞争优势和实力，有助于促进创业企业的持续增长。

与一般意义上的团队不同，创业团队具有自身独有的特点，这些特点不仅影响到创业团队的构建，而且也影响到团队成员的管理。理解创业团队的内涵；把握创业团队构建的一般过程；认知创业团队构建过程中的风险等，是有效构建创业团队的前提要求。

一、团队及其构建思维

1. 团队的内涵

团队一词是从印欧语系中的"deuk"演变而来的，意思是指"牵引到一起"。最初的团队被视为与正常的活动相分离，且未与其他组织体系进行整合[8]。随着竞争的发展，团队已经演变为一个更广泛的概念，但就其定义而言，往往强调的是不同的方面。例如从协作的角度，Francis 和 Young 认为团队是"由人组成的充满能量的群体，人们努力完成共同的目标，热爱自己的工作并彼此很好地协作从而实现高质量的成果"；Adair 认为团队是"由个人组成的群体，其中每个成员都拥有共同目的，并且他们的工作和技巧能协调一致"。从关注团队成员的角度，Katzenbach 和 Smith 的观点认为"团队就是一个小型的群体，群体成员不仅在技术上互补，而且拥有一致的目的、绩效目标和工作方法并负有责任"；Salas 等学者则认为团队是两人或者两人以上组成的集合，成员为了促成共同和有价值的目标，动态地、相互依赖地、适应性地互动,每个成员在团队中具有各自的角色、职能和有限的参与期间。此外团队也被 Johnson 等学者认为是"用于完成既定目标而构建的一个人际关系的集合";"处于变革和稳定之间紧张状态的,具有目的性的、开放性的社会技术系统"[9]。从以上的描述可以看出,团队的内涵至少具有以下几个方面的内容:

(1)团队是由两人或两人以上构成的目标群体。

(2)团队中成员具有共同的奋斗目标和相似或相互认可的价值取向。

(3)团队是发展的、动态的、有责任的群体。

(4)团队成员间拥有可利用的互补性资源,彼此动态适应。

2. 团队类型及构建

(1)团队的类型

最早对团队进行研究的西方管理学者也未能从团队本身出发进行研究,而更多的是针对具体的某种特定的团队类型进行研究,因此就团队本身的研究成果并不多。随着团队在企业经营管理活动中作用的发挥,以及团队形态的不断演变,人们才开始关注团队,并从不同的层面对其进行了研究。团队类型便是近几年逐渐形成的研究热点。较有代表性的是 Suan 和 Diane 的观点,他们通过文献研究,将团队划分为四种基本类型:工作团队、并行团队、项目团队和管理团队(表 6-1)。

表 6-1 团队类型及其特征

团队类型	团队特征
工作团队	长期的稳定的成员。例如生产服务型团队
并行团队	跨部门人员组成,非正式组织单元。例如以提高产品质量为目的或者员工参与决策型团队
项目团队	有时间周期的。例如新产品服务开发、市场定位类型的团队
管理团队	通过判断、整合来协调指导公司整体层次的事务,以帮助公司提高业绩或竞争力。例如高层管理团队

工作团队就是为完成产品和服务而由较为稳定的成员组成的长期的组织单元，内部成员通常全职并且经过挑选。工作团队一般由上级负责领导。不过近年也出现了一些更受欢迎的形式，例如自我管理团队、自主或者半自主、自我指导或授权型团队。

并行团队是指从不同部门和岗位抽调工作人员为完成正常组织之外的任务而组建的团队。这种团队与正常的组织结构并存。并行团队是为了解决问题或者为了促成有针对性的提高活动。例如质量提高团队、员工参与团队等等。

项目团队的任务一般是非重复性的，并且需要大量知识、判断和专业技术的应用。团队的成员可能从需要具体技术的不同部门选取。例如新产品发展团队，成员可能来自营销、工程和制造部门，当任务完成后团队成员又返回各自的岗位。

管理团队对所属的子部门在各自权限之下进行协调并进行指导，同时在关键的商业流程中对相互依赖的各部门进行整合。管理团队一般对于包括各个部门的总体绩效负责，它的权威来自于成员的行政等级差别，它的成员一般包括各个部门的管理者。例如负责研发或者营销的副总经理。

(2)团队构建的思维

现实中团队的表现形式总是多种多样的，团队类型的归纳虽然有助于我们对团队有整体性的了解，但是我们仍然需要思考如何在现实的企业中构建团队。

1)问题与方案

Larsen 和 Lafasto 对参与团队的成败感受进行的基础性研究，为我们理解不同团队的本质提供了一个有效的分析角度。他们把团队分为：策略型的，例如消防团队、军事团队和生产团队；问题解决型的，例如绩效提高团队、项目团队和研究团队；创造型的，例如生产设计团队、创新团队和战略计划团队（表 6 -2）。首先我们应当避免的是“锤子思维”，也就是手中有锤子眼里都是钉子,用已有的办法试图去解决所有的问题而不加思考。对于那些问题已知和解决方案已知的情况,构建策略型团队;对于问题已知而应对方案未知的情况,则构建问题解决型团队;对于问题未知和应对方案未知的情况,则需要创造型团队发挥变革的作用。

当组织面临问题需要构建团队时,我们应当关注每个团队类型的需求是不同的。策略型团队中,例如消防团队,需要的是区分角色,即每个人需要知道如何去做;问题解决型团队中,例如绩效提高团队,成员需要知道问题所在并且被授予自治力,或者拥有有限的自由度去解决问题;而创造型团队可能需要完全的自由度。问题总是从未知演变成已知,因此问题和解决方案的不同组合,使团队总是由一种趋势转变到另一种趋势,即从创造型团队演化到问题解决型团队最终到策略型团队,同时这种转变也伴随着从自由到自治最终到角色定位。策略型的团队需要好的管理,提供清晰的角色;问题解决型团队需要管理并协调不同部门和成员达成解决方案;当不确定性增多时创造性和真正的领导需要发挥作用,此时组织可能需要变革型的领导。

表 6-2　问题解决与团队构建

未知解决方案	问题解决型团队 特征:自主权 组织形式:协调管理	创造型团队 特征:自由 组织形式:(变革)领导
已知解决方案	策略型团队 特征:角色定位 组织形式:行政指令	“锤子思维”
	问题已知	问题未知

2)成员与任务

团队成员构成了团队的客观实体,而任务则把团队成员聚合在一起使其有了协作。Meredith Belbin 关于团队开创性的研究工作指出,团队内部的成员拥有特定的角色。在构建团队时,成员体现主要在三个维度:团队周期、成员稳定性和成员工作时间配置。静态的团队由稳定的成员构成,并且保持一致的未来期望和共同地参与活动。动态的团队其成员的在职时间往往较短,成员的加入和离去依据任务需要而定,成员可能同时参与团队内部和其他的不同任务。团队接受的任务通常有两个维度方面:惯例性任务与非惯例性任务。惯例性任务是指人们预料中按照通常的规则便可以完成的任务,而非惯例性任务是突发的,事先不能定义的,需要多种知识技巧综合才能更好解决的任务。根据以上的思维和组织的具体情况,可以得到不同类型的团队(图6-1)。

图中的网络团队具有虚拟的性质,成员往往不受时空限制,并且采用信息技术的沟通方式。工作团队组建之后一般成员很少变更,成员稳定地参与团队的工作,他们往往具有近似的技巧,所要完成的任务也往往是标准化的。项目团队的存在时间与项目有关,一般任务完成之后成员又重新回到各自的岗位。此外还有研发团队、高管团队等,都可以从成员与任务两个重要的维度进行解释,因此这两个维度可以在构建和选择团队类型时作为参照的依据。

3)授权与自治

团队本身的职能性、重要性以及自治性(autonomous)等方面也值得关注。在组织中构建团队时,对不同类型的团队授权程度和管理模式可能是不同的。Balkin 和 Montemayor 的研究就指出,来自不同部门组成的并行团队一般从事的是兼职的任务,并且团队的存在期间有限,因此这种团队往往具有低度的自治性。项目团队往往在有限的期间内需要解决一个具体的任务,此时需要一定的团队独立管理和自治。工作团队则拥有较为稳定的成员和固定的任务,因此需要更多的自我管理和自治权。Banker 等学者针对工作团队,根据团队的自我管理和自治权对团队演化过程进行了深入的分析(图6－2)。分析表明,团队演化过程是从传统的工作小组到质量圈团队,最后到自我管理、自我设计。为此,组织可以根据授权的程度和具体团队的特征,构建符合自身发展需要的团队。

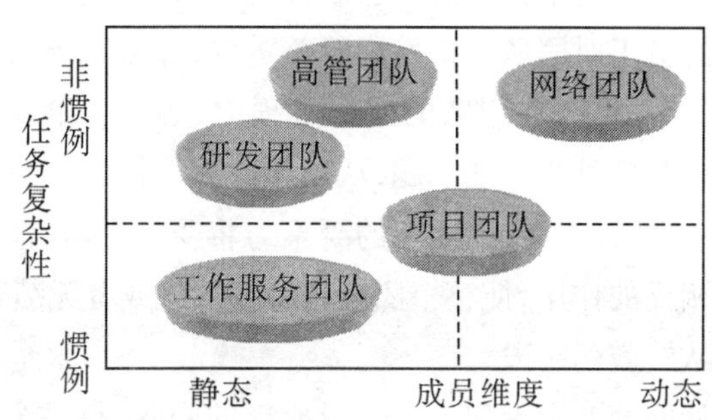

图6－1　任务与成员维度

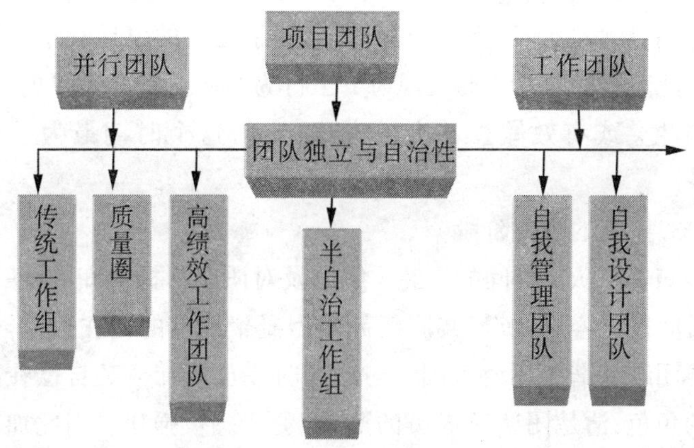

图6－2　团队演化过程

二、团队的发展阶段及特点

团队的发展阶段可分为:形成阶段、震荡阶段、规范阶段和执行阶段。每一个阶段反映出团队发展过程中的变化,体现出相对独立的特点。

1. 团队的形成阶段

组织为了达成一定的目标,集中一定的人员组成团队的阶段。在这个阶段,组织需要首先确定团队的目标,即团队要完成的具体任务。在这个目标的指引下,选拔合格的员工,组成团队。选择合格的员工对团队正常发展至关重要,如果不能选到团队需要的合格员工,那么在团队的运行过程中,必然会出现不合格员工的存在以及各种各样的问题,从而导致整个团队的目标无法达成,任务不能按计划完成,团队的凝聚力将受到影响,甚至对团队发展起到相反的作用,使整个团队的绩效下降或者无绩效。

2. 团队的震荡阶段

员工从四面八方聚集在一起形成新的团队,每一个成员都有既定的价值观和行为准则,这些价值观和行为准则并不都适宜于新的团队发展要求,于是各种冲突逐渐显现,反映在工作行为、目标的相对优先次序、责任分配、领导关于任务的引导和指示等方面。此阶段的矛盾主要表现为员工行为与团队目标需要的冲突。控制冲突或有效减少冲突的发生,成为这个时期最为重要的任务。

3. 团队的规范阶段

随着团队成员间的彼此了解以及对团队目标认知的统一性,成员间彼此容忍缺点,共同任务成为凝聚成员的内在力量,他们需要团结和谐的环境氛围。与此同时成员更加清楚自己在团队中的角色,清楚团队对成员的期望,责任感被强化。因此加强和重视团队内部的合作是这一阶段的关键。通过内部合作进一步使成员明白自己在团队中的地位与作用。团队之所以成为团队,很重要的方面就是团队通过合作,创造出比单个人力量简单相加要高的效益。因此在规范阶段,要有专门的管理人员对团队内部合作加强引导。

4. 团队的执行阶段

团队面临着不断地进步、革新、速度和核心竞争力的资本化，此时团队已成长为一个具有高度凝聚力的整体。团队成员能自觉地为同一目标牺牲自己的利益，以支持他人的绩效增长和团队目标的实现。此阶段，团队领导的任务是发现团队成员的新观点，并组织执行，以获得超常的绩效。

三、创业团队的内涵及特征

1. 创业团队的内涵

Kamm 和 Nurick(1990)首先对创业团队做了以下的定义：创业团队是指两个或两个以上的个人参与创立的过程并投入相同比例的资金。这一定义着重于创业团队的创建和所有权两大特性。Ensley(1992)和 Katz(1994)延伸了 Kamm 和 Nurick(1990)对创业团队的定义，他们认为创业团队“包含了对策略选择有直接影响的个人”，也就是说董事会尤其是占有一定股权的创业者皆包含在其定义之中。Bollinger(1983)发现高科技产业的创业团队具有下列共通性：创业团队往往是 2 ~ 5 人的团队组合，而非个人式的创业；创业团队创业前的经验能迅速且高度地移转至新的事业；创业团队以专业技术为取才之标准。Bruno(1985)发现美国硅谷的高科技公司，其创业团队一般有以下特质：大部分创业团队在某些重要的职能领域上严重欠缺经验，尤其以财务职能为最；对工程方面很有经验，对于营销方面的职能也具有普通或专精的经验；一般是 2 ~ 4 人的团队组合。

根据上述定义和分析，可以将创业团队界定为：是一个由较少的企业创始人组成的为实现某一个目标，共同创建，共同投资，分享决策权的一个紧密合作的团队。也就是说，共同投资，共同创建，分享决策权成为组织创业团队的三个要件。一般情况下，只要符合上述三项要件中的其中两项即可被认定为创业团队。

创业团队不是创业者简单的会聚，创业团队的总体素质除了每个创业者单独的素质以外，还在很大程度上取决于创业团队的团队文化、团队人员结构和具体的运行情况等。

2. 创业团队的形成过程及其模式

创业团队的形成是一个渐进的过程，而且创业团队应该是一个已经相对稳定的创业者的组合，在这个团队中已经形成了相对稳定的角色分工。Kamm，Shuman，Seeger 和 Nurick（1990）以及 Kamm，Nurick（1993）提出了一个创业团队形成的决策模式，此模式可概括为以下几点：

（1）创业点子阶段，即创业团队与创业点子之间的关系。有两种模式：即 Lead Entrepreneur 和 Group approach。Lead Entrepreneur 是先有创业点子再有创业团队。而 Group approach 则恰好相反，先有核心创业团队的结识才有创业点子的提出；此外，Group approach 比 Lead Entrepreneur 更强调人际关系在创业团队构成中所扮演的角色。

（2）资源供给决策，包含如何选择伙伴以弥补创业所需的技能资源。此阶段有三方面的考虑，即所需的资源是创业家本身就足以提供，还是目前创业团队的成员就能提供，还是要额外从外面招募成员以弥补所需的技能。

（3）伙伴招募的决策，包含团队成员应从何处寻找、如何选择最佳的人才以及如何说服他们加入创业伙伴的行列。

（4）团队维护的决策，如何维持团队的关系，例如人际关系、角色的扮演、目标共识等因素的控制。Kamm，Nurick（1993）的研究结果表明，选择创业伙伴的因素大多是因为在人际关系上有交集，例如朋友、同事、同学、校友、亲戚等关系，在人际关系上的交集是成为创业团队成员最重要的条件。

随着创业向资本密集方向的演变，以及越来越多创投公司的出现，使得能力逐渐成为伙伴的首选要件。一般可以将创业团队建设归纳成三个主要的模式:第一种模式是在创业之初就以相同的思路、社会关系、友谊和经验等因素为基础组建一支完整的团队;第二种模式是某位核心成员首先提出思路或者开始创业,然后在一个相当短的时间内吸引到其他志同道合的创业者加盟,经过磨合后形成稳定的创业团队;第三种模式是创业者先各自创业,后来在经营中由于共同的志趣或者利益而合作,最后形成稳定的创业团队。

3. 高绩效创业团队的特征

(1)开创性:开创性也就是创新性。创业团体的目的是开创新的局面,而不是去完成已经被实现过的目标,这往往意味着开发新的技术、开拓新的市场、应用新的经营管理思想、创立新型的组织形式等。这种开拓性就要求创业团队必须是一个创新观念和能力很强大的集体,而且对创新气氛培养的重视远高于对规章纪律的重视。

(2)组织的变动性:创业过程也是一个创业团队成员磨合的过程。这个磨合过程可能出现三种结果。一是,创业团队相互之间更加了解,合作力量大于冲突,重视团队资源和承认团队力量,团队合作的意愿更强烈,团队合作文化进一步形成。尽管团队之间在经营理念、公司管理、共同利益等方面也有分歧、矛盾,但共同的价值取向、公司的整体利益在维持团队稳定和发展中起了主要作用。二是,团队合作力量和意愿与冲突、矛盾的力量能够相对平衡,或者是冲突力量离散,形成相互牵制,维持相对稳定。这种团队达成一致的共识时间少,但能够相互妥协,寻求利益共同点,而这种妥协可能是以牺牲效率为代价。这种团队在发展过程中,可能面临矛盾进一步激化、内耗力量增加,平衡难以维持。三是,团队成员经历一段时间磨合后,很难形成共同点,团队文化无法建立,团体消除矛盾和冲突的力量和意愿不足,这时团队就面临散伙的风险。

(3)团队的平等性:创业团队往往都具有高度的平等性,但是这种平等并不意味着股权和各种权力的绝对的平等,而是立足于公正基础上的平等,也就是在团队内部客观评定各个成员对于团队的贡献程度的基础上的平等性。事实证明绝对的平等不仅不利于企业的发展,反而会阻碍企业的发展,其原因是权力的过分分散会导致公司在营运过程中的机会的丧失。团队需要建立以能力和贡献为基础、以实现组织效率为目标的激励政策和薪酬制度,合理的激励政策和薪酬制度是保持团队稳定和团队绩效的基础,也是团队公正性的体现。

(4)能力结构的全面性:创业团队面对的是不确定的市场环境,机遇和风险都可能在各个方面出现,这就要求创业者需要具备一定的素质,对机遇有较高的敏感性。因而创业团队成员的能力应各有所长且能够互补。科技型的中小企业的创业者要尽量是某些技术领域的专家。

(5)紧密协作性:由于创业团队的风险和机遇可能来自任何方面、任何时间,这就要求创业团队不可能完全通过事先分工的方法来进行工作;同时也由于创业团队的个人能力的专擅性和团队成员总体能力的全面性,更要求创业团队的成员紧密协作以应对多种挑战。

(6)创业团队成员的高凝聚力和强烈的归属感:由于创业团队能够最大限度地实现个人价值的追求,一旦成功就意义非凡;同时团队成员之间的素质高,关系平等密切,合作紧密,创造氛围浓厚,这一切都使创业团队拥有很高的凝聚力。团队成员对创业团队有很强的归属感,这主要体现在团队成员对于团队事务的尽心尽力和全方位的投入上。

四、创业团队构建的一般过程

1. 创业团队的组建

如何把创业团队组建起来？显然，这一问题没有任何现成的神奇公式。创业团队成员能够走到一起，取决于人与人之间的协调和投缘。尽管如此，为了打造一个有向心力的良好团队，创业者也可以适当遵循一些通行的步骤来组建创业团队。

(1)识别创业机会。创业机会的识别是整合创业团队的起点。创业者将要开发什么样的创业机会，直接决定创业者需要整合怎样的人才共同创业。如果创业机会的市场层面特征拥有充分的优势，创业活动的方向应当是积极推进市场开发，那么，创业者就更加需要整合这方面的人才共同创业；同样，如果创业机会的产品层面拥有更多的优势，创业者需要寻找更多的技术人才共同推进产品开发。因此，为了组建创业团队，创业者需要首先关注创业机会在人力资源方面的支持要素，在此基础上，形成团队构建的目标。

(2)撰写商业计划书。在创业机会识别整合的基础上，创业者有必要撰写一份商业计划书。撰写商业计划书的目的有两个方面：一方面是进一步使自己的思路清晰，同时对于自身的优劣势、已有的资源和下一步急需的资源以及急需开拓的方面都有清晰的认识；另一方面，商业计划书也是一份吸引合作伙伴的正式合作意向说明书，依靠一份书面的计划书，想要加入创业团队的成员能够对创业机会、未来的发展目标有充分的了解，这样在双方充分了解的基础上，合作就相对容易进行。一份周到细致的商业计划书至少能够让合作伙伴感到创业者的热情以及对自己的尊重。

(3)寻求创业伙伴。通过创业机会的识别以及正式的商业计划书的撰写，创业者可以根据自己的情况，寻找那些能与自己形成优势互补的创业合作者。创业者可以通过媒体广告、亲戚朋友介绍、各种招商洽谈会、互联网等形式寻找创业合作伙伴。

在选择创业伙伴时,创业者应当主要考察对方的人品和能力。当然,能力因素事实上难以直接观察到。因此,为了识别对方的能力,创业者将不得不从教育背景、工作经历等方面予以考察。也有一些学者认为,相对于能力而言,创业伙伴的人品更加重要,它是人们交往和合作的基础,也是决定一个人是否值得信任的前提。在创业团队中,一些需要关注的个人品德包括:成员是否诚信、成员的行为和动机是否带有很强的私心、成员能否对集体忠诚、能否彼此坦诚相待等。

(4)落实合作方式。找到有创业意愿的创业者后,双方还需要就创业计划、股权分配等具体合作事宜进行深层次、多方位的全面沟通,落实创业团队成员的正式合作方式。在合作方式方面,首先要制定创业团队的管理规则,处理好团队成员之间的权力分配。团队创业管理规则的制定,要有前瞻性和可操作性,要对企业初步成长之后的情况有所考虑。这有利于未来团队的稳定,提升团队成员的凝聚力。

同时,创业者还要妥善处理创业团队内部的利益关系,虽然创业团队成员参与到创业活动的时候,大都了解企业资源匮乏的现实,在薪资方面也不会像加入大企业一样提出种种要求,但是创业者仍然会注重薪酬方面的激励,尤其是创业伙伴通过创业活动所能获得的成长机会以及与企业长期绩效相关的薪酬。从长远看,创业团队能否共同努力,实现创业目标,本质上是基于物质方面的激励,依靠热情只能解决一时的问题,不会长久。

2. 组建创业团队需关注的几个问题

(1)创业团队规模。创业团队组建中所遇到的第一个问题就是创业团队规模应当多大。实际上,很多创业团队的规模可能都很小。例如,Roberts(1991)研究了大学实验室创立的新创企业之后,发现他们的团队平均拥有 2 个创业成员,极少有企业的团队成员达到 6 个以上。显然,如果为了满足功能齐全这一目标,创业团队的规模应该更大一些。如果团队成员来自不同的背景,大规模的团队能够带来更多元化的信息、联系、经验等方面的资源。然而,大规模的团队可能会面临程序效率问题,不同背景的个体可能从不同的角度看待问题,这可能导致团队中的不一致,大规模的团队也带来了协调成本和沟通的困难。在需要快速制定决策的时候,团队成员之间往往难以取得一致的认识,这就会错过很多有利的市场机会。这些都说明创业团队的规模与创业活动的发展之间可能并非简单的线性关系。

事实上很难得到一个统一的回答:究竟创业团队应当在怎样的规模上是最优的。可能一个合适的建议是,创业者不应当一开始就把团队规模的设置目标定得较高。创业者不妨从所能搜寻到的一到两个创业伙伴开始组建团队,除非创业者发现复杂的管理事务或者新的发展方向需要增添新的团队成员;否则,不应当主动考虑团队规模的扩张。从这个意义上来说,是否存在最优的团队规模这一命题可能是一个伪命题。

(2)创业团队的多样性和互补性。创业团队的组建中常常遇到的另一个问题是团队成员的多样化。创业者寻找团队成员的目的是为了弥补当前资源能力上的不足。考虑到创业目标与当前能力的差距,所吸收的新团队成员与创业者、现有成员之间应当存在较大的差异,这就带来了团队的多样化问题。良好的创业团队中成员间的能力通常都能形成良好的互补,而这种能力的互补也会有助于强化团队成员之间彼此的合作。

由于对每一个个体的主观特征难以直接观察到,实际上在考察团队成员的多样化状况时,往往是考察成员客观特征上的多样化。在创业团队成员的客观特征方面,一类多样化只表示围绕着一些与团队任务没有直接相关的因素,例如,性别、年龄、区域,甚至是种族等方面；另一类多样化指标则是围绕着与团队目标任务紧密相关的因素，例如团队成员的教育背景、工作经验、工作经历等。相对而言，这些因素的多样化能够迅速提升团队的知识和经验，增加决策的全面性，从而有助于团队处理一些更为复杂的问题。

在这些多样化的指标中，教育背景的多样化更引人关注。教育背景分为专业背景以及学历层次两个方面。一方面，创业团队成员专业背景充分反映了其所拥有的知识和观点。例如，受到商业训练的个人可能更集中考察消费者的反映，而工程背景的个人更关注技术的专业化，这两种技能都有利于创业机会的开发，都应当成为创业团队必备的能力。另一方面，学历层次通常也与团队的工作方式密切相关。学历层次较高的个体更注重概念上的技巧，而低一点的教育水平更关注实践技能，当然，这些技能对于创业过程都很必要。

(3)创业团队的协调性。创业团队成员之间的协调性对于团队效率非常重要。充分多样化的创业团队能够拥有企业所需要的丰富经验，如顾客经验、产品经验和创业经验等。但是，如果创业团队成员之间无法协调一致，甚至存在矛盾，那么这些多样化和互补性所带来的优势就不能充分发挥出来，甚至会给企业带来损害。

创业团队协调性的根本基石在于创业愿景与共同信念，只有拥有共同创业愿景的团队才有可能拥有协调性。因此，在创业团队组建和发展过程中，创业者需要提出一套能够凝聚人心的发展愿景与经营理念，形成企业内部共同的目标、语言、文化，作为互信与利益分享的基础。除了创业愿景的组建，创业者还必须在企业内部形成一整套结合远景、理念、目标、文化、共同价值观的团队合作机制，使团队成员真正成为一个利益共同的组织。

对于拥有良好协调性的团队来说，团队是一体的，成败属于整体而非个人，成员能够同甘共苦，经营成果能够公开且合理地分享。每一位成员都可以将团队利益置于个人利益之上，因此团队中没有个人英雄主义。每一位成员的价值，表现为其对团队整体价值的贡献，成员愿意牺牲短期利益来换取长期的成功果实，而不计较短期薪资、福利、津贴，将利益分享放在成功后。

在建设团队协调性过程中，创业者还需要建立和维护创业团队成员之间的信任。信任是一种非常脆弱的心理状态，一旦产生裂痕就很难缝合，要消除不信任及其带来的影响往往要付出巨大的代价，所以防止不信任比增强信任更加重要。因此，创业者应当从防微杜渐做起，团队工作中出现一点小问题就应尽力解决，而不应该等到问题越积越多难以处理之后再来收拾烂摊子。

当然，创业团队的互相协调、形成“1+1>2”的合力的过程并非一蹴而就，往往是在新企业发展过程中才逐渐孕育形成完美组合的创业团队。在这一过程中，创业成员也可能为理念不合等原因不断发生调整和替换。尽管如此，创业者必须把团队的良好协调作为重要的团队建设目标，以最大可能地发挥团队的作用。同时，这也是对创业者组织协调能力的考验。

五、创业团队构建的风险与控制

1.创业团队构建的风险成因

(1)盲目照搬成功的组建模式。创业团队的组建一般有三种驱动方式：关系驱动、要素驱动和价值驱动。关系驱动是指以创业领导者为核心的人际关系圈内的成员构成团队。他们因为经验、友谊和共同兴趣结成合作伙伴，彼此发现商业机会后共同创业。要素驱动是指创业团队成员分别贡献创业所需的创意、资源和操作技能等要素。由于这些要素完全互补，团队成员之间处于相对平等的地位。价值驱动是指创业成员将创业视为一种实现自我价值的手段，他们的使命感很强，成功的冲动也很强。

不同的组建模式适用的条件不尽相同。如果盲目照搬某种组建模式,会给企业带来巨大的风险。现在应用相对广泛的组建模式是关系驱动模式,它比较适用中国文化的特点,其团队的稳定性相对较高。但是,关系的远近亲疏经常会成为制约团队发展的瓶颈。要素驱动模式比较符合西方文化的特点,现在的互联网创业团队大多属于这种模式。如果成员之间磨合顺利,可以缩短企业成功所需的时间,但是如果磨合不顺利,就很容易发生解散风险。价值驱动模式中的团队成员虽然是为了追求自我实现组合在一起,但是一旦产生分歧,就是路线斗争,没有妥协的余地。

(2)团队成员选择具有随意性和偶然性。创业团队是要将个体的力量整合为集聚的攻击力,并保持这种攻击力的持久性。英国学者贝尔宾曾经考察了100多个团队,研究理想创业团队的构成,最后提出了“九种角色”论,即成功的团队必须包含九种不同角色的人。这九种角色分别是:提出创新观点并作出决策的创新者;将思想语言转化为行动的实干者;将目标分类,进行角色职责与义务分配的协调者;促进决策实施的推进者;引进信息与外部谈判的信息者;分析问题与看法并评估别人贡献的监督者;给予个人支持并帮助他人的凝聚者;强调任务的时效性并完成任务的完美主义者;以及具有专业技能和知识的专家。

由于组建初期创业企业的规模和人数的限制,加之创业团队在成员选择方面考虑不够全面,过于随意和偶然,甚至只是因为碰巧谈到创业问题而一拍即合,所以很难具备所有这九种角色,之后又没有进行及时的补充,或是在团队中承担某种角色的人才过多,团队成员之间角色和优势重复,这些都会引发各种矛盾,最终会导致整个创业团队的散伙。西安海星集团就是一个典型的例子。作为一家民营高科技企业,海星集团最初的创业团队是海星集团现任总裁荣海和他的大学室友以及学生共同组建的。两年多的时间里海星集团创造了300万元的财务利润,但是创业团队却面临着大分裂。研究发现,这与其成员能力和优势重复以及利润分配不合理有密切的关系。

(3)缺乏明确和一致的团队目标。心理学家马斯洛指出:杰出团队的显著特征是其有共同的愿景与目标。凝聚人心的愿景与经营理念,是团队合作的基础。目标则是愿景在客观环境中的具体化,能够为团队成员指明方向,是团队运行的核心动力。

事实上,在创业初期,创业团队的目标一般并不十分清晰和明确,可能只是一个朦胧的发展方向,有些人甚至不明白自己为什么会走上创业的道路。而且即使创业领导者的目标明确,也不能保证其他成员都能够真正、准确理解团队目标的含义。随着创业进程的推进以及外界环境的变化,团队成员可能会发现原先确定的目标和现实之间存在差距,必须对目标进行适当调整,此时如果团队成员之间意见难以调和,或是个人目标与组织目标出现较大的不一致,那么团队就会面临解散的风险。联想集团的柳传志非常重视市场导向,而倪光南则十分强调技术导向,他们在经营理念和创业目标上的不一致导致了曾被誉为"中关村最佳拍档"的联想创业组合的分裂,给当时的联想创业带来了巨大的冲击。

(4)激励机制尤其是利润分配方式不完善。有效激励是企业长期保持团队士气的关键。如果缺乏有效的激励,团队或者组织的生命都难以长久。有效激励的特点是给予团队成员合理的"利益补偿"。一项调查结果表明,影响中国现阶段创业团队散伙的前两个主要原因是团队矛盾和利益分配。团队矛盾的背后或多或少存在利益的影响,因此可以得出,利益分配对于创业团队的持续长期发展有重要意义。

实际上,在团队组建初期,由于企业成败未卜,各成员在创业企业中的作用和贡献无法准确衡量,因此团队无法给出一个明确的利润分配方案,可能只是简单地采取平均主义的做法,这样,随着企业的发展和利润的增加，团队成员在利润分配时就会出现争议，从而导致创业团队散伙。

2. 创业团队构建的风险控制

(1)选择合理的团队成员。建立优势互补的创业团队是保持创业团队稳定性的关键，也是规避和降低团队组建风险的有效手段。在团队组建初期，人数不宜过多，能满足基本的需求即可。在成员选择上，要综合考虑成员在能力和技术上的互补性，基本保证具备理想团队所需要的九种角色。而且，成员的能力和技术应该处于同一等级，不宜差异过大。如果团队成员在对项目的理解能力、表达能力、执行能力、社会资源能力、思维创断能力等方面存在较大的差异性，就会产生严重的沟通和执行障碍。此外，在选择成员时还要考虑创业激情的影响。在企业初创期，所有成员每天都可能满负荷地工作，如果缺乏创业激情和对创业的基本信心，不论其专业水平多高，都可能成为团队构建过程中的消极因素，对其他成员产生致命的负面影响。“携程网”的成功，除了抓住互联网快速发展的机遇外，有一个良好的创业团队是关键。“携程网”的成员来自美国甲骨文公司、德意志银行和上海旅行社等，是技术、管理、金融运作和旅游的完美组合，大家共同创业，分享各自的知识和经验，避开了很多行业的“雷区”。

(2)确定清晰的创业目标。创业团队在实践中要不断总结和吸取教训，形成一致的创业思路，勾画出共同的目标，以此作为团队努力的目标和方向，鼓励团队成员积极掌握工作内容和职责，真诚与他人合作交流，贡献个人能量。创业团队的目标必须清晰明确，能够集中体现出团队成员的利益，与团队成员的价值取向一致，并保证所有团队成员都能正确理解，这样才能发挥鼓舞和激励团队成员的作用。此外，创业团队的目标还必须切实可行，既不应太高，也不应太低，而且能够随环境和组织的变化及时更新和调整。

1998 年成立于北京的交大铭泰,主要从事以翻译软件为主的四大系列软件产品的研究、开发及销售。其在创业初期就确定了三年内成为我国最大应用软件和服务提供商的目标以及具体的发展战略。明确的创业目标保证了团队成员的稳定性。其成员自创业以来基本上没有太大变化,这不仅带来了企业凝聚力的提高,也使交大铭泰在企业创新方面取得了较大突破,很快交大铭泰成了国内第一个通用软件上市公司,亚洲首只“信息本地化概念股”,2004 年香港股市第一家上市企业。

(3)制定有效的激励机制。正确判断团队成员的“利益需求”是有效激励的前提。实际上,不同类型的成员对于利益的需求并不完全一样,有些成员将物质追求放在第一位,而有些成员是希望能够获得荣誉、发展机会、能力提高等其他利益。因此,创业团队的领导者必须加强与团队成员的交流,针对各成员的情况采取合理的激励措施。

创业团队的利润分配体系必须体现出个人贡献价值的差异,而且要以团队成员在整个创业过程中的表现为依据,而不仅是某一阶段的业绩。其具体分配方式要具有灵活性,既包括诸如股权、工资、奖金等物质利益,也包括个人成长机会和相关技能培训等内容,并且能够根据团队成员的期望进行适时调整。

腾讯公司的创业团队多年来十分稳定,与其利润分配机制的有效性是分不开的。虽然腾讯公司的股权多次转让,但是它的 5 位创办人一直共同持有公司的大部分股份,公司的上市更是使得创业团队的 5 位成员均成为了亿万富翁。

案例　理想科技三人创业团队

齐连旭谈起他的创业故事,神情有些激动。看上去性格有些腼腆的齐总,可能是对创业的感触颇深。他一打开话匣子就如竹筒倒豆——哗哗响。齐连旭的创业观可以归纳为三点:一是创业如登山，不能懈怠；二是人才是关键，先当学生后为师；三是朋友同心，其利断金。

齐连旭毕业于长春地质学院，后在吉林工业大学读硕士，1998年读完研究生后在烟台东方电子公司担任技术负责人。在东方电子干了一段时间后，他突然萌生了出国的念头，这个念头源于他的一位名叫马力的挚友。在齐连旭就读于长春地质学院时，他是学校计算机协会的会长，而马力当时是吉林大学计算机协会会长，校际之间经常有一些交流合作活动，一来二去三交往，他们就成情投意合的朋友，后来又成志同道合的创业人。齐连旭在东方电子工作的时候，被吉林大学称为才俊的马力已去美国攻读博士，业成后留在美国，自己创办了一家公司。齐连旭出国就是应马力之邀前往加盟的。后来齐连旭周围的一些朋友极力劝他不必到国外创业，凭他的专业技术才能完全可以在国内办公司。马力知道齐连旭决定在国内创业的想法后，很干脆地表示支持。于是，齐连旭从烟台回到了家乡长春。

2000年4月17日，齐连旭又邀约了另外一位朋友宋子春，在长春高新区注册成立了长春理想科技信息有限公司，致力于搞软件开发。身为技术人员的齐连旭，下海之前自我感觉良好。齐连旭和宋子春与马力达成“投资同盟”，三个人各尽所能搬出家底。他们按股份制组成了三个股东，马力任董事长，齐连旭任总经理，宋子春担任副总。招兵买马之后，理想科技就正式挂牌了。创业之初齐连旭和宋子春就挨了当头一棒：在公司挂牌后的半年时间里，一单生意也没有，但每天门一开就要花钱，公司没有活儿时只有搞员工培训。如此“坐吃山空”的局面是他们始料不及的。眼看三人拼尽家底投入的资金耗费殆尽，齐连旭和宋子春真有些打退堂鼓的念头了。是马力的越洋电话为他们注入了一针强心剂。马力在电话的那一端说，理想科技应把握趋势，做好定位，先做点力所能及的小项目，以项目养公司，打开市场之后再谋求滚动发展。言辞之中，马力对远在家乡长春的两位朋友充满信心。齐连旭告诉记者，如果不是马力，我们就挺不到今天了。现在想起来，创业如登山，是不能懈怠的。

在随后的日子里，齐连旭与宋子春各有分工，齐跑市场，宋管业务，一内一外，互为策动。齐连旭至今还记得跑市场找客户的辛酸经历。他和业务人员一周七天坐火车在沈阳、本溪、辽阳、丹东、长春几个城市之间"打游击"，晚上在火车上睡个囫囵觉，白天连轴转跑客户，甘与苦心知。功夫不负有心人。公司接下的第一单业务是丹东电业局的一套管理软件的设计与开发，正是这套软件拯救了理想科技公司。由于他们开发的软件具有可操作性，而且成本相对低廉，所以被其他的几个单位看中并推广应用，资金回笼及时，公司开始滚雪球发展了。齐连旭说，人才是关键，市场是靠人去开拓的，技术人员搞管理是短腿，我是先当学生后为师。

而今，长春理想科技的业务盘子做大了，具备了系统软件和应用软件的双重研发能力，并与吉林大学合作，致力于为政府和企事业单位实现信息化管理提供高品质、实用化软件产品及相关咨询服务，为客户有效消除企业"信息孤岛"提供一劳永逸的解决方案，是国家认定的高新技术企业。公司除了自主开发的系统级软件、IgAI(理想应用集成)及应用类系列软件产品——电子政工、电力行业信息化管理系统、金融行业信息化管理系统等业务外，他们又将目光投向了软件外包。齐连旭相信，随着全球信息化的逐步推进，软件开发最终会成为一个服务性行业，如何帮助客户降低运营成本，提高工作效率，增强决策能力，最终帮助客户实现提升其综合实力，是IT企业的使命。

朋友同心，其力断金，齐连旭对此深信不疑。朋友合伙创业的典型例子很多，有的功成名就，也有的功败垂成，关键要看朋友在合作中的共同志趣和宽容态度。齐连旭认为，他们的三人创业团队是因为志同道合才走到一起的，即使公司遭受挫折的时候，彼此也是相互鼓励而不是互相拆台,这是朋友合伙干事业最为重要的先决条件。谈到为何落户在长春高新区的话题时,有点书生意气的齐连旭说,他之所以从烟台回到长春创业,看重的就是长春高新区的美好前景。软件产业的发展同样需要一个良好的综合环境,数以百计的软件企业扎堆在这块土地上,定能产生聚集效应,长春高新区为企业营造的创业氛围是值得称道的。而今,“全面振兴东北老工业基地”的号角已经吹响,在不久的将来,一定会有一幅更美好的蓝图展现在世人面前。

(资料来源:沛父,中国高新区,2004,10)

参考文献:

[1] Ronstadt. Entrepreneur Dover [M]. Mass: Lord Publishing,1982

[2] Gartner, Shaver, Gate W, et al . Finding the entrepreneur in entrepreneurship [J]. Entrepreneurship theory and Practice, 1994,18:5 ~ 10

[3] Chandler, Hanks. An investigation of new venture teams in emerging businesses [J]. Frontiers of entrepreneurship research,1998: 318 ~ 330

[4] 韩国文. 创业学. 武汉:武汉大学出版社,2007

[5] 李晓光. 管理学原理[M]. 北京:中国财政经济出版社,2004:305

[6] 姜皓,孙林岩. 如何构建团队:团队类型及构建思维[J]. 上海经济研究,2007(5):87 ~ 91

[7] 李作战. 从创业团队的形成模式探索高绩效创业团队的特征因素[J]. 学术论丛,2008(48):48 ~ 49

[8] 林嵩,等. 创业学:原理与实践[M]. 北京:清华大学出版社,2008 年 10 月第一版:99 ~ 105

[9] 彭莹莹,等. 创业团队构建风险分析与控制[J]. 科技经济市场,2007(11):217 ~ 218

第七章　创业资金

第一节　创业资金的融资渠道和融资方式

创业离不开资金,创业者要使企业成立并能够走向正常经营,最重要的一步就是如何筹集到所需资金。而且一个企业在创立之初对资金的需求相对来讲往往是巨大的。没有足够的资金,企业就难以注册成立。创业企业一旦成立,要继续研发、制造某一新产品,并把该产品推向市场,通过一系列的营销途径努力扩大市场规模和市场份额,更需要大量的资金[1]。

一、筹资渠道

筹资渠道是指创业企业的资金来源通道,体现出资金的源泉和流量。了解筹资渠道的种类和每种渠道的特点,有利于创业者充分利用各种筹资渠道,筹集企业所需资金。从我国的现实情况来看,新创企业的筹资渠道主要有以下几种:

1.财政资金

财政资金主要体现了国家对新创企业特别是高新技术企业的扶持,包括财政补贴、税收优惠、财政担保、设立基金以及建立新创企业发展园区等,如专门针对下岗失业人员的再就业小额担保贷款、专门针对科技型企业的科技型中小企业技术创新基金、专门为中小企业"走出去"准备的中小企业国际市场开拓资金等,还有众多的地方性优惠政策。科技型中小企业技术创新基金通过拨款资助、贷款贴息和资本金投入等方式，扶持和引导科技型中小企业的技术创新活动。根据中小企业和项目的不同特点，创新基金支持方式主要有：①贷款贴息：对已具有一定水平、规模和效益的创新项目，原则上采取贴息方式支持其使用银行贷款，以扩大生产规模。一般按贷款额年利息的 50% ~100% 给予补贴，贴息总额一般不超过 100 万元，个别重大项目不超过 200 万元。②无偿资助：主要用于中小企业技术创新中产品的研究、开发及终试阶段的必要补助，科研人员携带科技成果创办企业进行成果转化的补助，资助额一般不超过 100 万元。③资本金投入：对少数起点高，具有较广创新内涵、较高创新水平并有后续创新潜力，预计投产后有较大市场，有望形成新兴产业的项目，可采取资本金投入的方式。

2. 银行信贷资金

银行是专门经营货币信用的特殊企业，它以一定的成本聚集了大量储户的巨额资金，然后通过对资金的运作赚取利润。银行就像一个资金“蓄水池”，随时准备向符合其条件的企业提供他们所需要的各种期限和数量的贷款。银行对企业的各种贷款是各类企业重要的资金来源。其贷款形式具体可分为抵押贷款、信用贷款、担保贷款和贴现贷款。当前许多银行为支持创业企业推出了创业贷款。创业贷款是指具有一定生产经营能力或已经从事生产经营活动的个人，因创业或再创业提出资金需求申请，经银行认可有效担保后而发放的一种专项贷款。符合条件的借款人，根据个人的资金状况和偿还能力，最高可获得单笔 50 万元的贷款支持；对创业达到一定规模的企业，还可提出更高额度的贷款申请。创业贷款的期限一般为 1 年，最长不超过 3 年。另外银行还对外办理许多个人贷款，只要抵押手续符合要求，银行就不会问贷款用途。抵押贷款金额一般不超过抵押物评估价的 70%，贷款最高限额为 30 万元。如果创业需要购置沿街商业房，可以用拟购房子作为抵押，向银行申请商用房贷款，贷款金额一般不超过拟购商业用房评估价值的60%，贷款期限最长不超过10年。因创业需要购置轿车、卡车、客车、微型车以及进行出租车营运的借款人，还可以办理汽车消费贷款，此贷款一般不超过购车款的80%，贷款期限最长不超过5年。

3. 非银行金融机构资金

非银行金融机构主要有信托投资公司、证券公司、租赁公司、创业投资公司等。它们能够为创业者提供融资融物、承销证券以及其他的融资服务。随着我国金融市场的不断发展，非银行金融机构将为创业企业提供更为广泛的融资服务。

4. 其他企业资金

企业在生产经营过程中，往往会形成暂时闲置的资金，有些企业为了提高资金的利用效率、拓宽经营范围、进行战略性投资，会考虑对新创企业进行投资，或者对科技成果转化提供资金支持，或者与其他机构联合设立创业投资基金，这也是新创企业特别是企业内融资的重要渠道。

5. 创业者的自有资金

尽管有些创业者没有动用个人资金就办起了新的企业，但这种情况很少。这不仅因为从资金成本或企业经营控制的角度来说，个人资金成本最为低廉，而且还因为在试图引入外部资金，尤其是获得银行、私人投资者以及创业资本家的资金的时候，必须拥有个人资本。

6. 其他私人资金

许多企业在创业初期，都依靠的是亲戚、朋友或熟人的财力。这些资金可以采取借款和产权资本的形式。个人之间、企业之间也会有资金充裕者将钱借给短缺者进行周转，收取一定的利息，这种以亲情、友情、交情为纽带，且并不一定以赢利为目的的资金融通方式，就是在我们身边广泛存在的民间借贷。

7.外商资金

外商资金是指外国投资者以及我国香港、澳门和台湾地区投资者投入的资金。我国自改革开放以来大量引进外资,特别是20世纪90年代以来,美国国际数据集团、华登国际等国外金融机构开始进入中国从事风险投资,到目前为止,外商资金已经成为我国创业资金的一个重要来源。

二、融资方式

创业融资方式是创业企业融资所采用的具体形式和工具,体现着资本的属性和期限,从各种资金来源总体上看,可以划分为债务资金和股权资金两类。债务资金包括发行债券、借款、租赁融资等;股权资金包括吸收直接投资、发行股票、企业的保留盈余资金等。

1.发行债券

债券是借款单位为筹集资金而发行的一种信用凭证,它证明持券人有权按期取得固定利息并到期收回本金。我国发行的债券又可分为国家债券、地方政府债券、企业债券和金融债券。债券筹资的优点:①支出固定。不论企业将来赢利如何,它只需付给持券人固定的债券利息。②不改变企业控制权。债券持有者无权参与企业管理。因此公司原有投资者控制权不因发行债券而受到影响。③少纳所得税。合理的债券利息可计入成本,实际上等于政府为企业负担了部分债券利息。④可以提高自有资金利润率。如果企业投资报酬率大于债券的利息率,由于财务杠杆的作用,发行债券可提高股东投资报酬率。但债券筹资也存在缺点:一是固定利息支出会使企业承受一定的风险。特别是在企业赢利波动较大、按期偿还本息较为困难时。二是发行债券会提高企业负债比率,增加企业风险,降低企业的财务信誉。三是债券合约的条款,常常对企业的经营管理有较多的限制,如限制企业在偿还期内再向别人借款、未按时支付到期债券利息不得发行新债券、限制增发股票等，所以企业发行债券在一定程度上约束了企业从外部筹资的扩展能力。一般来说，当企业预测未来市场销售情况良好、赢利稳定、预计未来物价上涨较快，企业负债比率不高时，可以考虑以发行债券的方式进行筹资。

2. 借款筹资

借款是指企业向银行等金融机构贷款以及向其他单位借人的资金，包括信用贷款、抵押贷款和信托贷款等，主要用于固定资产投资和流动资产投资。

3. 租赁筹资

租赁是指出租人以租赁方式将出租物租给承租人，承租人以交纳租金的方式取得租赁物的使用权，在租赁期间出租人仍保持出租物的所有权，并于租赁期满收回出租物的一种经济行为。租赁已成为现代企业筹资的一种重要方式。现代租赁主要有金融租赁、经营租赁两种形式。

4. 吸收直接投资

按经营方式，吸收直接投资可分为两大类：一类是合资经营；另一类是合作投资经营。合资经营是由出资各方共同组建有限责任公司，其特点是：共同投资、共同经营、共担风险、共负盈亏。出资各方可依法以货币资金、实物、工业产权等向联营企业投资，形成法人资本，投资方对所投人的资本负有限责任，并按资本额分配税后利润，享受所有者权益。合作投资经营是契约式或合同式的合营。在这种经营方式下，双方的合作不以股权为基础，合作各方的投资或合作条件、收益或产品的分配、风险和亏损的承担、经营管理方式，以及合作期满后的财产归属等合作事项，均由合作各方在合作合同中规定。它是一种比较灵活的直接投资方式。

5. 发行股票

股票是股份公司发给股东作为已投资入股的证书和索取股

息的凭证,是可作为买卖对象或质押品的有价证券。按股东承担风险和享有权益的大小,股票可分为普通股和优先股两大类。优先股是在公司利润分配方面较普通股有优先权的股份。优先股的股东按一定的比例取得固定股息;企业倒闭时,能优先于普通股得到剩下的可分配给股东的部分财产。普通股是在公司利润分配方面享有普通权利的股份。普通股股东除能分得股息外,还可在公司赢利较多时再分享红利。所以普通股获利水平与公司盈亏息息相关。股票持有人不仅可据此分摊股息和获得股票涨价时的利得,且有选举公司董事、监事及参与公司管理的权利。

发行股票筹资的优点:①股票筹资是一种有弹性的融资方式。由于股息或红利不像债券利息那样必须按期支付,当公司经营不佳或现金短缺时,董事会有权决定不发股息或红利,因而公司融资风险低。②股票无到期日。其投资属永久性投资,公司不需为偿还资金而担心。③发行股票筹集资金可降低公司负债比率,提高公司财务信用,增加公司今后的融资能力。发行股票筹资也存在缺点:①资金成本高。购买股票承担的风险比购买债券高,投资者只有在股票的投资报酬高于债券的利息收入时,才愿意投资于股票。另外债券利息可在税前扣除,而股息和红利须在税后利润中支付,这样就使股票筹资的资金成本大大高于债券筹资的资金成本。②增发普通股须给新股东投票权和控制权,则降低了原有股东的控制权。

6. 企业保留盈余资金

企业保留盈余资金的主要来源是折旧、法定公积金、盈余公积金和税后未分配利润。企业保留盈余资金的优点是它属于企业的自有资金,投入使用比较快速便捷,可迅速到位,而且不需要筹集资金的费用,成本低于来自其他融资渠道的资金成本。缺点是企业保留盈余资金数量比较有限,很难满足大规模的融资需要。

第二节 天使投资

天使投资是创业者获得创业资金的一个重要渠道,天使投资往往是对人的投资,带有强烈的感情色彩,融资速度快,也有助于创业者获得有关创业的经验和相关的经营管理知识[1]。

一、天使投资的含义

“天使投资”(Angel Investment)一词起源于纽约百老汇的演出捐助,即百老汇当地一些富有的个人资助具有社会公益意义的文艺演出。对于被资助的文艺团体及演员而言,这些赞助者就像从天而降的天使。后来,天使投资被引申为支持创业者的早期投资。所谓投资天使,是指那些愿意投资于高风险企业,愿意投资于创业企业的前期高风险阶段的富有家庭和个人。这些人是非正式的私人风险投资家。因为他们在创业者最艰难、最需要的时候给予支持和关爱,对创业者来说,他们都是可爱的天使。投资者更正式的称呼是“非正式的私人股权投资者”,但人们更愿意形象地称他们为“天使”,因为他们的投资行为对创业者而言确实如同天上下凡的天使,为创业者提供难得的资金。“天使”通常是富有人士,他们通过自己职业经历积累了足够的财富,可以用于支持一些小型的创业项目。此外,他们共有的特征是他们通常能够为创业者提供经营上的建议和顾问意见,不仅仅只是提供一笔资金。

二、天使投资的特点

1. 只提供“第一轮”融资

通常只提供“第一轮”融资,这也是和天使本身的资金实力有限联系在一起的,“天使”只是利用了自己的积蓄,显然不足以支持较大规模的资金需要,只有那些处于最初发展阶段的创业计划才能够获得他们的青睐。

2. 天使投资方式带有强烈的感情色彩

创业者说服“天使”常常需要一定的感情基础,或者是志同道合的朋友,或者是亲戚朋友,或者是得到了熟悉人士的介绍等,例如,尼葛洛·庞蒂对搜狐的投资便是基于对张朝阳本人的高度欣赏。

3. 可以为创业者提供极为宝贵的咨询顾问意见

“天使”往往自己本身曾经是创业者,而且常常是某一行业的专家,他们所追求的除了赚钱之外,还有个人的兴趣、爱好和个人价值的实现。在天使投资者中,有的是为了老有所为,投资的目的是为了取得一个管理岗位;有的是为了亲手培养一个创业企业和创业者,使自己从中找到一种成就感和快乐感。正如许多天使投资者所说,“参与一个新公司的诞生和成长的经历是让人感到十分满足和振奋的”;也有的是为了承担一定的社会责任和社会义务。他们可以提供技术顾问、管理顾问、公关顾问(帮助介绍各种关系),甚至对创业者手把手的指导。对于经验不足的创业者来说,以上这些比资金更重要。特别是创业的早期,有这样一些智者的加盟,不仅能帮助公司制定正确的发展战略,还能为公司的正常管理把关。

4. 天使融资的速度快

天使融资时间最短只要三个星期,最长为九个月。当然,这其中有很大的伸缩性。时间的长短在一定程度上取决于融资者的各种准备工作。私人投资进展快、效率高的一个主要原因,是因为它不需走那么多繁琐的程序,不需要办理那么多复杂的手续。

5. 天使投资的融资成本要低于其他各种融资渠道

自从20世纪90年代后期以来,由于机构投资者的大批投入,风险投资基金的规模越来越大,为了降低投资成本,它们逐渐提高了每笔投资的投资规模,而投资的数量却没有按比例增加。不断增大的投资规模限制了风险投资基金对于早期企业的投资,它们越来越转向企业的扩张期投资甚至晚期投资。而天使投资规模小,投资成本较低,更偏向于对早期企业的投资。由于天使投资不存在风险投资的双重代理问题,所以代理成本和管理成本都要小得多。天使投资是由投资者将自己的钱直接交给融资者,中间没有第三者,因此成本相对要低。

三、如何获得天使融资

经过 20 多年的改革开放,我国居民收入稳步提高,城乡居民储蓄存款超过 10 万亿元,投资开始成为家庭理财的重要内容,而且,社会富裕阶层已经初步形成。天使投资无疑将为这些个人资本提供一个良好的投资渠道。从投资领域看,我国的天使投资逐渐渗入到高科技产业、存在较大市场潜力的传统产业,以及新开放的产业和具有新的经营管理方式的企业。在投资阶段上呈现以种子期为主,早期次之,扩张期极少的特征。从组织形式上看,我国已经产生了一些天使投资团队,如:天使俱乐部、天使投资集团等。我国已经初步具备了本土天使投资大量涌现的现实条件,必将迎来一轮天使投资的高潮。寻找天使投资者的主要方式包括:

(一)通过朋友介绍

据统计,在国外有相当一部分天使投资是通过朋友或亲戚介绍而达成的,特别是对一些非正式的股权投资者而言更是这样。

(二)直接寻找自己心目中的天使

创业者往往都有一些崇拜的企业家或成功企业,他们在创业者所属的行业内具有很高的声望和实力。创业者在适当的情况下可以直接上门,去说服这些行业内的权威。例如张朝阳就直接找到了尼葛洛·庞蒂。

(三)参加天使的聚会

投资天使们常常有一些经常性的聚会,以交流投资心得,寻找投资项目和探索合作机会。创业者如果知道有关活动的消息,可以直接前去参加并提交自己的商业计划书或做一些有关的项目展示。在国外,这种机会很多,国内由于风险投资发展的历史很短,“天使”更少,所以这种活动不多。但目前已经开始有了这样的一些沙龙活动或研讨会形式的聚会,可以成为一个渠道。

(四)根据天使名录按图索骥

国外的风险投资研究机构或协会(如AVCA——美国全国风险投资协会,BVCA——英国风险投资协会)都出版有风险投资机构的名录,其中往往单独出版一本风险投资天使名录的小册子,里面收录了大量的天使名单,创业者如果要到国外去融资,可以按图索骥,一个一个地联系。此外,还有一些网站的在线服务,如美国的创业投资资源馆(Venture capital Resource Library),也提供大量的投资者名录。

(五)利用中介

创业者可以通过自己的财务顾问、法律顾问或者有关的金融咨询机构,获得天使投资的渠道。当创业者面对风险投资的“天使”时,说服天使的技巧和方法与说服风险投资公司的技巧和方法并无区别,也需要准备好一份高质量的商业计划书,进行简练而生动的演示,发挥说服的技巧和演说的能力,展示自己的职业素质和创业精神。当然说服天使投资和风险投资公司也有所不同,主要在于天使投资更看重创业者个人的素质和品质,带有强烈的感情色彩,因此创业者要说服天使投资,不仅需要以好项目、好方案、好产品、好技术来晓之以理,更要发挥自己个人的能力来动之以情。

第三节　风险投资基金

一、风险投资的含义与特征

风险资本投资，简称风险投资，也称创业投资，是指风险投资者（投资公司、风险投资家、天使投资者等）寻找有潜力的成长型企业，投资并拥有这些被投资企业的股份，在恰当的时候取得高资本收益的一种商业投资行为[2]。

风险投资具有两大典型特点，即“创新＋金融”和“投资＋管理”。

“创新＋金融”，是指风险投资以金融的手段帮助企业实现创新，使创新从萌芽阶段飞跃至实现价值阶段，使利润得以提前实现。

“投资＋管理”，是指风险投资提供的不仅仅是资金，还包括一系列的增值服务，即帮助企业克服经营或者管理瓶颈，提高经营水平和管理效率，使之得以长远发展。

二、风险资本的来源

风险资本的来源有很多，包括金融保险业、政府、企业、民间家庭与个人等，多为以追逐超额利润为目的使用占其资产比例不高的一部分资金，是比较激进的投资行为。政府投放资金的目的主要是鼓励和引导高科技企业的发展，促进经济的健康、快速发展。

三、风险投资的目的和投资期限

风险投资虽然是一种股权投资，但从根本上来说，投资的目的并不是获得企业的所有权，也不是为了控股，更不是为了经营企业,而是通过提供资金和增值服务提高被投资企业的市场价值,然后通过公开上市、并购或其他方式退出,在产权流动中实现投资回报。

从风险资本投入被投资企业到风险资本撤出企业的时间跨度就被称为风险投资的投资期限。作为股权投资的一种,风险投资的期限较长,一般为5~7年。

四、如何吸引与选择风险投资者

如何与风险投资者对接,这是一个复杂的博弈过程,最终取决于双方的经验、信任度、胆略甚至直觉。有人比喻,在创业的新时代,风险企业与风险投资者就像两个独翼巨人,他们渴望捆绑在一起实现飞翔的理想,但只有在风险企业具备强壮的右翼时,风险资本才愿意用它强大的左翼与之配合。

因此,为吸引风险投资者,创业者需要思考并解决好以下问题:

(1)了解风险投资者所思所想

任何一家投资公司都不会选择那些不具备成功条件的企业去投资,而只有具备成功条件的企业才能赢得风险投资者的青睐。能够吸引风险投资者的创业者素质包括诚信正直、活力充沛、天资过人、学识渊博、领导力强、创新力强。

(2)考虑风险投资者的偏好

风险投资者往往更加偏好具有领先优势的风险企业。而那些拥有受保护的先进技术或产品的风险企业更容易引起创业投资公司的兴趣。这是因为高新技术行业本身就有很高的利润,而领先的或受保护的高新技术产品可以使风险企业更容易进入市场,并在激烈的市场竞争中迅速确立地位,并快速赢利。因此,这样的企业常常可以从风险投资者那里筹集到足够的资金。

(3)地域与技术领域

一般的风险投资公司都有一定的投资领域，包括技术领域和地理领域。

就技术领域而言，风险投资者通常只对自己所熟悉和了解的行业或技术领域的企业进行投资。就地理领域而言，风险投资者所投资的企业大多分布在风险投资者所在地的附近区域或集中在某一选定区域，这主要是为了便于沟通和控制，节约成本。一般地，投资者自己并不参与风险企业的实际管理工作，而更像一个指导者，不断地为企业提供经营和管理建议，但也有可能为风险企业推荐有经验的管理者。

(4)企业规模

大多数风险投资者更偏爱成长型的小企业，这是因为小企业技术创新效率高，有更多的活力，更能适应市场的变化。同时，小企业的规模小，需要的资金量也小，创业投资公司所冒的风险有限。此外，小企业刚刚起步，其发展的空间更大，因而单位投资额可以获得更多的收益。

另外，把一个企业从无到有、由小到大、由弱到强地培养起来，而不是仅仅做一次投资交易，对某些风险投资家来说可以实现其贡献社会的理想。

(5)经验

现在，风险投资者越来越不愿意和缺乏经验的创业者合作，即使他的想法或产品很有吸引力。一般来说，投资者会要求创业者有从事该行业工作的经历或成功经验。如果一个创业者声称他有一个很好的想法，但却没有在这一行的工作经验，投资者就会怀疑其想法的可行性。组建一个经验丰富、知识能力互补的管理团队是获得风险投资的关键。

大多数年轻创业者常犯同一个错误，就是没有充分挖掘自己的资源以获得足够的帮助，因为怕与别人分享成功而很少同已在该行业取得成功的企业家或职业经理人进行交流。多数没有经验的创业者都很年轻,他们有足够的时间成长为一名卓越的管理者和企业家。一个意识到自己缺乏经验的聪明创业者会主动放弃总经理职位,而聘请一位已有成功经验的管理者来当CEO。

(6)耐心和毅力

由于寻求资金的项目很多,风险投资者也需要从中筛选出适合自己的项目。有人引荐非常有效,只要有这样的资源,就应尽量利用。如果风险企业能够得到某个创业投资公司信任的律师、会计师、业内权威或其曾投资企业的推荐,则其获得投资的概率就会大大提高。

参考文献:

[1] 韩国文. 创业学. 武汉:武汉大学出版社,2007

[2] 刘平. 创业学:原理与应用. 大连:东北财经大学出版社,2008

第三篇

创业项目选择

第八章　市场调查

创业总是存在失败的风险,如何规避风险,使创业成功呢?对创业项目进行详细的市场调查是其最重要的措施,也是最先考虑的步骤。任何产品的销售,都是以市场为基础,制定创业项目的策略依靠的是市场信息。

第一节　市场调查方法

创业市场调查就是有目的地、系统地收集有关市场信息和资料,分析市场情况,了解市场的现状及其发展趋势,为市场预测和营销决策提供客观的、正确的资料。

一、市场调查内容

一般包括以下几方面内容:

1. 明确市场调查目的

在调查进行之前要明确市场调查的目的。目的明确了,才能进行下一步的工作。

2. 确定市场调查的对象与范围

市场调查的对象一般为消费者、零售商、批发商,零售商和批发商为经销调查产品的商家,消费者一般为使用该产品的消费群体。要根据不同的产品确定不同的调查对象,要对调查对象进行细分。

调查范围与产品销售范围相一致,在某一城市开展市场调查时,调查范围应为整个城市。根据城市的人口分布情况,考虑人口特征中收入、文化程度等因素,在城市中划定若干个小范围调查区域,划分原则是使各区域内的综合情况与城市的总体情况分布一致,将总样本按比例分配到各个区域,在各个区域内实施访问调查。这样就相对缩小调查范围,减少实地访问工作量,提高市场调查效率,降低费用。

3. 确定市场调查的项目

调查项目是收集资料的依据,是为实现调查目标服务的,根据市场调查的目的确定具体的调查项目。如调查消费者行为时,可按消费者购买、使用、使用后评价三个方面列出调查的具体项目。调查项目的确定要全面、具体、条理清晰、简练,避免面面俱到,内容过多,过于繁琐,避免把与调查目的无关的项目列入其中。

4. 制定市场调查表

市场调查表是市场调查的基本工具,市场调查表的设计质量直接影响到市场调查的质量。调查表的设计,首先,要与该调查目的密切相关,重点突出,避免可有可无的问题;其次,表中的问题被调查者要易于接受,避免出现被调查者不愿回答、或令被调查者难堪的问题;最后,表中的问题次序要条理清楚,顺理成章,符合逻辑顺序,一般可遵循易于回答的问题放在前面,难于回答的问题放在中间,敏感性问题放在最后;封闭式问题放在前,开放式问题放在后。

二、市场调查方法

市场调查的方法主要有观察法、实验法、访问法和问卷法。

(1)观察法

观察法是社会调查和市场调查研究的最基本的方法。它是由调查人员根据调查研究的对象,利用眼睛、耳朵等感官以直接观察的方式对其进行考察并收集资料。例如,市场调查人员到被访问者的销售场所去观察商品的品牌及包装情况。

(2)实验法

由调查人员根据调查目的,用实验的方式,将调查的对象控制在特定的环境条件下,对其进行观察以获得相应的信息。控制对象可以是产品价格、品质、包装等,在可控制的条件下观察市场现象,揭示在自然条件下不易发生的市场规律,这种方法主要用于市场销售实验和消费者使用实验。

(3)访问法

可以分为结构式访问、无结构式访问和集体访问。

结构式访问是实现设计好的、有一定结构的访问问卷的访问。调查人员要按照事先设计好的调查表或访问提纲进行访问,要以相同的提问方式和记录方式进行访问。提问的语气和态度也要尽可能地保持一致。

无结构式访问是没有统一问卷,由调查人员与被访问者自由交谈的访问。它可以根据调查的内容,进行广泛的交流。如:对商品的价格进行交谈,了解被调查者对价格的看法。

集体访问是通过集体座谈的方式听取被访问者的想法,收集信息资料。可以分为专家集体访问和消费者集体访问。

(4)问卷法

问卷法是通过设计调查问卷,让被调查者填写调查表的方式获得所调查对象的信息。在调查中将调查的资料设计成问卷后,让接受调查对象将自己的意见或答案,填入问卷中。在一般进行的实地调查中,以问答卷采用最广。

三、市场调查的步骤

市场调查一般包括三个阶段,调查的准备阶段、调查的实施阶段、结果处理阶段。

（一）调查的准备阶段

1. 确定问题与假设

由于市场调查的主要目的是收集与分析资料以帮助企业更好地作出决策，以减少决策的失误，因此调查的第一步就要求决策人员和调查人员认真地商定研究的目标。在任何一个问题上都存在着许许多多可以调查的事情，如果对该问题不作出清晰的定义，那收集信息的成本可能会超过调查提出的结果价值。例如某公司发现其销售量已连续下降达6个月之久，管理者想知道真正原因究竟是什么：是经济衰退？广告支出减少？消费者偏爱转变？还是代理商推销不力？市场调查者应先分析有关资料，然后找出研究问题并进一步作出假设、提出研究目标。假如调查人员认为上述问题是消费者偏爱转变的话，再进一步分析、提出若干假设。

作出假设、给出研究目标的主要原因是为了限定调查的范围，并从将来调查所得出的资料来检验所作的假设是否成立，写出调查报告。

2. 确定所需资料

确定问题和假设之后，下一步就应决定要收集哪些资料，这自然应与调查的目标有关。例如：①消费者对本公司产品及其品牌的态度如何？②消费者对本公司品牌产品的价格的看法如何？③本公司品牌的电视广告与竞争品牌的广告，在消费者心目中的评价如何？④不同社会阶层对本公司品牌与竞争品牌的态度有无差别？

3. 确定收集资料的方式

第三步要求制定一个收集所需信息的最有效的方式，它需要确定的有：数据来源、调查方法、调查工具、抽样计划及接触方法。

如果没有适用的现成资料（第二手资料），原始资料（第一手资料）的收集就成为必需步骤。采用何种方式收集资料，这与所需资料的性质有关。它包括实验法、观察法和询问法。前面例子谈到所需资料是关于消费者的态度,因此市场调查者可采用询问法收集资料。对消费者的调查,采用个人访问方式比较适宜,便于相互之间深入交流。

4.抽样设计

在调查设计阶段就应决定抽样对象是谁,这就提出抽样设计问题。其一,究竟是概率抽样还是非概率抽样,这具体要视该调查所要求的准确程度而定。概率抽样的估计准确性较高,且可估计抽样误差小,从统计效率来说,自然以概率抽样为好。不过从经济观点来看,非概率抽样设计简单,可节省时间与费用。其二,一个必须决定的问题是样本数目,而这又需考虑到统计与经济效率问题。

(二)调查的实施阶段

调查的实施阶段分为实地调查和文案调查两大类。

实地调查是在周详严密的架构之下,由调查人员直接向被访问者收集第一手资料的相互来往过程。第一手资料又称为初级资料,也指首次收集到的资料。实地调查常用的方法有观察法、实验法、问卷法。

文案调查法又称资料查阅寻找法、间接调查法、资料分析法或室内研究法。它是利用企业内部和外部现有的各种信息、情报,对调查内容进行分析研究的一种调查方法。文案调查要求更多的专业知识、实践经验和技巧。这是项艰辛的工作,要求有耐性、创造性和持久性。调查必须选用科学的方法,调查方法选择恰当与否,对调查结果影响甚大。各种调查方法都有利有弊,只有了解各种方法,才能正确选择和应用。

与实地调查相比,文案调查有以下几个特点:

第一,文案调查是收集已经加工过的文案,而不是对原始资料的收集。

第二，文案调查以收集文献性信息为主，它具体表现为收集各种文献资料。在我国，目前仍主要以收集印刷型文献资料为主。当代印刷型文献资料又有许多新的特点，即数量急剧增加，分布十分广泛，内容重复交叉，质量良莠不齐等。

第三，文案调查所收集的资料包括动态和静态两个方面，尤其偏重于从动态角度，收集各种反映调查对象变化的历史与现实资料。

文案调查应围绕调查目的，收集一切可以利用的现有资料。从一般线索到特殊线索，这是每个调查人员收集情报的必由之路。当着手正式调查时，调查人员寻找的第一类资料是向他提供总体概况的那类资料，包括基本特征、一般结构、发展趋势等，随着调研的深入，资料的选择性和详细程度会越来越细，这个原则也适宜于寻找具体事实的调研活动。

（三）结果处理阶段

1. 资料分析

资料收集后，应检查所有答案，不完整的答案应考虑剔除，或者再询问该应答者，以求填补资料空缺。

资料分析应将分析结果编成统计表或统计图，方便读者了解分析结果，并可从统计资料中看出与第一步确定问题假设之间的关系。同时又应将结果以各类资料的百分比与平均数形式表示，使读者对分析结果形成清晰对比。不过各种资料的百分率与平均数之间的差异是否真正有统计意义，应使用适当的统计检验方法来鉴定。例如两种收入家庭对某种家庭用品的月消费支出，从表面上看有差异，但是否真有差异可用平均数检定法来分析。资料还可运用相关分析、回归分析等一些统计方法来分析。

2. 调查报告

市场调查的最后一步是编写一份书面报告。一般而言，书面调查报告可分专门性报告和通俗性报告。专门性报告的读者是对整个调查设计、分析方法、研究结果以及各类统计表感兴趣者，他们对市场调查的技术已有所了解。而通俗性报告的读者的主要兴趣在于听取市场调查专家的建议。

案例　李强的市场调查与分析

李强通过电视、报纸和网络了解到，我国农家乐旅游未来前景广阔，因此决定返乡创业办农家乐。李强的家乡位于秦岭山北麓，北有省道，西临国道，离市区不到1小时的车程，地理位置非常优越，交通十分便利。整个村庄环境优美，空气清新，鸟语花香，气候宜人，是旅游休闲避暑的好去处。李强发现，前来旅游的顾客往往是有车一族，一两个月就要出游一次。他们最看重的是产品的特色，并不特别在乎价格。顾客对目前以吃农家饭和打小麻将的活动模式已经有些厌倦，希望有新的休闲方式出现，因此李强根据顾客的需求推出了一些新项目，深受顾客欢迎。

李强通过走访发现，在李村及周边村落也有几家农家乐，主要存在以下一些问题：

①规模不大，车位过少。②菜色单一，无法满足消费者的多种需求。③服务项目单一，除了吃就没有其他的娱乐项目。④没有任何营销手段，从不做广告。⑤大多数农家乐不知利用自家地作为采摘园。⑥装修没有农家乐自身特色。通过调查，李强对如何开办自己的农家乐心里有了底。

李强对农家乐进行了市场分析，了解了顾客需求和竞争对手情况后，就着手制定自己的产品策略。李强准备在特色上下工夫，除了房屋装修体现农家特色，开发新的农家菜之外，还准备为顾客提供特色体验项目。一是把农业生产过程“游戏化”、“娱乐化”。让顾客参与农村的放羊放猪、引水灌田、采果摘菜、掰玉米、挖红薯、刨花生等活动，然后在农家乐里烧玉米、烤红薯、煮花生，请顾客品尝。二是请顾客参与农产品加工过程，如推豆花、碾新米、做麦粑、炒栗子等活动,认识和学会使用农村的磨子、碾子、石臼等工具。三是组织顾客野外采集野果野菜。四是请顾客跳乡间的坝坝舞。另外,对带车游客提供免费停车服务。

李强考虑到来农家乐的顾客,他们的经济比较宽裕,具有较强的消费力,因此只要产品有特色,做出了口碑,价格适中,顾客是可以接受的。经过成本核算,考虑到顾客的需求、竞争对手价格以及自己的利润,决定60元/(天·人),包吃住,30人以上的团体打8折。

李强决定把农家乐就建立在自家的宅基地上,周围有山有水,交通方便。分销方式暂时以直销为主。未来可以考虑与旅行社合作,在其行程里加上自己的农家乐旅游,接待省外游客。另外开展网络营销,建立自己的网站,在网上宣传自己,接受网上预订。

李强决定联合李村的另外几家农家乐进行共同促销。在市区火车站、汽车站发放宣传册,在来李村的各条道路上也做上户外广告,对每个到李村来的人发放宣传册,对于手持宣传册来的顾客给予优惠。李强有个同学在电视台,李强决定与电视台合作,为电视台的一些栏目免费提供场地,条件是节目播放时对自己的农家乐进行鸣谢即可。为了吸引回头客,李强决定对每一个前来的顾客赠送农家乐的消费券,让顾客下次来的时候享受一定的优惠。

(资料来源:促进农民创业)

第二节　市场分析

市场分析是对创业项目的市场规模、市场容量以及前景等调查资料所进行的经济分析。通过市场调查和供求预测,根据项目的市场环境、行业现状和竞争者情况,分析和判断项目投产后是否有市场,以及采取怎样的战略和策略来实现目标。

一、顾客需求分析

创业者可以通过回答以下一些问题,了解顾客的有关信息,从而对顾客需求进行分析。

你的目标顾客是谁?

顾客需要什么样的产品或服务?顾客看重产品或服务的哪一个方面?质量?价格?款式?还是颜色?

顾客最高愿意为产品或服务花多少钱?

顾客在哪里?他们一般住在什么地方,在什么时间购物?

他们多长时间购一次物?

他们一次购买的数量是多少?

顾客的数量在增加吗?能保持稳定吗?

他们对现有的产品和服务满意吗?如果满意,现有产品和服务的哪方面让他们满意?如果不满意,现有产品和服务的哪方面让他们不满意?

他们是否在寻找有特色的产品或服务?

二、行业分析

行业分析是对行业经济的运行状况、生产、销售、消费、技术、行业竞争力、市场竞争格局、行业政策等行业要素进行深入的分析,从而发现行业运行的内在经济规律,进而进一步预测未来行业发展的趋势。

(一)行业分类

1. 按照产业的发展前景分

(1)朝阳产业—未来发展前景看好的产业。

(2)夕阳产业—未来发展前景不乐观的产业。

2. 按照采用技术的先进程度分

(1)新兴产业—采用新兴技术进行生产,产品技术含量高的产业。

(2)传统产业—采用传统技术进行生产,产品技术含量低的产业。

3. 按照产业的要素集约度分

(1)资本密集型—需要大量的资本投入的产业。

(2)技术密集型—技术含量较高。

(3)劳动密集型—主要依赖劳动力。

(4)知识密集型—依靠创意设计等智慧投入。

(5)资源密集型—依赖资源消耗。

4. 按照竞争激烈程度分

(1)完全竞争行业—竞争不受任何阻碍、干扰和控制的行业,即购买者和销售者的购买和营销决策对市场价格没有任何影响的行业。

(2)垄断竞争行业—既有垄断又有竞争,处于完全竞争和完全垄断之间的一种行业。

(3)寡头垄断行业—只有少数几家厂商供给该行业全部或大部分产品,每个厂家的产量占市场总量的相当份额,对市场价格和产量有举足轻重的影响。

(4)完全垄断行业—整个行业中只有一个生产者的市场结构。指在一定地理范围内某一行业只有一家公司供应产品或服务。

(二)行业分析内容

1. 行业的基本状况分析

包括对即将选择的创业项目所在行业的概述、行业发展的历史回顾、行业发展的现状与格局分析、行业发展趋势分析、行业的市场容量、销售增长率现状及趋势预测,行业的毛利率,净资产收益率现状及发展趋势预测等内容。

2. 行业的经济周期分析

创业者对选择的创业项目要清楚其所在行业的周期，便于做好相应的对策。根据行业的周期性可以将创业项目所在行业分为：

(1)增长型行业—主要依靠技术的进步、新产品推出及更优质的服务实现增长，其运动状态与经济活动总水平的周期无关。

(2)周期型行业—运动状态直接与经济周期相关。

(3)防守型行业—产品需求相对稳定，不受经济周期的影响。

3. 行业结构分析

(1)SCP 分析

SCP 理论是哈佛大学学者创立的产业组织分析的理论，该理论构架了系统化的市场结构(Structure)—市场行为(Conduct)—市场绩效(Performance)的分析框架(简称 SCP 分析框架)。该理论对于研究产业内部市场结构，主体市场行为及整个产业的市场绩效有现实的指导意义，是产业经济学中分析产业组织的经典理论。在 SCP 分析框架中着重突出市场结构的作用，认为市场结构是决定市场行为和市场绩效的关键因素，市场结构决定企业在市场中的行为，企业市场行为又决定经济绩效。因此，改善市场绩效的方式就是通过产业政策调整市场结构。

行业的结构分析目的是识别行业的各细分市场的变化情况，以揭示出在变化中所蕴含的机会与威胁。分析内容主要包括：各产品的容量及结构变化、各地区的容量及结构变化、各消费群的容量及结构变化。

(2)五力模型分析

五力分析模型是迈克尔·波特(MichaelPorter)于 20 世纪 80 年代初提出，用于竞争战略的分析，可以有效的分析客户的竞争环境。五力分别是：供应商的讨价还价能力、购买者的讨价还价能力、潜在竞争者进入的能力、替代品的替代能力、行业内竞争者现在的竞争能力。

三、竞争者分析

要成功创业，就必须对竞争者进行全面的分析，对它们的目标、资源、市场力量和当前战略等要素进行评价。其目的是为了准确判断竞争对手的战略定位和发展方向，并在此基础上预测竞争对手未来的战略，准确评价竞争对手对创业项目的反应。

（一）竞争者分析的步骤

1. 识别企业的竞争者。

2. 识别竞争者对手的策略。

3. 判断竞争者目标。

4. 评估竞争者的优势和劣势。

5. 判断竞争者的反应模式。

（二）竞争者类型

1 现有厂商：指本行业内现有的生产同样产品的其他厂家，这些厂家是创业的直接竞争者。

2 潜在加入者：一旦一个项目创业成功，其他的创业者也会选择该项目，便会增加新的生产能力，产生竞争。

3 替代品厂商：与某创业项目提供的产品具有相同功能、能满足同一需求的不同性质的其他产品的市场占有率、消费者接受程度等，对创业的成功也起重要作用。

（三）竞争者分析

创业者需要分析竞争者的优势与劣势，做到知己知彼，才能有针对性地制定正确的战略，以避其锋芒、攻其弱点、出其不意，利用竞争者的劣势来争取市场竞争的优势，从而创业方可成功。

1. 产品—竞争企业产品在市场上的地位、产品的适销性以及产品系列的宽度与深度。

2. 销售渠道—竞争企业销售渠道的广度与深度、销售渠道的效率与实力、销售渠道的服务能力。

3. 市场营销—竞争企业市场营销组合的水平、市场调研与新产品开发的能力、销售队伍的培训与技能。

4. 生产与经营—竞争企业的生产规模与生产成本水平、设施与设备的技术先进性与灵活性、专利与专有技术、生产能力的扩展、质量控制与成本控制、区位优势、员工状况、原材料的来源与成本、纵向整合程度。

5. 研发能力—竞争企业内部在产品和工艺等方面所具有的研究与开发能力、研究与开发人员的创造性和可靠性等方面的素质与技能。

6. 资金实力—竞争企业的资金结构、筹资能力、现金流量、资信度、财务比率、财务管理能力。

7. 组织—竞争企业组织成员价值观的一致性与目标的明确性、组织结构与企业策略的一致性、组织结构与信息传递的有效性、组织对环境因素变化的适应性与反应程度、组织成员的素质。

8. 管理能力—竞争企业管理者的领导素质与激励能力、协调能力、管理者的专业知识、管理决策的灵活性、适应性、前瞻性。

第九章　创业机会

第一节　创业机会的发现

社会经济的发展和科学技术的进步,会不断激发人们的想象和需求,为创业者不断提供新的创业机会。有句话说得好:没有饱和的市场,只有饱和的思想。创业机会可以来源于市场的需求、现有产品的缺陷,也可以来源于新技术的出现、环境的变化以及企业的研究与开发活动[1]。

一、市场的需求

随着社会的发展,市场上会不断产生新的需求,如何满足这些需求,正是创意的最重要来源。当我们在商场或服务场所听到消费者的抱怨时,一个新的创意一个商机就已经出现在我们的眼前。日本声宝公司根据市场调查研究发现,在日本有 40% 的主妇有全职或者兼职工作,其中 70% 的家庭在早上洗衣服,而多数主妇又希望多睡一会儿。于是推出了一种早晨全自动洗衣机,主妇们只要在临睡前调好时间,第二天早晨醒来,衣服就已洗涤干净。这种洗衣机一上市,就受到家庭主妇们的欢迎,销量直线上升。

二、技术的发展

当今世界科技的迅猛发展,造就了许多以高新技术为主导的创业型企业,当出现新的技术时,就可能激发创业者的思维,形成新的创业机会,构思出新的产品。一项新的技术转化为新产品或服务,进入生产和消费领域,并满足社会需求才能实现其价值,这也正是新技术的转化推广过程。当今遍布全国各地的高科技园、开发区中的高新技术企业,正是科技的发展、新技术的出现而推动的创业过程。这类创意是将新出现的研究成果主动转变为产品,再通过营销手段引发消费者的需求。这类创业机会一般基于新的技术的出现,像计算机、互联网、无线通信、光触媒等技术由于"史无前例",也就无法从市场需求方面对其作出很详细的评估和论证。这类创意在形成产品实现创业的过程中风险很大,但一旦成功,将具有"里程碑"的意义,又会激发形成更多的创意。

三、现有产品的缺陷

对生产企业来说,产品存在缺陷是很不幸的事,但对于处于竞争对手地位的创业者来讲却是绝好的机会,创业者通过对市场上竞争者已有的产品和服务进行追踪、分析和评价来发现现有产品存在的缺点,从而有针对性地提出改进的方法并以此开发出有巨大市场潜力的新产品。

四、管理和经营创新

创业机会不仅仅可以来源于市场需求、新技术的出现和现有的企业,经营管理思想、方法或运作模式的改变也可以形成新的创业机会。麦当劳公司并没有发明任何新事物,它提供的产品是美国任何一家餐馆每天都可以提供的,但是麦当劳公司运用新的管理方法,使产品生产过程和服务标准化,既大大提高了产品质量,又开拓了新的市场。戴尔曾就读于得克萨斯大学,19 岁退学。1984 年,戴尔以 1 000 美元和一个在个人计算机业中前所未有的理念建立了戴尔公司,即避开给产品增值较少的中间商,直接向最终用户销售量身定制的个人计算机。通过这种创新的直线订购方式与在业界率先倡导的服务和支援方案，戴尔公司已成为全球顶尖的个人计算机供应商之一，并且是领先的计算机直线订购公司和全球发展最快的主要计算机系统公司。戴尔公司在互联网上的领导地位带来了最新的全球革命，被公认为是最大的计算机系统网上供应商，每天在线销售额达 3 000 万美元。

第二节　创业机会的评价

一般说来，在发现了创业机会之后，创业者仍需要进行市场研究，并在此基础上对市场机会进行评价和筛选。

一、机会窗口

如果市场信息唾手可得，而且这些资料很清楚地勾画出重要的潜力，那么就会有一大群的竞争者，机会便会渐渐消失。由于大部分的资料都是不完整、不正确、彼此矛盾，而且含义模棱两可的，因此，对企业家而言，收集信息、从中找出可能的机会，并把别人认为是一片混乱的信息连接在一起，是非常必要的。对于创业者来说，把握时机对于创业的成功具有非常重要的意义。如果真的是一个经营机会（而不仅仅是一两种产品），是否有抓住这个机会的足够的时间呢？如果一个机会的确存在，企业家是否能够及时抓住它取决于技术的动作和竞争对手的动向等因素。因此，一个机会通常也是一个不断移动的目标。在此意义上，存在着一个"机会窗口"。所谓机会窗口，就是指市场存在的发展空间有一定的时间长度，使得创业者能够在这一时段中创立起自己的企业，并获得相应的赢利与投资回报。一个创业者要抓住一个机会，这一"窗口"必须是敞开的而不是关闭的，并且它必须保持敞开足够长的时间以便加以利用。

机会窗口并不是永远都打开，有的机会窗口打开的时间很长,有的则非常的短。当时机尚未来临,再好的创新构想也很难引发投资者的兴趣。如果打开的时间短暂,恐怕尚未回收投入资本,市场利润的空间就已经消失了。

由于机会窗口的存在,在创业前期,机会的发掘与选择最为关键,创业过程中,由于机会的模糊、市场的不确定性、资本市场的风险以及外在环境的变迁等,经常冲击创业活动,使得创业过程充满了风险,因此机会的辨识、评估并使其清晰地浮现,是新创事业能否顺利推进的关键因素。

因此如何及时掌握创新机会窗口打开的时机,以及如何判断这个机会窗口是否拥有足够获利回收的时间长度,就成为挑战创业投资成败的关键因素。美国创业者的一项研究调查发现,当机会窗口的时间短于三年,新事业投资失败率高达80%以上;如果机会窗口的时间超过七年,则几乎所有投资的新事业都能获得丰厚的回报[1]。

二、创业机会评价

对一个创业机会进行评价是成功创建企业的重要步骤。也就是说,发现的商机是否真的具有实践价值?可操作性如何?是否值得投入和追求?这要求创业者在投入资源之前对机会或创意进行检测,进行相关的可行性分析。这个过程可称之为创业机遇的评价。如果评价的结果显示不可行,原有的设想就应当被抛弃或重新考虑。如果重新构思创意,仍要进行可行性分析。机遇评价主要涉及以下几方面:产品/服务可行性、行业/市场可行性、组织可行性、财务可行性等[2]。

1. 产品/服务可行性分析

产品/服务可行性分析(product/service feasibility analysis)指对拟推出的产品或服务的总体吸引力进行评估。在预期产品或服务投入开发之前,创业者或创建新企业应当确信产品或服务正是消费者所需要的，而且拥有足够大的市场。在创办新企业时，创业者很容易陷入筹集资金、雇用员工、购买电脑设备、签订租赁合同和撰写宣传材料等众多工作中。但是对绝大多数企业而言，成功的首要因素是企业要能够提供优秀的产品或服务。

2. 行业/市场可行性分析

行业/市场可行性分析（industry/market feasibility analysis）是对将要提供的产品或服务的整体市场吸引力进行评估的过程。这里需要考虑几个主要问题：行业吸引力、市场进入时机和利基市场识别。

新创企业可行性的一个重要决定因素是其所选择的行业吸引力。一般而言，正在持续增长的行业更具吸引力，因为这种行业对新进入者和新产品引入的接受程度较高。在考虑投资新创企业时，会首先评价新建企业所在行业的吸引力。

市场的进入时机，可以从两方面考察，既可以引进突破性新产品或服务，也可以对当前已有产品或服务进行改进。如果想要对已有产品或服务进行改进，首先，要确定改进后新产品或服务的机会窗口是敞开还是关闭的。机会窗口就是指市场中存在的有一定时间长度的发展空间，它使创业者能够在这一时段中创立企业并获得赢利和投资回报。例如，当今包括互联网搜索引擎在内的一些市场已经被竞争者充满，而且受制于市场中的强势竞争者，因此对新进入企业而言，这类市场本质上是关闭着的；而诸如特色餐馆等其他市场具有开放、接纳的特点，机会窗口对于新进入企业则是敞开的。其次，要明确准备进入的行业当前的动态性和创办企业的时机是否合适，这要求创业者必须对市场的经济学知识有基本了解，准确把握本行业的发展态势。如果欲引进突破性新产品或服务，在自身综合实力（如资金、科技人才等）的基础上，确认市场进入时机时，还应充分考虑到可能承担的风险。

3. 组织可行性分析

组织可行性分析用来判定拟建企业是否具有足够的管理专业知识、组织能力和资源以成功创办新企业。主要包括管理才能和资源丰度分析两方面。

4. 财务可行性分析

在这个阶段，需要考虑的最重要问题是资本需求、财务收益率和投资的总体吸引力。评估企业筹集资金是否能够满足所建企业的各项资本需求，评估企业投资的回报率以及相关财务要素与商机的相关度，以保证投资的合理性。如果机会不能提供较高的回报率，那么创业者进行大量资本投入并要承担相当程度的风险，这种机会就是无意义的，是不值得追求的。

案 例　大学生创业的项目选择

张颍和高博大学毕业后就开始了自己的创业历程，他们选择创业门槛最低的餐饮业入门，开办了尚品食坊。三个月后，两个年轻人的生意已经做得有声有色。而在创业之前，他们在味千拉面、香盛客等餐饮企业打工一年多，学习餐饮业的运作流程和经营管理。说起创业，他们一直强调，最重要的是勇气、毅力。“当你具备了这些品质的时候，其他的一切都不是问题。不会做的可以学、没有资金可以想办法借、写策划找人投资……但如果没有勇气、没有毅力，你有钱、有技术、会管理，都成功不了。”

张颍和高博的成功并非偶然。选择进入门槛较低的餐饮业入手，还事先带着目的到餐饮企业里打工学习，熟悉了餐饮业的运作流程和管理模式。务实的态度、正确的选择以及敢拼敢做的勇气使他们获得了今天的成功。

年轻人创业普遍存在的问题是缺少资金，这时候可以从准入门槛低的行业开始创业，先赚第一桶金，以后再调整行业。在追求梦想时，年轻人很容易骄躁，创业必须克服骄躁情绪，务实是最重要的。另外，创业要结合年龄段。年纪轻时，不适合做需要大量公关的行业，因为年轻时社会关系网不深；需要创意、需要精力的事情较适合年纪小的人做，比如设计、包装、推销等。开店是创业中最简单而成功率较高的，因为开店不需要去公关，只需守在那里，陌生的客户都会进店。而开公司就不同，需要大量的公关，建立业务关系。

年轻人学营销、学管理是创业的必要基础。在创业之初，公司人员很少，这时营销是最重要的，先学习如何找到业务的知识和方法，管理可暂时放下。

青年创业除了勇气、资金和务实的作风，专业度更是不可或缺的因素。正在创业和准备创业的青年们一定要做好准备，不能贸然而行。

（资料来源：http://www.795.com.cn/wz/90845_2.html）

参考文献：

[1] 韩国文. 创业学. 武汉：武汉大学出版社，2007

[2] 初明利，于俊如. 创业学导论. 北京：经济科学出版社，2009

第四篇

编制创业计划书

第十章　创业计划

当你选定了创业目标与确定创业的动机之后，并在资金、人脉、市场等各方面的条件都已准备妥当或已经累积了相当实力，这时候，就必须提出一份完整的创业计划书 。

第一节　创业计划

一、创业计划内涵

创业计划书是客观全面地介绍创办的企业或开展项目的基本情况，阐述产品以及目标市场及竞争、风险等的未来发展前景和融资要求的书面报告。创业计划又称为“商业计划”(business plan)，是对构建一个企业的基本思想以及与企业创建有关的各项事项进行总体安排的文件，它从企业内部的人员、制度、管理，以及企业的产品、营销、市场等各个方面对即将创建的企业进行可行性分析。对于创业者来讲，创业计划有四个基本的目标：①分析和确定创业机遇和内容；②说明创业者计划利用这一机遇发展新的产品或服务所要采取的方法；③分析和确定企业能否成功的关键因素；④确定实现创业所需要的资源以及取得这些资源的方法。创业计划是整个创业过程的灵魂，创业计划中主要详细记载了一切创业的内容，包括创业的种类、资金规划、阶段目标、财务预估、营销策略、风险评估、内部管理规划等，在创业的过程中，这些都是不可缺少的元素。在创业之前做一个详实的创业计划，不仅可以作为自己创业的行动指南，还可以作为吸引风险资本的

"敲门砖"。事实上,创业计划常常被认为是创业者吸引风险投资的一份报告性文件,下面主要以吸引风险投资为目的探讨如何制定创业计划。

二、创业计划的作用

1. 创业计划是创业者创建企业的蓝图

创业计划是创业者将要创建企业的具体计划,是创业者实现创业理想和希望的具体实施方案。如果创业者最初脑海里没有看到预期的最终成果,创业的理想就最终不可能实现。创业计划为创业者的创业行动提供了一幅清晰的图画,是一份全方位的规划,它从企业内部的人员、制度、管理以及企业的产品、营销、市场等各个方面对即将展开的商业项目进行全面的可行性分析。对初创企业来说,创业计划的作用尤为重要,一个创意或构思中的产品,往往很模糊,通过制定创业计划,把正反理由都写出来,再逐条推敲,这样就会对这一项目有更为清晰和具体的认识。

2. 创业计划是获得创业投资的敲门砖

一个好的项目需要融资时,仅仅靠创业者口头许诺和叙述是不可能赢得潜在投资者的信任的,也不可能激发他们对创业项目的兴趣。美国一位著名创业投资家曾经说:"创业企业邀人投资或加盟,就像向离过婚的女人求婚,而不像和女孩子初恋,双方各有打算,仅靠空口许诺是无济于事的。"对于正在寻求资金的创业企业来说,创业计划就是企业的价值公告,是初步连接创业者和潜在投资者之间的桥梁,是通向成功的一个跳板。创业计划的好坏,往往决定了投资交易的成败。

所谓创业投资,是指把投资投向蕴藏着较大风险的高新技术开发领域,以期成功后取得高资本收益的一种商业投资行为。其实只是通过投资于一个高风险、高回报的项目群,将其中成功的项目出售或上市,实现所有者权益的变现,在弥补失败项目损失的同时，使投资者获得高额回报。我国创业投资的探索始于1985年成立的中国新技术创业投资公司，以后在一些地方也陆续成立了十几家科技创业投资公司和科技投资基金，个别以外资为基础的风险投资基金也于20世纪90年代开始进入我国。但由于体制和机制上存在许多问题，环境条件不成熟，难以真正按风险投资的要求进行运作。近几年来，建立国家科技创新体系，大力发展高新技术产业，培植新的经济增长点，促使人们重新思考风险投资问题。据不完全统计，目前全国从事风险投资业务的公司已有近百家，拥有近百亿资金。更多的外国基金如软库(Softbank)和著名IT企业如Intel、IBM等公司也已开始进入我国风险投资领域。

3. 创业计划是创业者沟通理想与现实的桥梁

创业计划说明创业的基本思想、确定最终要达到的目标、描述现在的起点和概述如何达到目标，分析影响成败的因素，通过制定创业计划，把正反理由都书写下来，然后再逐条推敲。而且在写创业计划的过程中，会对产品、市场、财务、管理团队等进行进一步的分析和调研，能及早发现问题，进行事前控制，去掉一些不可行的项目，进一步完善可行的项目，提高创业成功率。

三、创业计划的主要内容

如何写你的创业计划书呢？要依目标，即看计划书的对象而有所不同，譬如是要写给投资者看呢，还是要拿去银行贷款。从不同的目的来写，计划书的重点也会有所不同。不过，创业计划书也有一般的格式，需要涵盖以下必须的内容：

撰写创业计划书，需要“6C”的规范。

第一是Concept(概念)。就是让别人知道你要卖的是什么。

第二是Customers(顾客)。顾客的范围要很明确。

第三是Competitors(竞争者)。你的东西有人卖过吗，是否有替代品，竞争者跟你的关系是直接还是间接等。

第四是 Capabilities（能力）。要卖的东西自己懂不懂？譬如说开餐馆，如果师傅不做了找不到人，自己会不会炒菜？如果没有这个能力，至少合伙人要会做，再不然也要有鉴赏的能力，不然最好是不要做。

第五是 Capital（资本）。资本可能是现金，也可以是有形或无形资产。要很清楚资本在哪里、有多少，自有的部分有多少，可以借贷的有多少。

最后是 Continuation（持续经营）。当事业做得不错时，将来的计划是什么。

创业计划具体包括以下几方面：

1. 计划摘要

创业计划是敲门砖，计划摘要则是点燃投资者投资意向的火种，计划摘要列在创业计划的最前面，它是浓缩了创业计划的精华，以便潜在投资者能在最短的时间内评审计划并作出判断。创业计划中的计划摘要十分重要。如果没有好的摘要，你的创业计划就不可能卖给投资者。创业计划的摘要是你全部计划的基本框架。它的基本功能是用来吸引投资者的注意力，所以摘要不要过长，不能超过两页的篇幅，它必须能让潜在投资者有兴趣并渴求得到更多的信息。

计划摘要一般包括以下内容：公司介绍；主要产品和业务范围；市场概貌；营销策略；销售计划；生产管理计划；管理者及其组织；财务计划；资金需求状况等。

在计划摘要中，必须要回答下列问题：①企业所处的行业，企业经营的性质和范围；②企业主要产品；③企业的市场在哪里，谁是企业的顾客，他们有哪些需求；④企业的合伙人、投资者是谁；⑤企业的竞争对手是谁，竞争对手对企业的发展有何影响。

计划摘要尽量简明、生动。特别要详细说明自身企业的不同之处以及企业获得成功的市场因素。

2. 产品(服务)介绍

产品(服务)介绍应包括以下内容:产品的概念、性能及特性;主要产品介绍;产品的市场竞争力;产品的研究和开发过程;发展新产品的计划和成本分析;产品的市场前景预测;产品的品牌和专利等。

在产品(服务)介绍部分,创业者要对产品(服务)作出详细的说明,说明要准确,也要通俗易懂,使非专业的投资者也能明白。一般来说,产品介绍都要附上产品原型、照片或其他介绍。一般地,产品介绍必须要回答以下问题:①顾客希望企业的产品能解决什么问题,顾客能从企业所生产的产品中获得什么好处?②企业的产品与竞争对手的产品相比有哪些优缺点,顾客为什么会选择本企业的产品?③企业为自己的产品采取了何种保护措施,企业拥有哪些专利、许可证,或与已申请专利的企业达成了哪些协议?④为什么企业的产品定价可以使企业产生足够的利润,为什么用户会大批量购买企业的产品?⑤企业采用何种方式去改进产品的质量、性能,企业对发展新产品有哪些计划等等。

产品(服务)介绍的内容比较具体。虽然称赞自己的产品是推销所必需的,但应该注意,创业者所做的每一项承诺都要努力去兑现。因为创业者和投资者所建立的是一种长期合作的伙伴关系,如果企业不能兑现承诺,不能偿还债务,企业的信誉必然要受到极大的伤害,这是真正的企业家所不屑为之的。

3. 市场预测

市场预测首先要对需求进行预测:市场是否存在对这种产品的需求?需求程度是否可以给企业带来所期望的利益?新的市场规模有多大?需求发展的未来趋向及其状态如何?影响需求有哪些因素?其次,市场预测还要包括对企业所面对的竞争格局的分析:市场中主要的竞争者有哪些?是否存在有利于本企业产品的市场？本企业预计的市场占有率是多少？本企业进入市场会引起竞争者怎样的反应，这些反应对企业会有什么影响等等。

创业企业对市场的预测应建立在严密、科学的市场调查基础上。创业企业所面对的市场，本来就有变幻不定、难以捉摸的特点。因此，创业企业应尽量扩大收集信息的范围，重视对环境的预测和采用科学的预测手段和方法。市场预测不是凭空想象出来的，对市场错误的认识是创业失败的最主要原因之一。

4. 市场营销计划

在创业计划中，营销计划应包括以下内容：①市场机构和营销渠道的选择；②营销队伍和管理；③促销计划和广告策略；④价格决策。

对创业企业来说，由于产品和企业的知名度低，很难进入其他企业已经稳定的销售渠道中去。因此，企业不得不暂时采取高成本低效益的营销战略，如上门推销，大打商品广告，向批发商和零售商让利，或交给任何愿意经销的企业销售。对发展企业来说，它一方面可以利用原来的销售渠道，另一方面也可以开发新的销售渠道以适应企业的发展。

5. 生产和运营计划

创业计划中的生产和运营计划应包括以下内容：产品制造和技术设备现状；新产品投产计划；技术提升和设备更新的要求；质量控制和质量改进计划。

在寻求资金的过程中，为了增大企业在投资前的评估价值，创业者应尽量使生产和运营计划更加详细、可靠。一般地，生产和运营计划应回答以下问题：企业生产制造所需的厂房、设备情况如何；怎样保证新产品在进入规模生产时的稳定性和可靠性；设备的引进和安装情况，谁是供应商；生产线的设计与产品组装是怎样的；供货者的前置期和资源的需求量；生产周期标准的制定以及生产作业计划的编制；物料需求计划及其保证措施；质量控制的方法是怎样的,以及相关的其他问题。

6. 人员及组织结构

潜在投资者寻求管理优良的企业,在他们所考虑的因素中,管理团队的素质是首要的,它甚至比产品或服务更重要。风险投资家的理念是:宁愿向二流创意的一流团队投资而不向有一流创意的二流团队投资。企业管理的好坏,直接决定了企业经营风险的大小。而高素质的管理人员和良好的组织结构是管理好企业的重要保证。因此,风险投资家会特别注重对管理队伍的评估。

企业的管理人员应该是互补型的,而且要具有团队精神。一个企业必须要具备负责产品设计与开发、市场营销、生产作业管理、企业理财等方面的专门人才。在创业计划中,必须要对主要管理人员加以阐明,介绍他们所具备的能力,他们在本企业中的职务和责任,他们过去的详细经历及背景。此外,在这部分创业计划中,还应对公司结构作一些简要介绍,包括:公司的组织机构图;各部门的功能与责任;各部门的负责人及主要成员;公司的报酬体系;公司的股东名单,包括认股权、比例和特权;公司的董事会成员;各位董事的背景资料。

7. 财务计划

财务计划是将市场机会转化为财务指标的实施方案,要使潜在投资者明确创业者怎样来满足各项资金需求,维持适当的流动性,保证债务的偿付,并获得良好的投资回报。编制财务计划需要花费较多的精力,包括现金流量表、资产负债表以及损益表的制作。损益表反映的是企业的赢利状况,它是企业在一段时间运作后的经营结果;资产负债表则反映在某一时刻的企业财务状况,投资者可以用资产负债表中的数据所得到的比率指标来衡量企业的经营状况以及可能的投资回报率;现金流量表是反映企业现金流量过程的财务报表。

财务计划中要详述财务需求,预测资金来源和支出,展示收入、成本和利润计划。这一部分应该包括过去 3 ~ 5 年或能够得到的历史财务报表以及预计的未来 3 ~ 5 年的财务报表。一份好的财务计划对评估创业所需的资金数量,提高创业企业取得资金的可能性是十分关键的。要完成财务规划,必须要明确下列问题:①产品在每一个期间的生产量有多大?②什么时候开始产品线扩张?③每件产品的生产费用是多少?④每件产品的定价是多少?⑤使用什么分销渠道,所预期的成本和利润是多少?⑥需要雇用哪几种类型的人?⑦雇用何时开始,工资预算是多少等等。

另外,创业计划还应当对风险因素及其对策进行描述,包括市场风险、技术风险、经营风险、财务风险、人力资源风险及其他不可预见的风险,并对所提出的各种风险逐项进行风险应对分析。

第二节　创业计划竞赛

一、创业计划竞赛的概况

创业计划,又叫商业计划,是高科技与风险投资浪潮兴起的产物,是一无所有的创业者就某一项具有市场前景的新产品或服务向风险投资家游说,以取得风险投资的商业可行性报告。创业计划竞赛则是借用风险投资的实际运作模式,由参赛者组成优势互补的竞赛小组,提出一个具有市场前景的技术产品或者服务,围绕这一产品或者服务,以获得风险投资家的投资为目的,完成一份完整、具体深入的商业计划。商业计划竞赛在美国高校中由来已久。自 1983 年美国德州大学奥斯丁分校举办首届商业计划竞赛以来,美国已有包括麻省理工学院(MIT)、斯坦福大学等世界一流大学在内的 10 多所大学每年举办这一竞赛。Yahoo!、Excite、Netscape 等公司就是在斯坦福校园里的创业氛围中诞生的。MIT的“五万美金创业计划竞赛”（$ 50K Entrepreneurship Competition)）从1990年创办至今，已有10年历史，影响非常之大。每年都有五六家新的企业从大赛中诞生，并且有相当数量的“计划”被附近的高新技术企业以上百万美元的价格买走。由“创业计划”直接孵化出的企业中，有的在短短几年内就成长为年营业额数十亿美元的大公司。一批批的创业者在这项赛事中得到锻炼和成长，风险投资家们则涌入大学校园寻找未来的技术经济领袖。从某种意义上说，高校的商业计划竞赛已经成为知识经济时代美国经济的直接驱动力量之一。目前，全球已有30余所大学举办这项竞赛，并形成了一个全球商业计划竞赛网络，其成员来自美国、欧洲、亚洲。全球商业计划竞赛网络每年举行一次年会。

二、全球著名的创业计划大赛

1　North America

MIT $ 50K Entrepreneurship Competition $ 50K Core Team. 1990

Babson College Business Plan Competition. Georgia Papavasiliou. 1984

The Duke Start – Up Challenge . Josh Rose. 1999

Harvard Business School Business Plan Competition. Victor Westerlind. 1996

Haverhill Cyber District Business Idea Contest. Janet Odenwelder. 1999

Ivey Business Plan Competition. Rob Attwell. 1998

Lynn Cyber Business Plan Contest. Shawn Stockman

Merrill Lynch Forum Innovation Grants Competition. InnovationGrants@ml. com. 1997

Miami University and Ball State University – Enterprise Creation. Competition Melissa Ewen. 1998

MIT Enterprise Forum of Israel Business Plan Competition Ayla Matalon. 1998

NASDAQ-San Diego State University International Business Plan Competition. EMC. 1995

National Business Plan Competition For Young Entrepreneurs Nish Patel. 1997

North Carolina State University-College of Management Business Plan Competition Northeastern University $ 60,000 Business Plan Competition Michael Belanger. 1997

Pepperdine University-The Kozmetsky Business Plan Prizes Dr. Robert Ronstadt(310)568 –2388 1994

Pittburgh's Business Plan Competition . Inigo Amoribieta. 1999

Purdue University – Burton Morgan $ 30,000 Entrepreneurial Competition. Shailendra Mehta. 1987

Rensselaer Polytechnic Institute Business Plan Competition Jane McCumber. 1996

Stanford University Entrepreneurs Chanllenge. Berdine Yuan. 1995

University of Arizona BLR Data Business Plans Competition Gary Libecap.

University of California-Berkeley Business Plan Competition Organizers. 1999

University of Chicago GSB- $ 30K Ed Kaplan New Venture Challege. Frank G. Truong. 1997

University of Nebraska-Lincoln International Business Plan Competition . Robin Anderson. 1988

University of Oregon New Venture Competition. Barry Weisband. 1992

University of Texas at Austin Moot Corp Contest. Moot Corp. 1983

University of Washington Ryan McMahon. 1998

2 Europe

Berlin-Brandenburg Business Plan Competition. Sven Ripsas

Businessplan Competition Stuttgart. bpw@ region-stuttgart. de

Cologne Business Plan Competition. Theo Lieven. 1997

Munich Business Plan Competition. Werner Arndt. 1996/97

New Venture 98(The Netherlands). New Venture 98. 1998

Northern Bavarian Business Plan Competition. Bernd Muehlfriedel. 1998

Promotion Business Plan Competition Wolfsburg. Klaus Dierkes. 1998

Sciencelife Business Plan Competition Frankfurt. Dr. Thomas Schweins. 1998

Start Up Business Plan Competition . online@ stern. de

Switzerland ETHZ. Venture. 1997

UK Bioscience Business Plan Competition. Dr. John Thompson 1999

University of Central Lancashire-Harris Knowledge Park Millennium Competition. Dr. Bill Walmsley. 1999

3 Asia

Asia Moot Corp Competition . Bee-Leng Chua, Ph. D. 1998

Start-up@ Singapore. ONG Kee Sing. 1999

Tsinghua University (Beijing ,China). Gavin Ni. 1998

参考文献：

[1]叶瑛,姜彦福.论创业研究与战略管理研究的相互关系.中国软科学.2004.12,50~57

[2]林嵩,张帏,姜彦福.创业战略的选择:维度、影响因素和研究框架.科学研究,2006.2,79~84

[3] McDougall PP, Robinson RB. New venture stregies An empirical identification of eight "arche types" of competitive strategies of entry[J]. Strategic Management Journal,1990.11(6):447~467

[4]Carter NM, Steams TM, Reynllds PD. New venture strategies , theory development with an empirical base[J]. Strategic Management Journal,1994.15:21~41

[5] Park S, Bae Z. New venyure strategies in a developing country > Identifying a typology and examining growth pattems through case studies[J]. Journal of Business Venturing, 2004.19,81~105

[6] Dutton JE, Jackson S E. Categorizing strategic issues Links to organizational action[J]. Academy of Management Review,1987.12(1):76~90

[7]Haiyyang Li. How does new venyuring strategy matter in the environment performance relationship? [J]. Journal of High Technology Management Research,2001.12:183~204

[8] Nicholls-nixon C, Cooper A C, Woo C Y. Strategic experimentation Understanding change and performance in the ventures[J],Journal of Business Venyuring 2000.15:493~521

[9] Bygrave W D, Hofer C W. Theorizing about entrepreneurship[J]. Entrapreneurship Theory and Pactice,1991.16(2):13~22

[10]Bird B J. Implementing entrepreneurial ideas, the case for intention [J]. Academy if Management Review,1988.13:442~453

[11]Kisfalvi V. The entrepteneurs character,life issuesand strategy making Afield study[J]. Journal of Business Venturing,2002.17:489~518

[12] Jain B A. Predictors of performance of venture capitalist backed organizations[J]. Journal of Business Research,2001.52:223~233

[13]Sapienza H J, Audrey K M. Procedural justice in entrepreneur investor relations[J]. Academy of Management Journal,1996. 39(3):544 ~ 574

[14]韩国文. 创业学. 武汉:武汉大学出版社,2007. 100 ~ 113

第十一章　编制创业计划书

创业计划是对未来企业的计划,所以在撰写前必须通过市场调查获得必要的信息,然后根据所获得的信息进行预估,根据一般的创业计划格式撰写出完整的创业计划来。

一、编制创业计划的原则和程序

1. 创业计划的编制原则

要编写出成功的创业计划书,就应该在编写过程中牢记并遵循以下几个原则:

(1)始终把顾客价值和投资回报放在第一位:这是编写创业计划书的基本原则。创业计划的一个显著特点是对外宣传性,而顾客价值以及企业的投资回报是企业未来发展的基础和重要衡量标志。因此,创业计划的编写应该始终围绕顾客价值及企业未来的投资回报这两个中心来进行。

(2)以潜在投资者最关心的问题作为出发点。创业计划应从潜在投资者出发,用简明、清晰的表达方式,使潜在投资者能够在尽可能短的时间内领会计划书的内容,并且创业计划的内容应该从投资者最关心的问题入手。

(3)创业计划书要有针对性:不同的创业计划书有不同的目的,有不同的针对性。如风险投资者对创业计划书中的市场增长有兴趣,银行所关心的首要问题是贷款能否得到迅速的偿还,大客户所注重的是寻找一个长期固定的供货渠道,关注企业的生产能力、产品质量及售后服务等。针对不同的对象,创业计划应有不同的侧重。对于创业者来讲,完全可以准备两种到三种或更多版本的创业计划书。

(4)清楚简洁原则:一份创业计划书应该能够用简洁明确的语言把创业者的“路线图”清楚地勾勒出来,让投资家和风险家看懂。为了达到这一目的,创业计划书应该始终沿着“创业动机→创业目标→需要哪些资源→目前的创业条件如何→通过什么途径才能够获得相关资源”这一主线展开论述。切忌出现过多、过繁杂的论述。撰写一定要文笔生动,风格要开门见山,夺人眼目,就可以立即抓住重点。切忌行文含蓄晦涩,让人难以捉摸。另外,在写作全部完成之后,一定要自己先检查有无错别字。

(5)谨慎原则:即在编写计划书的过程中不应该过分乐观。所列数字要尽量客观、实际,切勿凭主观意愿估计。通常情况下容易高估市场潜量或报酬,而低估经营成本,这一点可能会对你的创业活动产生不良后果。因此,在创业计划书中,应尽量陈列出客观、可供参考的数据与文献资料。

(6)面向读者的原则:创业计划书是从市场、财务、生产运作、风险等各个方面对项目进行可行性分析,涉及的内容较广。撰写时应有重点地进行描述,尤其对一些读者关心的问题要进行详细分析,使读者明确地知道该项目在哪些地方是可行的、为什么可行。

(7)循序渐进的原则:市场在时时刻刻地发生变化。因此创业计划书不应该是一份纸面上的“静态”作品,而应该是一份“活”的文件。一旦你的创业项目启动后,应该根据经营情况不断修正你的创业计划书,添加一些新的信息,不断完善。这样你的创业计划书才能更科学合理地指导创业活动。

2. 创业计划的编制程序

一份良好的创业计划包括附录在内一般为20~40页,过于冗长的创业计划反而会让人失去耐心。整个创业计划的写作是一个循序渐进的过程,可以分为五个阶段完成。

(1)创业计划构想细化,初步提出计划的构想。

(2)市场调查:和行业内的企业与专业人士进行接触,了解这个行业的市场状况,如产品价格、销售渠道、客户分布以及市场发展变化的趋势等因素。可以进行一些问卷调查,在必要时也可以求助于市场调查公司。

(3)竞争者调查:确定你的潜在竞争对手并分析本行业的竞争趋势。分销渠道如何?形成战略伙伴的可能性?谁是潜在盟友?准备一份1~2页的竞争者调查小结。

(4)财务分析:包括对企业的价值评估。必须保证所有可能性都考虑到了。财务分析量化创业企业的收入目标战略。要求详细而精确地考虑显示创业所需的资金。

(5)创业计划的撰写与修改:根据所收集到的信息制定企业未来的发展战略,把相关的信息按照上面的结构进行调整,完成整个创业计划的写作。在计划完成以后仍然可以进一步论证计划的可行性,并根据信息的积累和市场不断完善整个计划。

二、编制创业计划的关键

那些既不能给投资者以充分的信息也不能使投资者激动起来的创业计划书,其最终结果只能是被扔进垃圾箱里。为了确保创业计划书能"击中目标",创业者应做到以下几点:

(1)关注产品

创业计划书应提供所有与企业的产品或服务有关的细节,包括企业所实施的所有调查。这些问题包括:产品正处于什么样的发展阶段?它的独特性怎样?企业分销产品的方法是什么?谁会适用企业的产品,为什么?产品的生产成本是多少,售价是多少?企业发展新的现代化产品的计划是什么?把投资者拉到企业的产品或服务中来,这样投资者就会和创业者一样对产品有兴趣。在创业计划书中,创业者应尽量用简单的词语来描述每件事——自己要生产的产品对创业者来说是非常明确的,但其他人却不一定能够真正地理解。制定创业计划书的目的不仅是要投资者相信企业的产品会在世界上产生革命性的影响,同时也要使他们相信企业有证明它的论据。创业计划书对产品的阐述,要让投资者感到:“噢,这种产品是多么美妙、多么令人鼓舞啊!”

(2)敢于竞争

在创业计划书中,创业者应细致分析竞争对手的情况。竞争对手都是谁?他们的产品是如何运作的?竞争对手的产品与本企业的产品相比,有哪些相同点和不同点?竞争对手所采用的营销策略是什么?要明确每个竞争者的销售额、毛利润、收入以及市场份额,然后再讨论本企业相对于每个竞争者所具有的竞争优势,要向投资者展示,顾客偏爱本企业的原因是什么:本企业的产品质量好、送货迅速、定位适中、价格合适等,创业计划书要使潜在投资者相信,本企业不仅是行业中的有力竞争者,而且将来还会是确定行业标准的领先者。在创业计划中,创业者还应阐明竞争者给本企业带来的风险以及本企业所采取的对策。

(3)了解市场

创业计划书要给投资者提供企业对目标市场的深入分析和理解。要细致分析经济、地理、职业、心理等因素对消费者选择购买本企业产品这一行为的影响,以及各个因素所起的作用。创业计划书还应包括一个主要的营销计划,计划书中应列出本企业打算开展广告、促销以及公共关系活动的地区,明确每一项活动的预算和收益。创业计划书中还应简述一下企业的销售战略:企业是使用外面的营销代表还是使用内部职员?企业是使用转卖商、分销商还是特许商?企业将提供何种类型的销售培训?此外,创业计划书还应特别关注一下销售中的细节问题。

(4)表明行动的方针

企业的行动计划应该是无懈可击的。创业计划书中应该明确下列问题:企业如何把产品推向市场?如何设计生产线,如何组装产品?企业生产需要哪些原料?企业拥有哪些生产资源,还需要什么生产资源?生产和设备的成本是多少?企业是买设备还是租设备?分析与产品组装、储存以及发送有关的固定成本和变动成本的情况。

(5)展示创业团队

把一种思想转化为一个成功的创业企业,其关键的因素就是要有一支强有力的创业团队。这支队伍的成员必须有较高的专业技术知识、管理才能和多年工作经验,要给投资者这样一种感觉:"看,这支队伍里都有谁!如果这个公司是一支足球队的话,他们就会一直杀入世界杯决赛!"管理者的职能就是计划、组织、控制和指导公司实现目标的行动。在创业计划书中,首先应描述一下整个管理队伍及其职能,然后再分别介绍每位管理人员的特殊才能、特点和造诣,细致描述每个管理者将对公司所作的贡献。创业计划书中还应明确管理目标以及组织机构图。

(6)出色的计划摘要

创业计划书中的计划摘要十分重要。它必须能让投资者有兴趣并渴望得到更多的信息,它将给读者留下长久的印象。计划摘要将是创业者所写的最后一部分内容,却是投资者首先要看到的内容,它将从计划中摘录出与筹集资金最相关的细节:包括对企业内部的基本情况,企业的能力以及局限性,企业的竞争对手,营销和财务战略,企业的管理队伍等情况的简明而生动的概括。如果企业是一本书,它就像是这本书的封面,做得好就可以把投资者吸引住。它会使风险投资家有这样的印象:"这个企业将会成为行业中的巨人,我已等不及要去读计划的其余部分了。"

三、编写创业计划应当避免的误区

一个成功的创业计划应该具有结构清晰、风格一致、通俗易懂、无含糊用语、外观精美等特点。另外在写作的过程中还要避免一些误区。

(1)以自我为中心

很多人在写作创业计划的过程中往往是从自身的角度出发，泛泛而谈自己要做什么，偏偏对自己的产品和服务有没有市场、产品的销售渠道如何缺乏必要的分析。要知道顾客才是上帝，只有以顾客为中心的产品和服务才会获得人们的认可，企业的价值才会得到实现。此外，还有的创业计划对于创业企业或项目本身谈得很多(这无疑是正确的)，但对于创业企业所处的行业则惜墨如金，这也是不可取的。因为对于创业企业来说，行业是其生存发展的重要外部环境，创业企业所处的行业发展如何，对于创业企业发展影响虽然不是决定性的，但却是绝对不可忽视的。行业的发展前景如何，行业处于生命周期中的哪一阶段，都是风险投资者十分关注的问题，风险投资者对创业企业所处行业的选择，犹如招聘人才的大公司选择大学，他们都愿意到名牌大学招聘人才。如果创业计划不分析行业环境和市场，往往给投资者留下创业者对行业的了解有限的印象，使投资者的信息大打折扣。

(2)过于乐观

对于市场过于乐观，是创业者容易犯的一个毛病。创业的冲动和热忱，对创业未来美好蓝图的憧憬，往往使创业者忘乎所以，只看到项目好的一面，而忽视了项目潜在的风险。同时，为了吸引风险投资，他们往往故意把项目往好的方面写，唯恐把项目“不好”(风险)的方面写出来而失去投资者。有些创业者会拿出一些与产业标准相去甚远的数据来预测公司未来的市场份额，得出过分乐观的结果，这也是不足取的。任何精明的投资者都明白，没有风险的项目是不存在的,项目的收益与风险是成正比的,不提示风险并不等于不存在风险。在投资者的眼中,如果你没有考虑风险,要么你不是一个成熟理性的创业者,没有意识到风险;要么是你不诚实,故意隐瞒风险。无论是哪种情况,投资者都将会避而远之。现代会计准则中有一条十分重要的原则叫谨慎原则,这条原则在创业计划中同样适用。无论是产品销售预测、赢利预测都宜采用谨慎原则。

(3)不分析竞争对手的情况

在现代市场经济中,完全垄断性的市场是很少见的,竞争性市场是普遍的。因此,创业计划的撰写者应当直面竞争,敢于竞争。很多创业计划恰恰在此时忽视了这一点。其表现之一是:在创业计划中对于竞争对手轻描淡写,有的创业计划大谈特谈企业产品或服务的独特性和优势,有的只简单罗列竞争对手的名单,有的甚至根本就没有竞争这部分内容。

(4)缺乏可行的赢利模式

赢利模式是企业通过投入经济要素后获取现金流的方式和获取其他经济利益手段的结合,其核心是获得现金流入的途径组合。从商业角度看,赢利模式决定商业价值。很多创业计划对企业未来运行收入来源的描述非常模糊,靠讲故事的办法获得投资者认可的机会不多,稳健的投资者最关心的是企业未来的赢利前景。一个优秀的企业只有拥有较为成功的赢利模式,才能为企业创造稳定和源源不断的利润。

(5)财务预测太粗

尽管对未来财务状况的预测主观性很强,但是进行充分的预测来告诉投资者可能的赢利时间仍然是十分必要的。在很多创业计划中,有的财务计划只告诉投资者未来 12 个月中资金的使用,这显然是不够的。这给人的印象是企业的前景难以预料,现金总是处在流出阶段。

四、认真选择创业项目

在编制创业计划书之前，必须首先选择确定农业创业项目。一般而言，它应该遵循基本的判断标准。凡是国家政策鼓励支持、市场发展前景良好、适应社会需求、适合个人兴趣、能够充分利用地方资源的，都可以进入。另外，初始创业者尤其需要注意量力而行，从干小事、求小利做起，切不可好高骛远，否则会盲目决策创业项目而遭受失败。

创业项目选择的主要方法：在认真充分的市场调研的基础上，要做严格的对比筛选、科学准确的项目论证。建议初始者根据自己的兴趣特长及其承受风险能力，从最熟悉的行业入手，选择市场成熟度较高的项目，其风险也相对较少。

五、编制创业计划书应注意的问题

在编写创业计划书之前，你必须能够明确回答以下问题：

首先是“你为什么要创业，创业的动机和目标是什么”；

其次是“你要采取何种措施才能实现上述创业目标，如何很好地展示你的策略和思路”；

最后是“哪些资源能够支撑和推动你的创业项目，你打算如何获得这些资源”。

事实上，你的创业计划书只是回答上述三个问题的一份文件。因此，在编制创业计划书时，一定要紧扣上述三个问题。具体来说，应该注意以下问题：

(1)关注创业项目或产品

在你的创业计划书中一定要详细介绍创业项目或产品的市场发展状况。即正处于什么样的发展阶段？它的独特性怎样？谁会使用，为什么？产品的生产成本是多少，售价是多少？只有详细描述了创业项目或产品后，投资者和其他人才会对你的创业项目感兴趣。

(2)准确分析市场

在你的创业计划书中一定要把相关的竞争对手进行详细分析。调查他们的市场优势和劣势,然后再看看他们的市场策略,最后根据自身情况制定出产品质量有保证,送货迅速,定位适中,价格合适的营销计划。

(3)明确行动路线

创业活动的行动计划应该是无懈可击的。创业计划书中应该明确下列问题:你如何把产品推向市场?如何组织设计种植、养殖等生产过程,如何组装农产品加工机械?你需要哪些原料?目前拥有哪些生产资源,还需要什么生产资源?生产和设备的成本是多少?企业是买设备还是租设备?

(4)充满激情的摘要

如果说农民创业计划书是打开成功创业大门的钥匙的话,那么计划书的摘要部分可以被看做是点燃投资者对你的投资意向的"火种",是吸引投资者进一步阅读你的创业计划书全文的"灯塔",它浓缩了创业计划书的精华,是全部计划书的核心之所在。所以摘要最主要的目的是刺激投资者的阅读欲望,使之看到你的商业计划书后有一种相见恨晚、爱不释手的感觉。

附录　创业计划书实例
勉志深度教育创业计划书

第一部分　摘　要

勉志深度教育是一家致力于解决小学生学习困难问题的专业教育企业。本公司的法定经营形式为有限责任公司,公司总部位于重庆市沙坪坝区,占地面积300平方米,注册资金为100万元。

公司的主要目标市场为小学学习困难群体。学习困难是指智力正常,且在正常的学习环境下表现出在听、说、读、写、数学运算能力、行为等方面显著困难。勉志深度教育志在改善这一状况,秉着"提优补缺,专注成长,引领未来"的宗旨,以"为打造专业化教育品牌而不懈努力"为使命,并与重庆师范大学特殊教育学院建立长期的战略伙伴关系,通过准确的学困识别体系、科学的IEP设计和合理的教学方法帮助学习困难学生提高学习能力,发挥潜力。

本公司介入的市场为家教细分市场下学困专业教育空白市场,发展前景广阔。本公司依托重庆师范大学特殊教育学院的科研实力,采用科学的测量方法和定制性的课程设计,为广大学困小学生提供专业的、个性的、有效的教育产品和服务,实现小学学困生的学习能力改进和平衡发展。公司针对未来可能遇到的产品创新周期长、师资成本高和渠道单一等问题,设计了有针对性的风险管控机制和对策，有效地规避了风险，确保资本投入的安全性和预期效果实现。依照财务分析，公司在正常发展环境下，投资收回成本约为4年，合理的退出机制有效地保障了风险资本的顺利退出，实现了投资者和创业者的双赢。

第二部分　公司介绍

一、公司的宗旨和使命

勉志宗旨：提优补缺，专注成长，引领未来。

勉志宗旨在于做深度教育的缔造者和传播者。作为专业化的深度教育企业，公司始终专注于学困生提优补缺、平衡发展，在教育领域奉献精品，铸就品牌，促进学生学习能力提高，为人生的发展奠定坚实基础。

勉志使命：为打造专业化教育品牌而不懈努力。

勉志专注于教育行业，走品牌精品之路；企业依托于专业运营、团队建设、教育创新和品牌发展四驾马车，通过为客户提供专业化的教育服务，努力拓展市场，力争成为国内学困生教育的创新者，非学历教育品牌的领先者，并通过持续不懈的努力而使勉志深度教育成为国内乃至国际一流的学困生教育品牌。

二、公司的名称

本公司全称为：

重庆勉志深度教育有限责任公司

勉志："勉"，始于《三字经》结尾"戒之哉，宜勉励"，亦有自勉、互勉、共勉、勤勉、奋勉、劝勉、慰勉、嘉勉等之意。"志"，始于《史记·屈原贾生列传》之"博闻强识"，即奋斗、志气、意愿、心之所向、目标等意。"勉志"亦为勉励志向、企业与客户共勉之意，以实现远大目标。

深度教育是基于学习困难学生的进一步教育,是技术手段、教学手段和学生潜力开发深度与学生平衡发展广度的结合。

附图 1

本公司标志(见附图 1):

标志含义:用我们的双手和爱心托起学生的未来,助其一臂,沿着科学的阶梯,在我们的精心呵护下,一步步走向成功。

三、目标与愿景

我们未来几年的战略目标为:

附表 1

未来 1~2 年内	未来 3~4 年内	未来 5~6 年内
全面完成公司运营管理机制构建,完善市场认知。通过精品经营,获取市场份额,打造区域市场品牌 ●完成企业内部管理规范化建设 ●构建完整的价值体系 ●构建产学结合的研发基地 ●稳定重庆市场,促成实现区域品牌,伺机进入周边成熟市场 ●构建客户信息库,匹配产品创新建设 ●完成内部团队建设 ●构建可复制的赢利模式	完善企业风险管控机制,布点西南核心市场。推进品牌建设,营造西南片区专业教育影响力,构建区域强势品牌 ●产品赢利模式快速复制 ●西南地区核心市场的布点,构建西南整体营销网络 ●复制过程中风险管控体系的修正完善,并不断发挥其风险约束作用 ●导入品牌建设,构建品牌资产 ●打造区域知名品牌	依托学困专业性教育体系,通过产品创新和产品组合扩张。循序进入全国市场,打造全国知名品牌 ●管理机制完善和输出实现,加盟和赢利模式创新 ●产品长度和深度加大,实现相关专业教育产品市场的全面覆盖 ●构建国内领先的非学历教育能力和运营能力 ●品牌资产的提升和维护,实现全国范围内的品牌知名度打造

四、公司的组织结构

1. 组织结构图

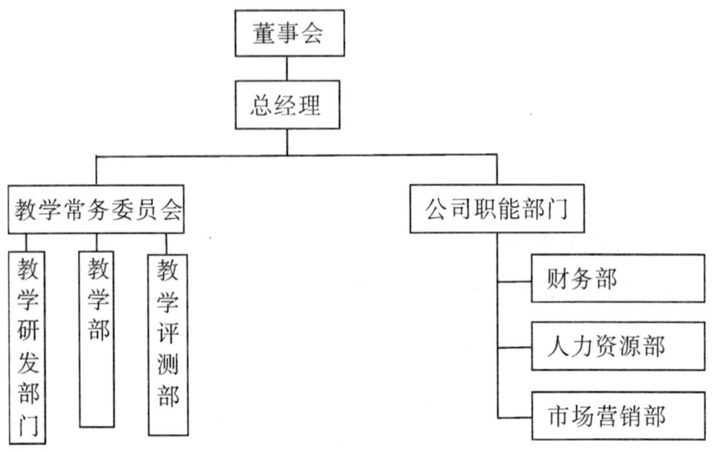

附图2　组织结构图

2. 部门职责

附表2　部门职责

组织机构	部门概述	主要职能	工作绩效标准	部门权限
董事会	由公司主要股东构成(包括重庆师范大学特殊教育学院等)	决策层,负责制定公司的总体发展战略及重大事项的决策,指定总经理的人选	决策的准确性和前瞻性;高层管理人员的稳定性	经营者的选择权;战略的发展导向权
总经理	由董事会商讨决定人选并对董事会负责,为公司的枢纽机构(总经办);负责落实公司的总体发展战略和组织经营计划的制定	负责公司的日常经营事务,对董事会负责,具有丰富的管理经验,迅速、准确地作出最优决策,决定部门经理的人选,协调各个部门之间的关系	决策的执行度;日常事务的组织协调度及制定、规范公司制度;教学质量体系检查和持续改进的及时性	各部门主要负责人的选择权;公司日常经营的决定权

续表

组织机构	部门概述	主要职能	工作绩效标准	部门权限
财务部	由公司董事会直接任命、管理,并对董事会负责;主持组织协调、指导监督财务部日常管理工作,监督执行财务计划,完成公司财务目标	根据公司中、长期经营计划,组织编制年度综合财务计划和控制标准;建立、健全财务管理体系;对公司财务进行监督;向上级主管汇报公司经营状况、财务收支及计划的具体情况	财务预算工作的准确性;公司资产经营的合理性	资产运作方式的选择权;公司日常财务收支的审批权
人力资源部	由总经理决定人选,负责公司人员配备、绩效考核及培训等相关工作,实现人力资源的全面开发与协调	负责公司人员招聘、人才培养、绩效考核、人员激励、师资组建以及其他人力资源管理事务	人员配备的合理性;绩效考核、培训、激励的有效性	人力资源的配备权;考核、培训、激励标准的制定权
市场营销部	由总经理决定人选,负责公司产品的市场开拓与营销,建立完备的销售渠道;完成销售计划,管理销售工作,实现公司各种市场目标	制定销售计划;开展市场调研,进行市场开发;组织对公司客户的售后服务,与教学部门联络以取得必要的教学支持;组织下属人员做好销售合同的签订、履行与管理工作,对下属人员进行业务指导;组织建立销售情况统计,定期报送财务统计部	营销计划的执行度;市场份额;客户满意度及信息收集	营销组合的决定权;营销预算的审批权;营销资源的调配权

续表

组织机构	部门概述	主要职能	工作绩效标准	部门权限
教学常务委员会	由总经理决定人选,负责日常教学工作及意见反馈	负责教学事务处理,包括学生档案管理,上课时间安排,以及协调教师教学计划,整合教学资源以及教学研究与开发	教学计划的执行度;教学质量的提高;教学效果的有效性	教学计划的制定权;教学事务的执行权

五、人力资源管理战略

总规划:四个团队建设,三个演进,一个基地

附表 3

人力资源管理战略	描　述	人力资源评价框架
四个团队	①构建国内一流的研究团队; ②构建国内一流的教学团队; ③构建国内一流的管理团队; ④构建国内一流的营销团队。	4Cs 模型: 全心全意 (commitment) 能力 (competence)
三个演进	①人治向规范化管理的演进; ②规范化向行业机制领先的演进; ③机制领先向人力资源全方位领先的演进。	
一个基地	构建人才开发中心(重庆师范大学特殊教育学院)。	
一个工程	立足自主,通过联合,推进 HRM 项目,实现人力资源管理的有效性及信息化,培养一流的师资。	
人才发展理念	以德为先,德能兼备;以人为本,共同发展。	

续表

人力资源管理战略	描 述	人力资源评价框架
工作规划	①2009 年重点在于规范化体系建设,在于规范化管理平台的构建,在流程、机制和操作手册,在人才发展和人才管控两条线实现体系化、制度化和规范化管理;促进特殊教育学院师资的培养,在教学理念、教学模式、教学手段方面实现科学化、专业化和领先性; ②2010 年重点在于核心激励和管理机制的固化和提升,员工职业生涯和胜任素质体系的开发; ③2011 年重点在于 HRM 体系的开发和使用; ④2012 ~ 2013 年重点在于以特殊教育学院培养基地为基础,全面建设人才输出输入平台,人才的全面领先。	一致性(Congruence)成本效用(Cost-effectiveness)。
人力资源发展总战略:依托机制建设,实现人才领先;依托激励和控制两条线,实现内部人力资源整合;依托信息化建设,实现灵活反应;依托生涯管理和素质模型,实现人本理念。(四个依托,四个实现)		

六、公司经营理念及价值观

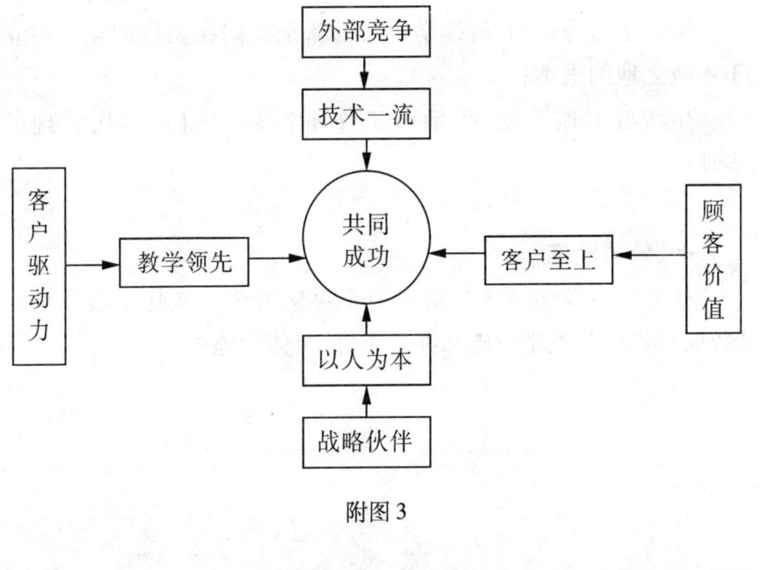

附图 3

公司经营理念

客户至上:本公司在经营管理中始终坚持客户利益至上的原则,让客户满意是我们进步的最大动力;

技术一流:本公司拥有先进的学习能力检测软件并不断地开发、完善和创新;

教学领先:本公司运用先进的教育模式和教学方法,始终处于学困生教育的前沿;

以人为本:本公司创造良好的育人环境,坚持人本化管理,人性化服务。

价值观

相互尊重和信任:我们认为,团队之间的相互尊重和信任与企业利益相关的组织的共同合作是我们成功的保证和基础;

最佳客户满意度:我们坚信,最佳客户满意度是我们企业不懈追求的动力;

团队合作精神:团队合作精神是企业发展的内在驱动力;

主动并能做到:主动是我们的品质,做到是我们的使命;

持续学习与创新:持续学习与创新是我们在激烈的竞争中立于不败之地的根本;

生活与工作平衡:生活与工作平衡是我们人本化管理的表现。

七、公司设施

我公司的教学园区主要集中于重庆市历史文化中心沙坪坝区;拥有先进的教学设施和办公条件,具体设施如下:

附表4　设施明细表

名称	数量	单位	备注
长形圆桌	1	张	用于会议室
办公桌	18	张	
茶几	1	张	用于会议室
传真机	1	台	用于会议室
打印机	1	台	用于办公区
沙发	1	个	用于展示室
电脑	18	台	
电话	3+10	部	
空调	5	台	
教具	8	套	用于办公区
办公文具	3	套	
桌椅	20	套	用于办公区
饮水机	3	台	
投影仪	1	台	用于会议室
镜子	1	面	用于展示室
展板	1	块	用于展示室
图书架	1	个	
图书	100	本	用于展示室
壁画	4	幅	用于美观

第三部分　产　品

一、产品的相关概念

学习困难:学习困难(简称学困)是指在获得与运用听、说、读、写、推理和数学运算能力等方面存在明显困难。这些困难是个体内在性学习能力的不健全。

个别化教育计划(IEP):为了落实个别化教学而编拟的为某位学生提供的最适合其发展、给予最恰当教育服务的文件,即该学生在一定期限内的学习内容。个别化教育计划是使每个学习困难儿童受到高质量教育的重要保证。

二、产品介绍

1. 产品概述

勉志深度教育立足于教育市场,其主要针对人群为学习困难的小学生群体,本公司开发的核心产品为针对学习困难学生的个别化教育服务与技术支撑。其产品描述如下:

附表5

项目	内容	描述
产品内容	学习能力检测; 个别化教育	科学检测,确定学困及薄弱方面; 针对不同学生的定制性教育产品设计及实施
技术支撑	科学量表检测; IEP课程设置体系	实现学困生个别化教育体系
实施流程	科学有效的操作流程	包括转介、筛选、接案、安置、诊断、制定和执行IEP、实施教学、回归及追踪辅导等8个环节

2. 实施流程

本创业计划所设计到的学困生教育技术服务充分考虑到学

习困难儿童的需要、结合到学习困难儿童教育与训练的国际发展趋势,采用 IEP 的形式,从转介、筛选、接案、安置、诊断、制定和执行 IEP、实施教学、回归及追踪辅导等 8 个环节针对儿童的个别化需求展开服务,能够有效地满足学习困难儿童的需求,促进学习困难学生的成长。

具体流程描述如下表:

附表 6

步骤	具体描述	资源/量表评价	表现
1. 转介	由家长或者学校老师转介疑似困难学生	学生作业考试成绩、行为表现等/转介表	智力正常;班上学习成绩落后
2. 筛选	以医院智力测评为准,机构教师专门调查访谈班主任和家长、同学,收集学生基本资料,初步确定有无学习困难	韦氏智力测验儿童量表;教师观察量表;家长、教师访谈量表	韦氏智力测验全量表分数在 70 分以上;语文或数学学业成绩未达到 60 分或百分等级在 35% 以下且经过普通的补救无显著成绩提高的学生;注意力、记忆力、理解、推理、阅读等能力有显著差异者
3. 安置	家长同意后由公司教学运行科教师安排学生所在班级、上课时间	家长同意书;学生个案管理袋;学生情况登记表	
4. 诊断	由重庆师范大学特殊儿童心理诊断与教育技术重点实验室专家做各种心理测评和学习行为测评,目的是了解学生学习障碍类型和程度	中小学生学习行为特征测验;学习行为检核表(PRS);学习困难儿童学习能力测验量表;听觉记忆理解测验;工作记忆测验;学习适应量表	排除感觉障碍、情绪困难或环境因素所引起如为文化刺激不足、教学不当所引起的障碍;诊断学生阅读障碍、数学障碍和识字障碍

续表

步骤	具体描述	资源/量表评价	表现
5. 制定 IEP 和实施教学	由负责教师根据测评诊断结果制定个别化教育目标并设计教学活动，实施个别化教育教学	教材，良好教学环境，教师，活动室，教具等	
6. 评量	由教师负责对教学进行再评量以确定学生学习成效以及教师教学成效	学习能力量表；中小学学生学习行为特征测验	
7. 回归及追踪辅导	经过评量达到标准则可以渐进撤除个别辅导，然后做不定期回归辅导	学业表现；班级表现；家庭表现	学习成绩必须连续 2 次在定期考试中达总数前 50% 或最后 10 名以上
8. 回归后不稳定	若回归后出现成绩急剧下滑则需重新制定 IEP 目标，进行教学		

具体流程见附图 4：

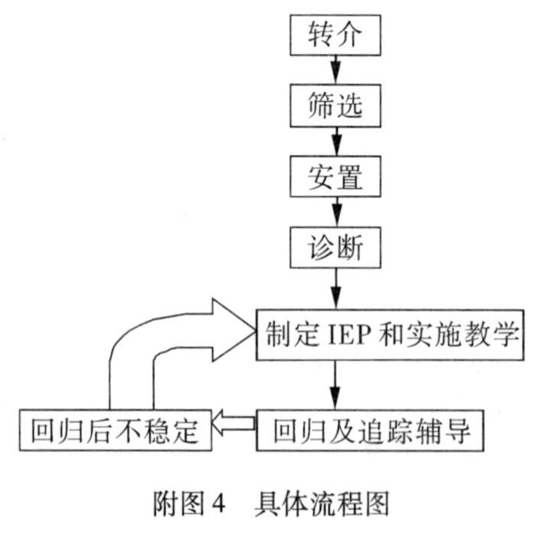

附图 4　具体流程图

三、产品效用及优势描述

勉志提供的学习能力检测和个性化教育产品,目的在针对学习困难学生提供相应的个别化教育服务与技术支撑。从而达到提优补缺,促进学生成长的效果,并培养其相应的学习能力,促成持续性改进。具体看附表7:

附表7

	描 述
产品效用	通过专业的检测量表对学生进行学习能力测评,针对测评结果为学生制定IEP,建立学生个人档案,运用科学、独特的教学方法和差异化的教学模式对学习困难学生进行指导教学,改变学困现状,提升学习效果,促进学习改进。
产品相对优势	• 科学有效的检测标准,量化的教学评估方式; • 实施的流程的分步细化; • 定制化的教育产品设计和导入实施; • 专注性的市场选择,专业化的解决方案。

四、产品研发和创新路径

作为服务性教育产品,其自有的特征决定了其研发周期较长,实现效益的效果检验的周期也较长。在未来我们研发产品的准则是:以相对低的投资需求,适应当前发展战略,提高开发与实施的可行性,相对低风险,及时了解广大需求者的特点。具体来看,产品研发可依循下列方向:

附表 8

	依托资源	研发导向	新产品开发战略	风险管控
产品研发	重庆师范大学特殊教育学院; 教学过程中的市场沟通	市场导向; 竞争导向	冒险型战略模式: 率先进入市场,以技术创新和收购为创新来源,其战略竞争域为最终使用价值、市场拟合和技术更新	阶段性教学成果检测; 专家评审机制; 市场信息的顺畅沟通

创新是企业发展的不竭动力,作为复制性较强的服务性竞争行业,产品和服务创新是企业获得和保持竞争优势的来源。本创业企划的创新路径将从以下两个方面进行考虑:

(1)自主创新:依托自有资源和有效的市场沟通,在产品销售和服务提供的过程中不断开发出满足市场需求的产品组合和 IEP 课程设置,维持利基市场的主导地位。

(2)模仿创新:引入国外先进的教学研究模式,吸收相关辅导机构和公司的新兴教育方式,择取市场前景广阔和成熟性产品,匹配教师资源和研究机构进行模仿式创新,丰富产品组合和赢利点。

本公司服务的研究与开发业务是在重庆师范大学特殊教育学院的领导下进行的,其主要目的是通过市场来实现学困生教育体系的发展,解决在实践中遇到的新问题,向客户提供最高收益。

五、市场反馈机制设计

为保证我们的服务和技术得以成功应用,并且能快速解答顾客问题,适时有效地保持市场沟通顺畅,我们采取相应的市场反馈机制设计:

(1)售前活动:由现场的教学测评中心和专门的业务员来完成。主要通过测评时的市场反应、对学困的认知效果、参加测评的结果信息进行收集整理,发现潜在需求和需要改进的方向。

(2)售后活动:通过设立的客户服务热线和回访来完成。由客服热线和回访机制,从被动和主动两个角度分析探询市场的满意度,评估市场反应,测量口碑传播效果,考量产品和服务流程的利弊。

(3)全程自由链接:采用电子方式进行服务与支持。包括使用电子邮件、传真反馈和电子邮递技术服务,还包括产品更新或改革方面的自动电子邮件确认服务。使得消费者能全程跟进和及时交流。

六、未来产品和服务规划

为适应市场需求,满足市场发展需要,我们将会在公司发展到相应规模时针对市场的具体情况,提出适合市场需求的产品与服务衍生品。

首先,我们将推出《学生个性化课程设计》进行出售。

针对学生个人情况进行专门设计,即本公司针对学生的学习能力检测后,制定适合其个人发展的课程设计,由家长进行教程实施及辅导。在此期间,我们将免费提供针对课程的一些家长培训及服务。该课程的定价为300元/课程。

其次,我们将生产一整套计算机辅助学习产品,其中有专门针对学生的语文、数学、英语等各种学科障碍的部分,有专门针对各种思维能力训练的部分,也有各种应家长、老师和小学生的要求而专门定制的软件。

第四部分　市场分析

一、市场整体环境描述

(1)从政府的政策面来看,随着改革与对外开放的不断深入,民办教育事业不断发展，2007 年我国民办教育行业的营业额已达到 1 200 亿，并保持 25% 的增长率。政府推动社会办学的政治导向，为我们办学提供了良好的进入条件，而专门针对“学困生”的教育培训正处于市场空白。

(2)消费者购买能力分析：重庆市城区居民人均 GDP 达到 11 000元，经济增长及人均收入水平的上升成为重庆市城区居民购买本公司服务的有利经济保证。

(3)从现有的家教行业而言，市场中并没有出现专门针对“学困生”提优补缺的个性化服务，家长希望有一种能够满足其特殊化教学，而现有市场提供的服务无法完全满足其需求，本公司针对空白市场，率先进入利基市场形成进入壁垒。

二、市场容量与存量

随着计划教育的普及，小学入学教育趋于人数稳定，由于义务教育费用的降低，辅助的匹配增值教育产业得到快速发展，如截至2006 年，重庆地区小学生人数达 2 523 824 人，而其中聘请家教的学生比例达 30%，即为 757 147.2 人。自义务教育免学费政策实施以来，家庭的教育经费将转向各种辅助教育机构，由此，整个家教市场进入一个稳步增长的时期，学生聘请家教比例将有望增长至 50%。同时北京师范大学心理学专家刘翔平教授在《让学习障碍儿童突破学习困难》一书中指出，在普通学生中有 2% ~ 10% 的学生为学困生。而在经济越发达地区学困生存在比例越大。按在重庆市约有 6% 的学生为学困生计算，目前重庆市共有 151 429 名学困生。针对一个严格意义上的学困生，完成一个完整 IEP 教学需 180 课时，则整个重庆市学困生市场容量达 180 课时 ×80 元/课时 ×151 429 人 =2 180 577 600 元。而在现有的市场中，存在的家教及其类似机构主要包括学生家教、专职教师兼职家教、家教中心、大型专有培训机构及同类教育机构。其中兼职家教及家教中心教育方式主要使用一种低师生比的教育方式，即通常所说的“放羊”式教育，其教学评价体系以成绩的提高为主；大型专有培训机构以某一专一技能的提高为目的，以集中教学方式为主；同类教育机构与本公司有类似的目标群体，主要存在于北京等经济较发达地区，西南地区目前仍为空白市场。

由此可得出结论，本公司在西部空白市场基础上创立，产品具有广阔的市场发展空间。

三、市场细分与目标市场选择

1. 市场细分

根据客户对培训机构的不同需求，各个企业提供与客户需求相匹配的培训服务，从其服务内容和学生目标用户群体可分为小学课外辅导培训、语言培训、兴趣和特长培训、潜能培训等。语言培训主要是针对小学生早期英文和语文兴趣与能力的培养；兴趣和特长培训主要在经济比较宽裕的家庭，在现有教育基础上，培养孩子的特长，使其得到全面的综合发展，是素质教育的一个体现。而勉志深度教育为中小学课外辅导培训的一个细分市场。

2. 目标市场选择

我们公司的企划案主要针对的是小学市场群体，是介入家教细分市场下的一个学困专业家教空白市场。目标市场具体描述如下：

附表 9

目标市场	目标市场描述
产品主要针对 6～13 岁小学在校学生，在学习上存在一定的学习困难，具有中高水平的家庭收入背景，家长注重针对性的学习能力改善，追求教育品质，寻求小班辅导，注重长线教育投资。	产品主要针对 6～13 岁小学在校学生，其学困主要表现在智力正常水平下的听、说、读、写、数学、行为等方面具有显著困难。 目标顾客的家庭具有中高经济收入，能够提供高额的教育费用。其中父母任意一方受过良好的教育，能够理解学困概念，能够接受公司新的服务概念，希望通过一定的培训达到提高学生学习能力，进而提高在校成绩的目的，并且该家庭父母没有充足时间照顾孩子或者希望孩子得到系统的优质教育。

第五部分　竞争分析

一、竞争群组分析

附表 10

教育培训种类	收费标准（元/小时）	特征	优势	相对于本公司劣势
学生兼职家教	30～40	零散流动性较强； 一对一教育； 知识结构不全面	灵活、价格便宜； 一对一针对性强； 上门服务便捷	需要经历一个长期磨合期； 有一定的风险性； 大众化教育
专职教师课余兼职	50～80	针对现有学生； 经验丰富； 一对多小班教育	良好声誉度； 经验丰富； 客户信任度高	时间地点有所限制； 传统性教育模式； 主要针对学生成绩的提升，注重短期教育

续表

教育培训种类	收费标准（元/小时）	特征	优势	相对于本公司劣势
家教中心	30～50	规模化教育；班级教学；中介操作	教师资源配置灵活；服务项目比较全面	专业性不强；师资不稳定；信任度低；注重短期教育
同类教育机构		沿海大型城市；学校式教育方式；收费昂贵	经验丰富；学生能力培养设施健全	

以上是本公司对现有的竞争对手的分析。我们的目标市场主要与同类教育机构相类似，因此以下将对两个同类教育公司做出具体分析：

附表 11

教育机构名称	学生年龄	教育特色	特征
清大英才教育科技发展中心	0～6 岁；6～15 岁	主要是脑力能力的潜能开发	市场细分针对广泛；无法达到相对的专业化和特色化特点
翔平中小学生心理教育培训学校	6～13 岁在学习中遇到各种问题的儿童	以心理学为基础的一系列差异化，一对一，个性化教育	主要针对由于心理原因而引起的学习困难儿童，以心理学为推广特色
勉志深度教育股份有限公司	6～13 岁的小学在校儿童	传统教育与本公司自行研发的教育课程相结合；行的制定和编制 IEP 课程；一对一个性化教育	专业的特色的师资来源；以“学困生”为推广宣传点

二、SWOT 分析

附表 12

	有利因素	不利因素
外部分析	机遇	威胁
	O1:整个家教市场正进入一个稳步增长时期; O2:中国传统观念中对于教育的重视,使得家长在孩子教育上的投入毫不吝啬; O3:西部同类市场仍处于空白状态	T1:同类行业欠成熟,技术标准化程度低; T2:社会对于学困生概念的陌生,使得市场接受需要一定时间; T3:教育服务不能在短期内产生明显效果; T4:作为服务性产品的评价标准的不确定性
内部分析	优势	劣势
	S1:依托重庆师范大学特殊教育学院师资、技术、信息优势; S2:系统的学困评价体系及检测量表技术体系; S3:小规模教学带来的教育质量保证; S4:不同专业背景的团队合作优势	W1:高师生比所引起的高人力消耗,提高了成本; W2:初期师资来源渠道单一; W3:产品创新周期较长

SWOT分析对策：

附表13

威胁(劣势)	对策
W1:高师生比所引起的高人力消耗,提高了成本； W2:初期师资来源渠道单一； W3:产品创新周期较长； W4:同类行业欠成熟,技术标准化程度低； W5:社会对于学困生概念的陌生,使得市场接受需要一定时间； W6:教育服务不能在短期内产生明显效果； W7:作为服务性产品的评价标准的不确定性	依托小规模教学和系统的评价、检测体系保障教学效果,吸引更高素质的师资加入。同时,完善公司运行机制,充分利用共享资源,从而降低成本； 在稳定初期市场的同时,利用重庆师范大学的关系网络优势,接触到新的群体,同时利用市场空缺和良好的前景吸引这部分群体的介入； 利用系统的学困评价体系及检测量表技术体系建立技术壁垒,延缓竞争对手的进入； 在实践中,不断加强公司的评价和检测体系,使之成为权威的行业标准； 突出公司稳定的教学效果,抓住家长对孩子教育培养的重视,重点突出科学化的教育体系,获得顾客的信赖； 利用本公司的检测量表技术体系,建立属于本公司的、并为顾客所接受的评价体系,将服务效果量化展示

三、竞争战略

基于对现有市场的竞争分析,综合企业各方优势,对企业的目前所处状态进行定位,得到企业竞争战略,即差异化战略。

附表14

竞争姿态	竞争优势方向	竞争战略选择	竞争措施
市场利基者	产品差异化优势	差异化战略	对相关商品和技术手段制定合同限制条款,保护知识产权；以期权激励机制保障优秀的教师资源

第六部分　市场营销策略

一、营销计划

企业处于初创期时，市场开发不完全，企业开拓市场需要一定的时间，前期市场份额较小。但随着市场对学困概念的逐渐接受和成熟，市场的开发速度会不断加快，销售份额也应当逐步上升。具体量化指标如下：

附表 15

年　度	销售数(人)
第一年	300
第二年	700
第三年	1 100

二、市场营销组合设计

1. 价格策略

本公司在定价策略上采用竞争导向定价策略：本企业目标群体定在中、高端群体，则需在以市价为基础略有上升。

定价依据：

主要采取基于竞争导向定价；中高价位策略，寻求性价比，价格区间适中。竞争导向定价策略旨在不丢弃市场份额的情况下，保证目标市场定在中、高端群体，充分考虑市场的需求量和竞争对手的反应，使在较短的时间内收回投资成本，使资金回笼相对及时。因此，在大多数目标群体可以接受的情况下，我们选用略高于市价的定价，即 90 元/小时左右。

顾客是愿意花这样的金额购买此项服务的，原因是没有父母会在孩子的教育上吝啬,而且,对于大多数学困生来说,他们曾接受了各种各样的教育,可是却没有得到相应的效果,他们和他们的父母对于有效的教育都是有很大的期望和需求的。

在公司的运营过程中,我们计划每季度审查一次我们的定价情况并做出适当调整。

2. 渠道策略

在公司发展初期,采用直接推销的零级渠道模式,低成本全员市场运作。在公司壮大推向西南市场时,采取层级渠道模式,开展直营店与加盟结合的扩张方式,管理模式输出和赢利模式输出标准化。

3. 促销策略

(1)人员推销

①在企业初期促销方式中,主要采取人员推销的方式以满足公司初期对于顾客的需求。主要在小学附近通过散发传单扩大公司在目标群体中的知名度;②在学校附近的小区中找寻有经济承受力,有辅导需求的学生及其家长,并对其进行人员推销;③发放公司、学困生概念相关资料以及辅导资料。

(2)公共关系

①公益宣传:联合地方教委、妇联等政府部门或者协会进行相应知识普及,矫正社会和大众的陈旧观点;②针对小学教师开展教育论坛,为之提供交流机会,并宣传品牌;③免费咨询:对适龄人群提供咨询服务,进行相应测评。

(3)销售促进

①实行免费听课制度,家长或学困生可以跟随“一对多”班级听课;②采取会员制,客户接受辅导超过 100 小时即可成为公司的金卡客户,金卡客户可获得 10 小时赠送辅导或配上学生心理辅导课程;③推出七月优惠月;④对课程进行搭配销售,让客户选择适合自己的课程。

(4)广告

广告宣传主要依托报媒广告、公交广告、户外广告等直接宣传媒体,有区域性和针对性地进行学困观念教育和品牌教育。

市场发展初期,由于对学困概念认知的模糊,广告投入应加大,重点在于市场教育和公司产品宣传,我们欲求达到的预期效果为市场接受学困观念,同时对我们公司品牌名称和产品有着初步的认知,铸造我们公司第一个提供学困专业教育的公司形象,达到预期知名度,开拓市场,促进销售。具体的媒体组合在后文的整合营销中详细企划。

措施:

①制作本公司网站:利用互联网宣传产品和联系业务;②辅以适量的报媒宣传。

(5)开展教育论坛

本公司将与相关教育部门合作,不定期开展教育论坛,为小学教师经验交流提供平台,并促进社会矫正对学困生概念的认识偏差,扩大品牌影响。

三、市场发展策略

市场发展策略秉承"框-面-圈"的整体策略思路——首先依托重庆市主城区核心商圈,形成稳定的市场框架,然后以框为支撑全面覆盖重庆目标市场,最后基于重庆市场层面拓展西南,进而进军全国。

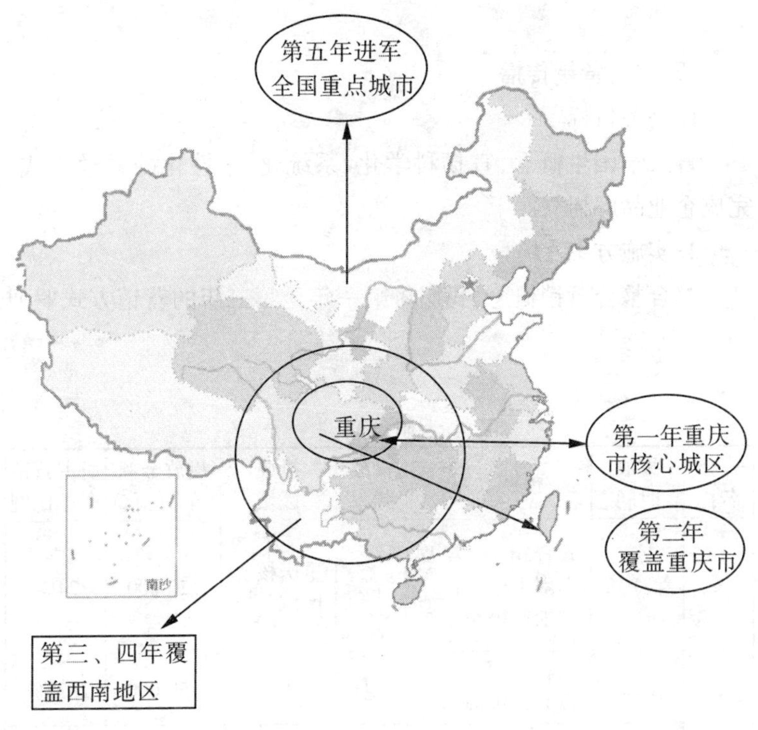

附图 5

"框"—— 依托教育带动为主的沙坪坝和渝北区、经济支撑为主的渝中和江北区四个核心区域，拓展和稳定初期市场，形成公司市场发展的框架性支撑结构。

"面"——在未来的两到三年内，以这四个强有力的核心框架构成支撑，覆盖重庆市场，并适时进入西南市场。

"圈"——基于重庆市场层面，在西南市场核心城市布点，跑马圈地，形成覆盖西南市场的区域网状营销网点。构建西南市场区域知名度，并为全国的发展作好铺垫。

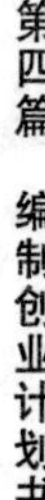

四、整合营销传播

1. 公关目标

普及学困生概念，宣扬科学化、系统化、个性化的教学方式，完成企业品牌树立。

2. 实施方案

综合整合营销概念，我们将第一年至第三年的营销方式罗列如下：

附表16

媒介名称	投放时间	预期效果	投放频率	投放区域	投放金额（单位：元）	所占营销资源比例
报媒	第一年	教育市场，普及学困生概念；增加销售额	高	重庆核心区域	120 000	24%
	第二年	品牌宣传；提升销售额	高	重庆	150 000	28.3%
	第三年	巩固差异化优势，树立企业品牌	高	重庆和西南地区重点城市	200 000	36.36%
定点宣传	第一年	市场教育；收集客户信息；发现潜在客户；协助完成销售业绩	高	重庆核心区域	130 000	26%
	第二年	间断性匹配销售促进；品牌宣传；新产品推广	低	重庆	100 000	18.87%
	第三年	辅助树立良好公司声誉、建立品牌基础	低	重庆和西南地区重点城市	80 000	14.55%

续表

媒介名称	投放时间	预期效果	投放频率	投放区域	投放金额（单位:元）	所占营销资源比例
人员推销	第一年	产品宣传; 完成销售额	高	重庆核心区域	147 000	29.4%
	第二年	巩固原有顾客，提高顾客忠诚度，发展新顾客	高	重庆	147 000	27.74%
	第三年	稳定客户源，辅助品牌建设，弥补报媒宣传缺陷	低	重庆和西南地区重点城市	97 000	17.64%
公共关系	第一年	维护利益相关者利益; 树立良好的公司声誉	高	重庆核心区域	100 000	20%
	第二年	通过利益维持吸引新的投资者，促使股东追加投资; 稳定政府关系，获得政府支持	高	重庆	130 000	24.53%
	第三年	在西南片区形成高知名度，打下品牌基础	高	重庆和西南地区重点城市	170 000	30.90%
网络营销	第一年	观念普及; 促进销售	低	重庆核心区域	3 000	0.6%
	第二年	新产品推广	低	重庆	3 000	0.56%
	第三年	品牌宣传	低	重庆和西南地区重点城市	3 000	0.55%

备注：头三年内将在《新女报》、《少年文艺》和《少年先锋报》上投入广告，预计每年将投入 2 个月，一年总共投入资金 83 000 元。

第七部分　投资分析

一. 资本来源结构

公司注册资本为 100 万,资金来源与结构如下:

附表 17　资本结构表

资本构成 投资方	资金(单位:万元)	比例
创业团队	30	30%
重庆师范大学 特殊教育学院	50	50%
风险基金	20	20%

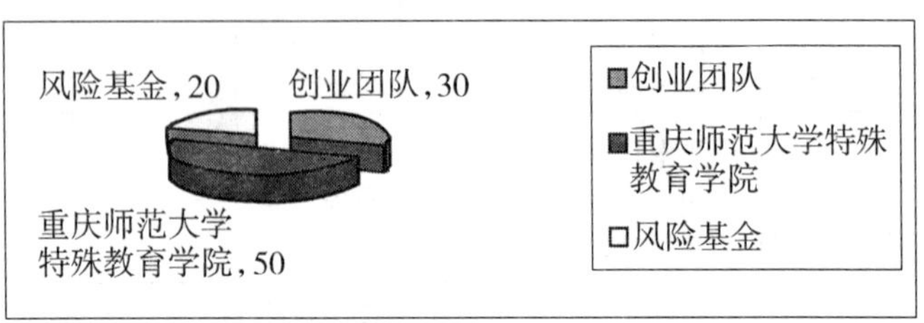

附图 6　资本结构图

资金来源与结构中,本创业团队拟以现金 30 万元投入, 占比 30%;重庆师范大学特殊教育学院以现金 50 万元投入公司,占比 50%;风险投资资金 20 万元,占比 20%,三方共筹资 100 万元,以上符合我国《公司法》有关建立有限责任公司的规定,具有可操作性。

二、资金运用明细

公司成立初期共筹集资金80万元。由创业团队出资共30万元现金入股,重庆师范大学特殊教育学院出资40万元入股,风险投资投10万元入股。资金主要用于购建办公性固定资产,如位于重庆市沙坪坝区的办公配套设施,以及工作中所需的直接人工即工资、营销活动中所需的营业费用及其他各类费用等,明细如下:

购置固定资产　12.065万元　　流动资金　29.335万元

房屋租金　3.6万元　　营销费用　50万元

装修费用　5万元

(详见附表18)

附表18　资金分配比例

单位:万元

项目	投入资金	比例
购置固定资产	12.065	12.065%
房屋租金	3.6	3.6%
营销费用	50	50%
流动资金	29.335	29.335%
装修费用	5	5%
总计	100	100%

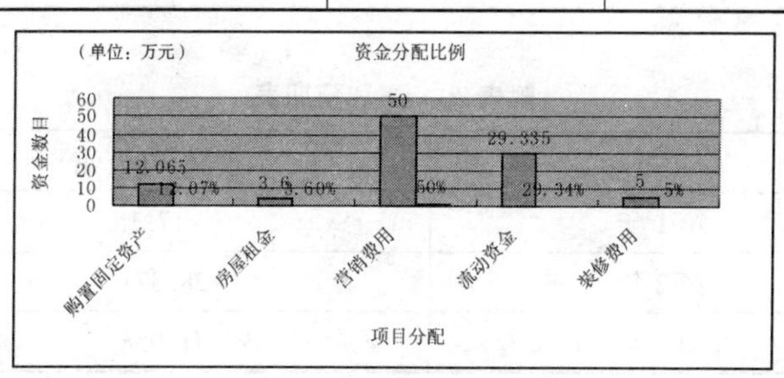

附图7　资金分配比例柱状图

三、预期收益评估

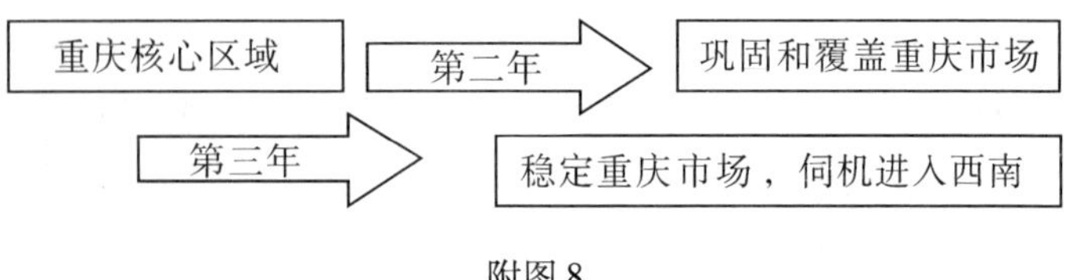

附图 8

按照公司发展规划,一年之内在重庆核心区域立足,两年内覆盖重庆市场,三年内稳定重庆市场,伺机进入西南。公司运作费用如下表所示:

附表 19　市场运作费用　　单位:万元

项目	第 1 年	第 2 年	第 3 年
投入资金	100	100	123
固定资产折旧	3	6	9
房屋租金	7.2	15	28
水电费	3	7	11
人员工资及福利	56	114	165
营销费用	50	60	70
管理费用	22.4	44	62
装修费用	1.25	2.5	4

附表 20　赢利预期表

年度	当期赢利(万元)
第 1 年	-17.15
第 2 年	28.371
第 3 年	71.958

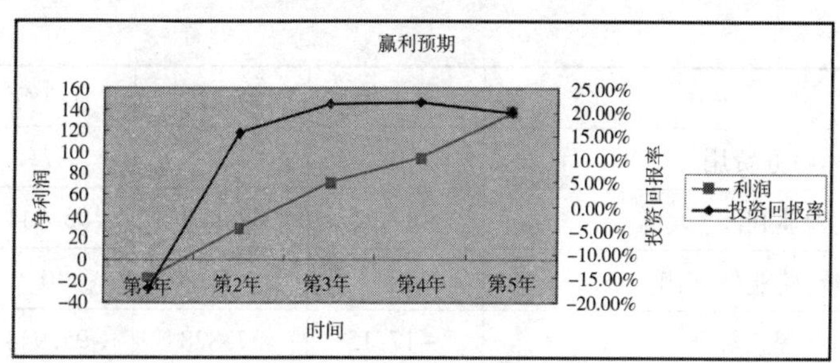

附图 9　赢利预期折线图

$$NPV = CF_1 \times 1/(1+i) + CF_2 \times 1/(1+i)^2 + CF_3 \times 1/(1+i)^3 + \cdots + CF_n \times 1/(1+i)^n - ICO$$

其中 CF 是指各期净现金流量，i 指项目的预期报酬率，ICO 指项目的初始投入金额。当 NPV 大于等于 0，则该项目能接受，否则不应接受。

代入相关数据，得：

$NPV = 34.5 > 0$

可以看出，该项目回收期短，预计 4 年内收回投资成本，风险小，适合投资。

预期财务报表开始三年如下：

附表 21　利润表　　　　单位:万元

	第 1 年	第 2 年	第 3 年
一、主营业务收入	129.6	302.4	475.2
减:主营业务成本	59	120	174
主营业务税金及附加	3.9	9.072	14.256
二、主营业务利润	66.7	173.328	286.944
减:营业费用	61.45	84.5	122
管理费用	22.4	44	62

续表

	第1年	第2年	第3年
财务费用	0	7	7
三、营业利润	-17.15	37.828	95.944
减:营业外支出	0	0	0
四、利润总额	-17.15	37.828	95.944
减:所得税	0	9.457	23.986
五、净利润	-17.15	28.371	71.958

四、资产负债评估

附表22　现金流量表　单位:万元

	第1年	第2年	第3年
一、经营活动产生的现金流量			
会计利润	-17.15	28.371	71.958
加:应付账款　增加额	0	0	0
折旧	3	6	9
财务费用	0	7	7
减:应收账款　增加额	2.6	19.1	35.2
经营活动产生的现金流量净额	-16.75	22.271	52.758
二、投资活动产生的现金流量			
购建固定资产所支付的现金	12.065	15	15
投资活动产生的现金流量净额	(12.065)	(15)	(15)
三、筹资活动产生的现金流量			
吸收权益性投资所收到的现金	100	0	123
现金流入小计	100	0	123
偿还借款所支付的现金	0.00	0.00	0
偿付利息所支付的现金	0.00	7.00	7.00
现金流出小计	(0.00)	(7.00)	(7.00)
筹资活动产生的现金流量净额	100	-7.00	116
四、汇率变动对现金及现金等价物的影响	—	—	—

附表23　资产负债表　　单位:万元

	第1年	第2年	第3年
资　产			
流动资产			
货币资金	71.185	173.5	291.4
应收账款	2.6	19.1	35.2
流动资产合计	73.785	192.6	326.6
固定资产			
固定资产原值	12.065	25	34
减:累计折旧	3	6	9
固定资产净值	9.065	19	25
无形资产	0	0	0
资产合计	82.85	211.6	351.6
负债及权益			
流动负债			
应付账款	0	0	0
短期借款	0	100	100
负债合计	0	100	100
所有者权益			
实收资本	100	100	223
盈余公积	0	1.6	3.6
未分配利润	-17.15	10	25
所有者权益总计	82.85	111.6	251.6
负债及所有者权益总计	82.85	211.6	351.6

附表 24　固定资产明细表

名称	数量	单位	单价(元)	总价(元)	备注
长形圆桌	1	张	5 000	5 000	用于会议室
办公桌	18	张	400	7 200	
茶几	1	张	200	200	用于会议室
传真机	1	台	1 100	1 100	用于会议室
打印机	1	台	600	600	用于办公区
沙发	1	个	2 000	2 000	用于展示室
电脑	18	台	4 000	72 000	
电话	3 + 10	部	100	1 300	
空调	5	台	2 000	10 000	
教具	8	套	200	1 600	用于办公区
办公文具	3	套	100	300	
桌椅	20	套	300	6 000	用于办公区
饮水机	3	台	200	600	
投影仪	1	台	10 000	10 000	用于会议室
镜子	1	面	100	100	用于展示室
展板	1	块	50	50	用于展示室
图书架	1	个	400	400	
图书	100	本	20	2 000	用于展示室
壁画	4	幅	50	200	用于美观
总计				120 650	

附表 25　资金运用明细表

费用 项目				合计
房屋租金	沙坪坝	300m^2	6 000 元/月	720 000
员工工资及福利	专业教师	10	3 000 元/月	360 000
	教师助理	4	800 元/月	38 400
	业务员	3	1 200 元/月 + 提成	43 200
	管理人员	8	1 500 元/月	224 000
	专家顾问	2	5 万/年	100 000
水电费	电费	3 000 度/月	0.63 元/度	22 800
	水费	200 吨/月	3.0 元/吨	7 200

第八部分　风险管控及风险投资基金的退出

一、风险预测

1. 有限的操作经验，有限的技术力量、资源数量，有限的管理经验

由于行业发展仍不完善，我们可以利用的现成操作经验有限，难以保证在实际操作中不出现问题，这需要我们在实践中摸索和研究。

技术方面可能不能及时更新，满足教育培训的新变化所带来的风险。

由于处在创业初期，管理经验不足，特殊情况的出现，应急措施采取不及时，在管理上存在一定的风险。

2. 社会接受度、效果影响，员工流动性的风险

学困生概念是一个新概念，而社会对于学困生概念的接受程

度直接影响到服务的销售情况;社会舆论对企业业务发展的影响:如果产生不利于企业发展的舆论时,将会大大影响企业的业务拓展。

教育效果直接影响到后期客户的增加。

企业员工的流动性:专业人员的流失,将直接影响到我企业的服务水平。

3. 市场的某些不确定因素,服务上的某些不确定因素

勉志深度教育的业务取决于顾客对教学效果的考核。服务效果的不可控性,可能导致顾客的流失。因此,须严格要求师资,保证师资有较强的执行力和教育效果,并做好客户的信息反馈。

在教学实施过程中,其效果的呈现需要一个较长时期,这可能损耗顾客的耐性,降低顾客对公司的信任度。

来自竞争对手的威胁:

作为教育服务行业,本公司不存在特殊的技术及服务,在发展过程中可复制性强,而且现在学困生市场没有充分开发,赢利空间较为广阔,这将引起一批进入该行业的新的竞争者。

在教育领域存在一些潜在竞争者,他们针对某一个方面对学生进行培训,在一定程度上分散了我们的客户群。

教育行业的回报期较长:

在教育行业中,其投资回报期较长,直接影响到风险投资的进入。

二、风险预防措施

注重技术更新,并对新的技术进行及时保护;

注重师资培训和培养,建立有效的绩效管理制度;

对学生能力定时测试,分阶段展示教学成果,从而缩短见效周期;

注重并做好家长意见反馈,为适合市场需求的技术跟进做好

备档；

关注市场现状，根据市场变化，及时修订价格，跟进服务模式；

制定公司科学的管理章程和准则，使得管理制度化。

三、风险投资基金的退出

风险资金投入的安全性很大程度上与风险资金能否安全退出、安全程度、公司所在的行业整体行情及公司自身发展现状和发展前景密切相关。在经济高度发展的有利环境下，对学困生的关注不断加强且需求持续增大，公司预期收益好。风险投资基金有极大的空间选择继续投资获得收益或者退出，有利于对本公司投资的风险投资基金的灵活运作与安全收益。

风险投资推出主要包括以下几种方式：

1. 上市退出

本公司规划准备上市，争取以最短时间在创业板市场上市。风险资金可以通过该方式安全退出。

2. 公司投资结构调整

公司在注册成立时由三大股权所有体持全部股份，其中风险投资基金持股2%。同时有很多方面的潜在的投资进入者，典型的有其他风险投资基金、有兴趣的投资者等等。风险基金可以通过股权转让的方式安全退出，可以由原股东回购。其退出的定价可采用简单的市盈率法进行计算，即以退出时的年度利润乘市盈率（私募市场一般为5～6倍）计算出公司价值并按比例折算为转让基价。

3. 利润分红回收资金

公司从第1年开始，前4年分别按20%分红，后面均按10%分红。

风险投资前4年获得的红利可以收回投入，具体预测如下：

附表 26　风险投资红利获取情况　　单位:万元

	第 1 年	第 2 年	第 3 年	第 4 年	总额	风险基金投入额
红利额	0	3.56	8.68	10.3	22.54	20

附录（略）

（资料来源:本创业计划书为重庆师范大学参加第六届“挑战杯”中国大学生创业计划竞赛作品,该作品获得全国铜奖。）

第五篇

启动创业计划

第十二章　企业申办程序

第一节　企业的登记注册

企业登记注册，是确认企业的法人资格或营业资格，是企业在法律上成立的法定程序，即企业依照有关法律、行政规章，履行登记注册手续，经工商行政管理机关核准登记，取得法人资格或营业资格的过程。企业登记注册包括企业法人登记和营业登记。企业法人登记是登记注册主管机关依照法定程序，对具备法人条件的企业确认其企业法人资格所进行的核准登记。营业登记是对不具备法人条件，但有条件进行经营活动的单位（如合伙联营企业、企业法人的下属经营机构、学校、科研机构兴办的不具法人资格，但对外营业的招待所、印刷厂等）确认其合法经营资格进行的核准登记[1]。

一、企业登记注册的一般程序

企业登记机关是指国家授权的依法对企业进行登记注册和监督管理的机关。我国国家授权的企业登记注册机关是国家工商行政管理局和地方各级工商行政管理局。

我国企业登记按照分级管理原则进行。凡属国务院授权部门批准设立的股份有限公司，以及国务院授权投资机构设立的有限责任公司和外商投资设立的有限责任公司，均由国家工商行政管理局负责登记；凡属省、市、自治区政府批准设立的有限责任公司和国家工商行政管理局委托登记的公司，均由省、市、自治区工商行政管理局负责登记；县、区级工商管理局则负责上述公司以外的其他各种企业的登记。企业登记注册的一般程序如图 12－1 所示。

二、个人独资企业的设立登记

申请设立个人独资企业，应当由申请人向企业所在地的工商行政管理机关进行申请名称预先核准登记，然后办理开业登记注册，并提交以下有关文件、证明：①投资者签署的《个人独资企业设立申请书》；②投资人身份证明；③企业住所证明；④《名称审核表》和《名称核准通知书》；⑤登记机关根据法律、法规规定需要提交的其他文件、证件。

开办申请书。申请书应写明申请人的姓名、性别、年龄、文化程度、住址、申请从事的行业或经营范围、拟办私营企业种类、经营场地地址和名称、资金数额及来源等。

申请开业登记注册。主要是指企业的名称登记。企业名称应由字号（商号）、所属行业或经营特点、组织形式组成，并在企业名称前冠以所在地行政区划名称。有限责任公司登记时公司名称中应标明有限责任公司。

申请人身份证明。独资企业的申请人是指投资者本人。

场地使用证明。自由场地需要提交产权证明；租赁场地需提供租赁期在一年以上的房屋租赁协议，并附出租人的产权证明，附场地平面图，标明方位和面积。

验资证明。需由具有法定资格的验资机构出具。有限责任公司注册资本的最低限额按照企业法人的规定执行。经营范围中有法律、行政法规规定必须报经审批的项目的，应当在申请登记前报经国家有关部门审批，并向登记机关提交批准文件。委托代理人申请设立登记的，应当提交投资人的委托书和代理人的身份证明或者资格证明。

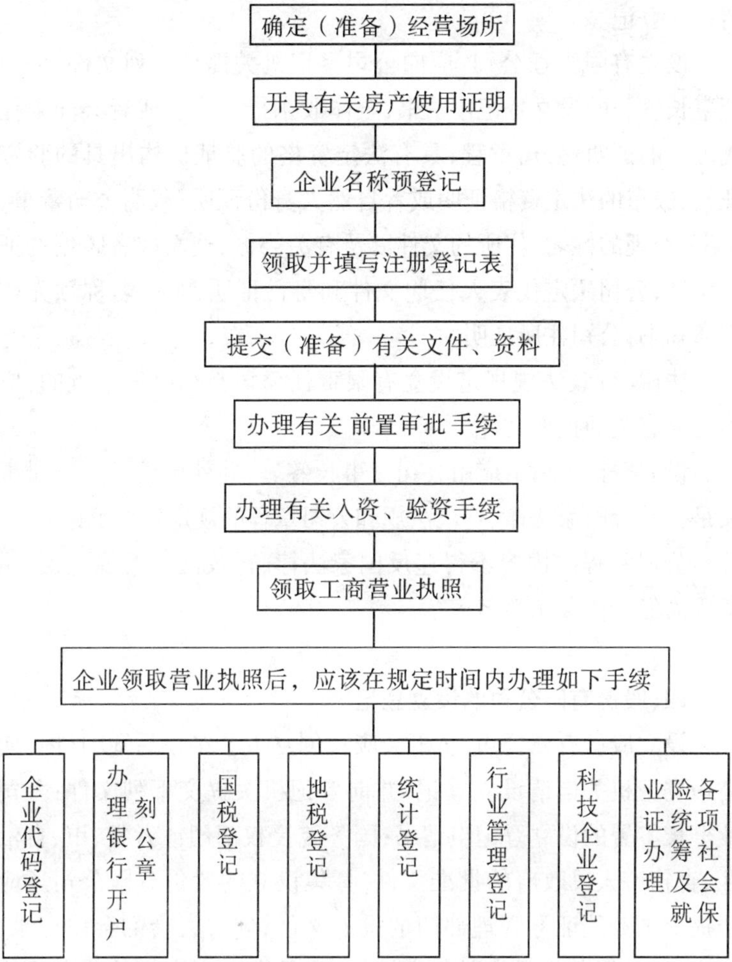

确定（准备）经营场所

↓

开具有关房产使用证明

↓

企业名称预登记

↓

领取并填写注册登记表

↓

提交（准备）有关文件、资料

↓

办理有关 前置审批 手续

↓

办理有关入资、验资手续

↓

领取工商营业执照

↓

企业领取营业执照后，应该在规定时间内办理如下手续

企业代码登记	刻公章 办理银行开户	国税登记	地税登记	统计登记	行业管理登记	科技企业登记	各项社会保险统筹及就业证办理

图 12－1　企业登记注册的一般程序

三、有限责任公司的设立登记

设立有限责任公司，应当由全体股东指定的代表或者共同委托的代理人向公司登记注册机关申请设立登记。法律、法规规定必须报经审批的，应当自批准之日起 90 日内向公司登记机关申

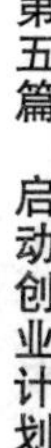

请设立登记。

设立有限责任公司,应向公司登记机关提交下列文件:公司董事长签署的设立登记申请书;全体股东指定代表或者共同委托代理人的证明;公司章程;具有法定资格的验证机构出具的验资证明;股东的法定资格证明或者自然人身份证明;载明公司董事、监事、经理的姓名、住所的文件以及有关委派、选举或者聘用的证明文件;公司法定代表人任职文件和身份证明;企业名称预先核准通知书;公司住所证明。

法律、行政法规规定设立有限责任公司必须报经审批的,应当提交有关的批准文件。

设立登记申请书应由公司董事长签署,并就申请登记注册事项是否符合国家法律、行政法规和公司章程的规定作出承诺。

公司章程的内容不得违反国家法律、行政法规的规定,公司章程需经全体股东签名盖章。

四、股份有限公司的设立登记

设立股份有限公司,董事会应在创立大会结束后 30 日内,向公司登记机关申请设立登记,并向登记机关提交下列文件:公司董事长签署的设立登记申请书;国务院授权部门或者省、市、自治区、直辖市人民政府的批准文件,募集设立的股份有限公司还应当提交国务院证券管理部门的批准文件;创立大会的会议记录;公司章程;筹办公司的财务审计报告;具有法定资格的验资机构出具的验资证明;发起人的法人资格或者自然人身份证明;载明公司董事、监事、经理的姓名、住所的文件以及有关委派、选举或者聘用的证明文件;公司法定代表人任职文件和身份证明;企业名称预先核准通知书;公司住所证明;国家法律、行政法规规定应提交的其他文件。

设立登记申请书应由公司董事长签署,并就申请登记注册事项是否符合国家法律、行政法规和公司章程的规定作出承诺。

公司申请登记的经营范围中属于国家法律、行政法规限制规定的应提交审批文件。

公司章程的内容不得违反国家法律、行政法规的规定。公司章程需经出席创立大会的认股人所表决权的半数以上通过或出席股东大会的股东所表决权的2/3以上通过。

五、企业变更登记

对企业登记的某些事项来说，一旦发生变动，就需要到登记机关进行变更登记。根据我国《公司登记管理条例》的规定，需要进行变更登记的事项包括：公司改变名称；公司改变住所；公司改变法定代表人；公司改变注册资本；公司改变经营范围；公司改变类型；有限责任公司改变股东；股份有限公司发起人改变姓名或名称；公司因合并、分立其登记事项发生变化的。

公司申请变更登记需提交下列有关文件：公司法定代表人签署的变更登记申请书；依照《公司法》作出的变更决议或决定；企业变更住所应提交新住所使用证明；企业变动注册资本，应提交验资机构出具的验资证明；企业变动经营范围涉及法律、法规有特殊规定的，应提交有关部门批准文件；公司合并、分立进行变更登记，应提交协议或合并、分立决议以及登记报告的证明，股份公司因合并、分立进行变更登记，还应提交政府批准公司合并、分立的文件。

六、银行开户与结算

银行作为最基本的金融中介，在企业的投资和融资以及结算过程中发挥着不可替代的作用。企业作为一个经济实体，作为资金的需求者或者是盈余单位，也不可避免地要和银行打交道。如果企业有着良好的声誉并且和银行有着良好的信用关系，就能够以较低的成本筹集大量资金。所以，企业应该清楚与银行开户和结算的相关程序。

1. 银行账户与开户银行

银行账户是指各单位办理存款、贷款、结算以及现金收付而在银行开立的户头。

根据国务院规定，各单位之间的经济往来，除按照现金管理办法规定可按现金交易外，其他较大的交易往来，都必须通过银行办理转账结算。银行办理转账结算最为方便、安全。开立存款账户是与银行建立往来关系的基础，只有在银行开有账户，才能委托银行办理各种资金往来业务。

我国的金融机构主要有中国工商银行、中国农业银行、中国银行、中国建设银行、中国交通银行和中外合资银行等，以及各种非银行金融机构，如信用社、信托投资公司等。

2. 银行账户的种类及适用范围

银行账户分为三大类：基本账户、专用账户和辅助账户。

(1)基本账户

基本账户是各企业日常办理转账资金收付和办理现金收付的账户。基本账户可以方便加强资金管理，全面、准确地反映企业的经营活动，一个企业在银行只开设一个基本账户。符合开户条件的单位，可按照单位的性质，以及对不同资金管理的要求，分别开设不同种类的基本账户。

(2)专用账户

专用账户是指为加强资金管理，对各单位的专用资金所开设的账户。包括专用基金存款户、贷款户及其他种类的专用资金账户等。专用基金，主要指更新改造基金、大修理基金、职工福利基金等，各单位的各种专用基金，一般应合并开立一个专用基金账户；贷款户，是各借款单位向银行借款时必须开立的账户，用以记载、反映和监督使用银行贷款的情况；其他种类的专用资金账户，是为了满足各单位资金管理的需要而设置的账户。

(3)辅助账户

辅助账户是指开设基本账户的单位所属的非独立核算单位，因距离主管单位较远，向其基本账户的开户银行办理资金收付有困难时，经银行同意开立的账户。辅助账户是基本账户的延伸和补充。辅助账户除与主管单位的基本账户发生资金收付外，一般只收不付或只付不收。只收不付辅助账户的存款余额，由所属单位定期自行划转基本账户；只付不收辅助账户所需资金，由主管单位定期自行从基本账户拨入。

3. 开立银行账户的程序

开立银行账户的程序包括以下几个步骤：

提交有关开户证明。各类工商企业，必须向银行提交其主管部门出具的证明和工商行政管理部门发给的营业执照、企业法人代码证件正本、会计正本及开户申请书等，上述证明文件经银行审查同意后，由银行发给开户申请书。

填写开户申请书。按照要求，开户申请书要填写申请开户单位名称、单位性质及级别、上级主管机关、工商行政管理部门批文号、单位地址、电话、资金来源和运用情况、生产经营范围等。申请书由单位盖章后交由银行审查。

填写印鉴卡片。印鉴是开户单位委托银行从自己的账户中支付款项时，留给银行核对鉴定支付款项凭证印章的底样。银行在为单位办理结算业务时，应核对印鉴卡片上预留的印鉴，以保障开户单位的存款安全。印鉴卡片应该有开户单位公章和财务主管及会计经办人员名单。开户单位由于人事变动或其他原因，要求更换印鉴时，应重新填写印鉴卡片，并由开户银行注销原卡片上预留的印鉴。单位预留印鉴中的财务公章，必须与账户全称一致，印章的字体用隶书或楷书为好，以便银行鉴别真伪。

获得银行编发账户。开户单位的账户，即为账户代号。它是由银行根据单位的行政隶属关系、资金性质，指定使用相应的科目,并加上开户单位的顺序号组成。

确定账户的使用方法。银行设立的账户,从使用方法上分为支票户和存折户。支票户是指使用银行支票办理支取现金、转账付款业务的账户。开立此种账户要求首付款业务频繁且数额较大,财务制度和财会人员健全等。同时还要经银行的严格审查,银行同意后,由银行售给开户单位支票及其他结算凭证后才能使用这种账户。存折户是指在开立账户后,由银行发给开户单位一个存折,业务发生时,不论存取现金还是转账收付,都要凭存折办理。此账户适用于账面余额小,业务发生少,缺少专职财会人员的单位和个体经营户。

缴存开户款项。开户申请获准后,开户单位应到银行缴存一定数额的资金。通常,第一笔存款,应以转账的形式,开户单位应持上级主管部门或集资单位的转账支票等。个体经营户可持现金开户。

领购业务凭证。单位开户后,为了能使用银行账户办理业务,开户单位要向银行购买各种业务所需的凭证,如现金存款凭证、进账单、信汇凭证、电汇凭证、转账支票等。

4. 企业债权和债务的结算

对于企业而言,其债权债务的结算分为两种:现金结算和转账结算。

现金结算是指直接使用现金完成货币收付的行为。即在商品交易中,一手交钱,一手交货,钱货两清时,完成商品所有权转移和价款的结算。现金结算在金额不大的情况下较为方便。

转账结算是指不直接使用现金收付,而是使用信用支付工具,通过银行把款项从付款人账户转移到收款人账户的一种货币收付行为。在大额商品交易中,使用转账结算,可非常简单容易地实现商品交易价款的结算。

国家颁布的《现金管理结算条例》,明确规定了现金使用范围。条例规定，在商品交易、劳务供应中，超过一定限额的款项，必须使用转账结算。现金结算仅限于单位与个人之间的经济往来，以及单位与单位之间结算起点以下的支出。在大额商品交易中，以转账形式结算，价款通过银行账户划转，手续简便，结算时间相应缩短，有利于提高企业的资金效益。

根据我国《银行结算办法》规定，结算种类主要有银行汇票、商业汇票、银行本票、支票、汇兑、委托收款等信用支付工具和结算方式。

第二节　税务登记与纳税

税务登记是企业创立的必经环节之一。依法办理纳税的相关登记手续，是纳税人依法履行纳税义务的基本前提，也是纳税人合法经营的前提。对于企业来讲，只有进行了依法税务的登记，才能够得到税务机关的有效管理，并在一定的条件下享受一定的税收优惠。所以，企业经营者不仅要了解现行税制，更应该了解税务管理[1]。

一、税务登记制度

税务登记制度也称税制，是税务机关对纳税人的开业、变更、歇业以及生产经营范围实行法定登记的一项管理制度，其内容包括开业登记、变更登记、停复业处理、注销登记、税务登记证验审和更换、非正常处理等。建立税务登记制度，可以使税务机关了解和掌握纳税人的生产经营情况与纳税户数，便于税务机关控制税源，同时，有利于增强纳税人依法纳税的观念，促进应纳税款及时足额地缴入国库。

1. 开业登记

开业登记是指从事生产经营或其他业务的单位和个人，在获得工商行政管理机关核准或其他主管机关批准后的一定期间，向税务机关办理注册登记的活动。新设立的企业应当自领取营业执照之日起 30 日内，主动依法向国家税务机关申报办理登记。办理开业登记手续的程序：

（1）提出书面申请报告，并提供下列有关证件、资料：营业执照，有关章程，合同，协议书，银行账号证明，法定代表人或业主居民身份证、护照或者回乡证等其他合法证件，总机构所在地国家税务机关证明，国家税务机关要求提供的其他有关证件、资料。

（2）填报税务登记表，纳税人领取税务登记表或者注册税务登记表后，应当按照规定内容逐项如实填写，并加盖企业印章，经法定代表人签字或业主签字后，将税务登记表或者注册税务登记表报送主管国家税务机关，企业在外地设立的分支机构或者从事生产、经营的场所，还应当按照规定内容逐项如实填报总机构名称、地址、法定代表人、主要业务范围、财务负责人等。

（3）领取税务登记证件，纳税人报送的税务登记表或者注册税务登记表和提供的有关证件、资料，经主管国家税务机关审核后，报有关国家税务机关批准予以登记的，应当按照规定的期限到主管国家税务机关领取税务登记证或者注册税务登记证及其副本，并按规定缴付工本管理费。

2. 变更登记

变更登记是指纳税人的开业登记内容发生了变化，而由税务机关根据纳税人申请对原登记内容作修正记录的活动。纳税人改变名称、法定代表人或者业主姓名、经济类型、经济性质、住所或者经营地点（指不涉及改变主管国家税务机关）、生产经营范围、经营方式、开户银行及账号等内容的，纳税人应当自工商行政管理机关办理变更登记之日起 30 日内，持下列有关证件向原主管国家税务机关提出变更登记书面申请报告：①营业执照；②变更登记的有关证明文件；③国家税务机关发放的原税务登记证件

(包括税务登记证及其副本、税务登记表等);④其他有关证件。纳税人按照规定不需要在工商行政管理机关办理注册登记的,应当自有关机关批准或者宣布变更之日起 30 日内,持有关证件向原主管国家税务机关提出变更登记书面申请报告。

纳税人办理变更登记时,应当向主管国家税务机关领取变更税务登记表,一式三份,按照表式内容逐项如实填写,加盖企业或业主印章后,于领取变更税务登记表之日起 10 日内报送主管国家税务机关,经主管国家税务机关核准后,报有关国家税务机关批准予以变更的,应当按照规定的期限到主管国家税务机关领取填发的税务登记证等有关证件,并按规定缴付工本管理费。

3. 验证与换证

税务登记证件每年验审一次,3 年更换一次,审查其税务登记证和税务登记表的内容与其实际生产经营情况是否一致,有无变更。当年发放的税务登记证免于验审和更换。

二、账簿和凭证管理

账簿和凭证是反映企业生产经营状况的重要资料,也是企业据以纳税的依据。为了保障账簿和凭证的真实性、完整性、时效性,新设立的企业应该在领取营业执照之日起 15 日内按照规定设置总账、明细账、日记账以及其他辅助性账簿,其中总账、日记账必须采用订本式,根据合法有效的凭证进行核算;企业的财务、会计制度或者财务、会计处理办法,应当报送税务机关备案。

企业必须按照国务院财政、税务主管部门规定的保管期限保管账簿、记载凭证、完税凭证以及其他有关资料。账簿、记账凭证、完税凭证及其他有关资料不得伪造或者擅自销毁。

三、纳税申报与依法纳税

纳税申报是纳税人和扣缴义务人履行纳税义务和扣缴义务,

就有关事项向税务机关进行书面申报的一项制度。

根据规定,纳税人和扣缴义务人在发生纳税义务和代扣代缴、代收代缴义务后,必须在规定的申报期限内,依照法律、行政法规,到指定的税务机关,或通过有关形式,办理纳税申报。纳税人应报送纳税报表、财务报表以及税务机关要求报送的其他纳税资料;扣缴义务人应报送代扣代缴、代收代缴税款报表以及税务机关要求报送的其他相关资料;纳税人和扣缴义务人不能按其办理申报的,经税务机关核准,可以延期申报。

依法纳税是纳税人和扣缴义务人的法定义务。如果纳税人和扣缴义务人无法说明理由而拒绝履行义务,税务机关可以采取以下几种措施对企业进行处罚和惩罚:

(1)责令其先缴纳,并从滞纳税款之日起,按日加收滞纳款2‰的滞纳金。

(2)对有避税行为的纳税人,税务机关可在规定的纳税期内,责令其限期缴纳。如果在限期内发现纳税人有转移、隐匿其应纳税财产或收入迹象的,税务机关可责令纳税人提供纳税担保。如不能提供,经县以上纳税局(分局)局长批准,可以采取税收保全措施。

(3)强制执行措施。纳税人和扣缴义务人未按规定期限履行义务,纳税担保人未按规定期限缴纳担保税款,经县以上税务局(分局)局长批准,可以书面通知开户银行或者其他金融机构从其存款中扣缴税款;扣押、查封、拍卖其价值相当于应纳税款的商品、货物或者其他财产,以拍卖所得抵缴税款。

(4)阻止出境。对未结清税款,又不能提供担保的纳税人,税务机关可以通知出境管理机关阻止其出境。

参考文献:

[1] 刘志阳.创业学[M].上海:世纪出版集团,2008.10,17~23

第十三章　启动创业计划

一、对创业计划进行评估

当你确定自己适合的创业项目后，不要急于实施你的创业项目，而应该首先评估一下你的创业计划是否可行。如果经过自我分析后证明你适合创业，那么你创业成功的胜算将会很高，那么你就可以决定开始实施你的创业项目。一般来说，你可以从以下四方面对你的创业计划进行自我评估。

(1)个人自身条件是选择创业项目的主要根据。你的专业和特长是选择创业项目的根本，原则是“做熟不做生”，这有利于你一开始就进入娴熟的工作状态，使你的初始创业成功率高出很多。

(2)个人性格在一定程度上决定着创业项目是否能够成功。由于农业创业项目有较强的自然周期性，这就需要创业者具有坚强的耐力，需要在市场上锤炼，更要能够尊重自然规律。假如你的脾气比较急躁，而你有合伙人，那么你们的性格能够互补可能是一件好事情。总之，千万不要冒险。

(3)资金实力决定创业成败。资金实力主要是指资金规模、后融资渠道等，它是决定你的创业规模和后续发展能力的重要支柱。无论是哪一类型的创业项目，在经营中都存在着极大的变数。所以，你必须要有足够的资金实力，在预算上能够做到要多打少算。

(4)“地利”因素是决定项目成功与否的外在因素。所谓的“地利”，主要包括政策优惠、场地的好坏、人际关系的优劣等等，是你成功创业重要的外在条件。优惠的税收政策，可使你减少创业成本；适合的场所可使你如鱼得水，满足生产所需，或人气大增；而优良的人脉关系，可使你的创业左右逢源。

你也可以通过相关专家或指导老师对创业项目进行评估。这一方法主要是通过建立一定的评估指标，专家分别为每一指标打分，并计算实际得分与标准分的差异。最后对你的创业计划的可行性作出评估。

总之，在实施创业计划时必须要有相当的竞争力，而且只有你自己才能决定怎么做最恰当。成事不易，创业更难。选择创业这条路，自然而然地你会憧憬成功的景象，而不会想到万一失败的问题——因为一开始就想到失败，未免太消极也太不吉利了。然而，往坏处打算尽管令人不愉快，却是创业之初应该考虑清楚的。

二、启动创业计划准备工作

实施创业计划前应做好以下几个方面的准备工作：

(1)心理准备：不论做什么，都可能会遇到困难和挫折，可能出现意想不到的问题，要有充分的心理准备，要有吃苦的心理准备，要有遇到困难和挫折的心理准备，要有失败的心理准备。有了心理准备，就能在遇到困难挫折的时候，泰然处之，渡过难关。

(2)资金筹备：在启动创业之初你必须准备一笔启动资金。如果没有资金，一切就无从谈起。资金的来源可以通过各种渠道筹划，如自有资金、集资、贷款以及与别人合伙等。

(3)组建创业团队：俗话说“一个好汉，三个帮”，每个人的能力都是有限的。因此在启动创业计划之初，必须要组建一个人员结构合理的团队。

(4)场地选择：选一个较好的场地，必须考虑的因素很多，从自身的经营项目及规模、地理位置、人口因素、外部环境，到公众形象、气候条件等，均须仔细斟酌。

(5)学习相关商业知识：怎样申请开业登记？你应该交哪些税费，如何交纳？如何定价？你的产品如何接近消费者？劳动用工及社会保障包括哪些内容等。

总之，明确了上述问题后，你基本可以实施你的创业计划了。

三、实施创业计划

你的创业项目一旦进入实施阶段，那么你可能还面临许多需要处理的工作。在这一阶段你应该管理好你的企业(项目)。

不论哪一类创业项目，在实施过程中一定要做好以下事项：

1. 管理好你的员工。
2. 尽量控制生产成本。
3. 制定合理的产品价格。
4. 让顾客能够方便地购买你的产品。
5. 遵守国家法律法规。
6. 在实施的过程中进一步完善创业计划书。

第六篇

创业管理

第十四章　创业企业市场营销

营销作为一种竞争手段从来都没有被忽视,创业企业需要有效的营销赢得市场的地位和谋取利润。由于创业企业的品牌、声誉往往一开始并不会较快被市场接受,因此创业企业市场营销需要创新。首先表现在观念的创新,其次科学制定营销计划与定位,有效突破营销中的障碍,对创业企业而言更为重要。

第一节　创业营销观念

与新古典经济学忽视企业家在经济过程的作用不同,一些非主流经济学家认为:市场充满不确定性是难以预测的,信息是不对称也非完全的,经济主体是有限理性的,企业具有结构惰性和路径依赖特性。市场的不确定性和有限理性表明企业不可能识别到顾客的所有需求,组织惰性则反映企业无法响应快速变化环境中的顾客机会和创造未来机会。因此,组织需要企业家,需要企业家对机会的识别和创造,并通过创造性行动使之转化为利润和企业持续竞争优势。这种理念不仅催生了创业理论,而且也催生了创业营销思想[1]。

一、传统营销观念

早期的经济学认为即使是在一个较短时间内,企业具有相当的灵活性,能够充分调整和控制内部变量。同时,由于当时的环境不像现在一样既复杂又多变,产品、市场和技术被假定为是给定的,因此企业能够对环境做出理性预测。传统的市场营销观念、产品观念、销售观念、生产观念正是建立在这种经济学基础之上的。

产品/生产观念以供给推动为价值观取向、以说服市场为市场方法,产品观念认为顾客偏好高质量的产品,因此,企业强调产品质量的标准化和通过广泛的研发与设计提高产品质量。生产观念认为消费者偏好价格便宜、能容易买到的产品,企业的关键问题是生产技术的改进和成本控制,因此,古典经济学微观分析方法(边际原则,产值最大或成本最小)被广泛运用。销售观念以需求拉动为价值观取向、以说服市场为市场方法。销售观念认为顾客一般不会自动购买足够多的企业产品,因此大量的促销和广告轰炸能刺激顾客的购买响应。促销和广告能推动企业的需求曲线向右移动,因此,企业的核心在于寻找能够最优或最小成本化的方法推动企业需求曲线的右移。市场营销观念以需求拉动为价值观取向、以适应市场为市场方法,在分析方法上依然遵循新古典经济学的范式。

二、创业营销的含义

理解创业营销,首先要理解企业创业导向和营销导向的含义。创业导向就是企业表现承担风险、从事创新和展示洞察力的倾向。营销导向是指组织采用市场营销观念作为经营哲学的意愿和倾向性,它意味着满足企业目标同时要满足顾客需要。它有四个基本成分:顾客导向、顾客满意、协调或整合营销、关注短期利润。这两种导向是既相关又有明显差别的概念:创业导向本质上是更积极和主导的营销导向;市场营销是获得公司创业的手段;创业导向是营销导向的补充,企业需要二者来获得最大化效率。根据这种思路,创业营销被定义为争取和留住高利润的顾客,通过创新性的风险管理、资源的杠杆利用和价值创造来实现对机会先见性的识别和利用。

三、创业营销观念

Henrik(1997)将各类营销观念用企业的“市场方法”(分为适应市场和说服市场)和“价值观导向”(分为供给推动和需求拉动导向)两个维度进行了分类。他认为创业营销是以“供给推动”为价值观取向,以“适应市场”为市场方法的营销观念。然而,Schmdehue 和 Morris(2000)指出“创业营销的市场方法是前摄性的,以动态创新领导使用者”,所以 Henrik(1997)的“适应市场”与创业和创业营销的概念是不相符的。

根据创业营销的概念:创业营销是对未来机会先见性的识别和利用,这说明创业营销是建立在对顾客未来需要和需求分析与把握基础之上的,企业是在发展和引导新的顾客,从这种意义上讲,企业是以供给推动(以生产者为中心)为价值取向的。而对未来机会先见性的识别和利用需要企业家的洞察力和先见之明;创业营销需要通过创新性的风险管理、资源的杠杆利用和价值创造的方法来实现,企业需要主动创造市场而不是被动适应市场。对原有市场均衡的打破,需要企业家的创造力和创新力。以上两点表明创业营销是以供给导向为价值观取向,以创造市场为市场方法的营销观念。

有研究者提出了一个基于企业两个基本价值观(供给推动和需求拉动)和三种市场方法(市场说服、市场适应和主动创造)的营销观念矩阵(表 14-1),形成了四种类型的营销观念。创业营销观念(区 I)是以“前摄性的、主动创造市场”为市场方法,以“不断创造新产品的供给推动”为价值观的营销观念,这种观念明显区别于其他营销观念(区Ⅲ、区Ⅴ和区Ⅵ),区Ⅱ和区Ⅳ不代表任何营销观念,因为区Ⅱ既然以“供给推动和自我为主”就不可能采用“适应市场”的方法,同理,区Ⅳ既然以“需求拉动为主”就不太可能采用“以我为主、主动创造市场”的市场方法。

表 14－1　营销观念矩阵

市场方法	基本价值观	
	供给推动	需求推动
主动创造	Ⅰ 创业营销观念	Ⅳ
市场适应	Ⅱ	Ⅴ市场营销观念
市场说服	Ⅲ产品与生产观念	Ⅵ销售观念

创业营销观念与市场营销观念的主要区别不在营销职能上，而是经营和战略导向上的差别。传统营销的营销哲学是适应市场，即顾客需要什么我们就生产什么，它通过大量的市场调查来收集信息，运用营销组合、STP 营销战略和客户关系管理等来实现这种思想。这种理论的价值和实践效果，只是在市场比较稳定、营销计划时间比较短的情况下才是有效的。而企业家活动恰恰是对市场创造性的破坏，对于创业型企业来说，新的市场和不清楚的顾客意味着流行的市场营销理论不能提供有效的方法指南。与此同时，以资源为基础的竞争理论强调在复杂、变化的环境下，企业应该培育核心能力，在此基础上积极地进行创新才能维持竞争优势。因此，创业营销的营销思想是为企业创造持续竞争优势。这是理解创业营销的关键，也是指导创业营销研究和实践的基础。

第二节　创业营销计划与定位

对创业企业来说，创业营销计划是其创业计划中一个十分重要的组成部分。营销计划制定的水平及其科学性，直接影响到创业营销的效果，关乎创业企业的发展与成败。“好酒不怕巷子深”

的传统理念，已越来越与动态、竞争的环境不相适应，“用力吆喝”成为企业营销制胜的必需和必要。

一、营销计划[2]

营销计划是制定清晰全面的方法以吸引顾客的过程。以下一些要素对形成这个计划是极其关键的：

1. 营销研究

营销研究的目的是确定客户是谁，需要什么，如何购买，并满足其需求。对于营销研究来说，以下一些领域是必须考虑的：企业的主要优势和缺陷、市场概况、目前客户和重要客户、潜在客户、竞争状况和外部因素，如分析人口统计、经济、技术、文化态度、政府政策和法律变革（保持经营策略与利率、标准和税法的巨大变革同步）这一系列因素的变化趋势，可能会对客户需求和期望的服务产生巨大的影响。

2. 销售研究

创业者需要根据营销研究的结果来不断改进销售和分销渠道构建的方法。销售研究的一个主要目标就是根据正确的客户特征信息来确定销售重点。以下是要研究的一系列潜在问题：销售人员是否根据适当的先后次序和时间安排访问最有潜力的客户？销售队伍是否与购买决策者有过接触？是否根据销售潜力和销售人员的能力对销售区域进行了调整？销售热线是否与其他促销工作密切配合，如广告宣传、商业展览和直接邮递？在销售热线中销售人员是否询问了恰当的问题？销售报告是否包含了适当的信息？销售队伍是否理解潜在客户的需求？客户或潜在业务的增长或减少是如何影响企业销售的？

3. 营销信息系统（MIS）

营销信息系统由人、设备等构成，涉及信息的收集、分类、分析、评估和传递过程，为营销决策者及时提供所需要的准确信息。

营销信息系统包括 4 个子系统，即内部信息记录系统、营销情报系统、营销研究系统和营销决策系统。

营销信息系统收集和组织从客户数据库获得的关于成本、收入和利润的信息。这些信息对与营销有关的策略、决策、规划的监督起到很大的作用。影响所有信息系统的设计的价值关键因素有：数据的可靠性；数据的有用性或可利用性；报告系统的及时性；数据相关性；系统成本。

营销系统是营销研究和经济决策的基础。有效的营销研究是创业者不断评估和发展企业的过程。为了让新创企业迅速成长，有必要组建一个营销信息系统。

4. 销售预测

销售预测是一个运用历史销售数据和统计技术来计划未来销售额的过程。由于这一过程依赖于历史数据，且这些数据一般难以反映当前市场情况，因此这一过程的价值是有限的，但对此必须予以考虑。

5. 营销计划

营销计划是创业计划整体策略过程的一部分。有效的营销计划必须建立在创业的特定目标基础之上。一般来讲，一个规范的营销计划大致有以下几个步骤：

(1) 评估营销优势和缺陷。在评估营销的优势和缺陷时，需十分重视对增强企业竞争优势的重要因素进行重点评估。也需要考虑产品设计、可靠性、持久性、性价比，企业的生产能力和限制，资源获取以及对专业知识的需求等问题。

(2) 制定营销目标。除营销目标的制定外，还必须制定实现营销目标所需的短中期销售目标，并转化为当前会计年度的具体的销售计划。这些目标应该陈述清楚、量化，同时也应是力所能及的。过高的目标设计，相当于没有目标。

(3) 制定产品（服务）策略。产品策略首先要确定最终使用者、批发商和零售商及其他们的需求和特征，与此同时，需将产品设计、特征、性能、成本和价格与这些需求相配合。

(4)制定营销策略。为了实现企业的中长期销售目标和长期营销目标，营销策略应包括广告宣传、促销活动、商业展览会、直接邮递和电话销售等。同时还需制定扩大销售队伍规模以及新产品营销的策略。当然一些为适应环境变化的应急性计划的设计在技术革新、区域市场转变或通货膨胀时期中都将是必需的。

(5)确定价格结构。企业的价格结构预示着哪些客户将会被吸引，以及企业所提供的产品(服务)的类型或质量。许多企业认为市场支配着一个竞争性的价格结构。但并非一直都是这样，许多提供高价产品的企业同样很成功。无论策略如何，必须使客户相信产品的价格是合理的。因而，产品或服务的价格，应该在营销策略形成后再制定。否则价格的不适宜，可能导致营销计划的失败。

6. 绩效评估

营销计划过程的最后关键因素是业绩评估。由于许多因素可以影响营销计划的实现，因而评估营销业绩很重要。应该根据客户分析，即吸引或损失客户的原因，以及已建立的偏好和反映来编制评估报告。同时可以根据销售量、销售额及市场份额进行分析评估，从而使营销计划更具灵活性和可调整性。

二、营销定位[3]

创业营销的要旨在于首先进行合理的定位，从而使资源匮乏的企业能够支撑市场营销过程的推进。这一定位主要针对创业机会的核心特征。创业机会的核心特征有两个方面:市场层面的特征以及产品层面的特征。

1. 市场层面的特征

在市场层面，创业者需要分析企业如何进一步定位企业的细分市场，基于更为细分的市场是创业营销模式与传统意义上的营销模式之间的主要差别来源之一。后者被科特勒称为大众化营销。

在新的竞争形势下，特别是进入新世纪以来，随着全球化的发展和日趋激烈的市场竞争，越来越多的企业选择建立在市场细分基础上的目标市场营销，相对于大众化营销，科特勒认为，许多公司正在放弃大众化营销，并且转化为微观营销。由于创新所面临的环境复杂性以及企业的资源匮乏特性，这一营销机制也构成了创业营销的基本出发点。

创业者首先需要定位产品的目标市场，只有找准了目标市场，创业者的后续营销方案才是有效的。通常，在营销学中，目标市场指的是在一个市场内部具有相同购买能力、购买态度和购买习惯的消费人群所构成的市场。为了确定目标市场，创业者需要对市场进行细分，从广阔的行业市场中寻找最适合的消费者群体，根据消费者群体的特点采取独特的产品市场营销战略，以求获得最佳收益。事实上，很少有一个产品能够同时满足所有客户的需要，创业者必须知道哪些客户对自己是最有价值的，他们的具体需求是什么，进而采用与之相适应的营销方案。

消费者的购买时机对于创业者营销策略的推进有直接作用。对消费者购买时机的考察意味着创业者可以找到一个更好的产品推出切入点，在这一切入点上，创业者可以实现更大可能的销售。例如，很多企业都愿意在节假日推出各种各样的促销活动，这些促销活动的存在基础就是对消费者购买时机的考察和分析。

购买动机是消费者在决定购买产品时的直接动机和诱因。一方面，创业者可以识别这些动机因素，在设计产品以及相应的营销策略的时候，充分考虑这些因素，促进营销行为的发生。另一方面，购买动机分析也提供了消费者拒绝购买产品的障碍因素，这些因素的识别有利于创业者有针对性地消除购买障碍。

因此，地理位置、统计特征、心理因素、购买因素这几个层级就依次构成了从大到小、从抽象到具体的细分顺序。创业者在构建细分市场的时候，基本上可以根据这一顺序找到有效的细分市场。

根据企业所面对的市场将创业机会分为三个类型：面向现有市场的创业机会、面对空白市场的创业机会、面对全新市场的创业机会。事实上，不论对于哪一类型的创业机会，深度的细分都是必不可少的。

细分市场需要使用一系列的标准，具有代表性的市场细分变量有地理因素、人口统计因素、心理因素、行为因素等四类。

(1)地理因素。按照消费者的地理位置来细分市场是一种传统的市场细分方法，也是创业者在细分市场时首先要考虑的细分方法。处于相邻地理位置的消费者，很容易受到相邻的地理环境所带来的社会文化、风俗习惯等因素的影响，这样其需求就表现出一定的一致性。当然，在实践中，同处某一地理位置这一特征所带来的消费者的需求差异还是较为粗略的，同一地区的消费者仍然能够体现出千差万别的购买行为，因此，创业者应当继续聚焦其视角，寻找进一步细分的可能。

(2)人口统计因素。人口统计因素是创业者细分市场的第二个考虑方面。这类细分指标很容易理解，因为消费者的欲望、偏好和使用率经常与人口统计因素有密切联系，而且，人口统计指标也很容易直观地观测到，这也为营销人员划分市场提供了便利。在人口统计因素中，性别、年龄、收入、教育程度、职业等因素是最常用的市场细分因素。创业者应当有效地利用这些因素，明确细分市场。很多情况下，从人口统计因素细分市场仍可能不够细致深入，例如不同年龄段的消费者依然存在较大的差异，因此为了进一步考察细分市场，创业者仍需要进一步聚焦其他视角。

(3)心理因素。相对于人口统计因素，心理因素开始关注消费者的主观特质。与外在的特征相比,心理因素更有可能对消费者的购买行为产生影响,许多产品和服务都是通过心理细分来进行定位。例如有些食品专为那些注重身体健康、要降低脂肪摄入量的人们设计。因此,心理因素的细分是建立在不同个体的价值观念和生活方式基础之上的,从心理因素角度考虑市场细分,就是针对消费者心理需求考虑的细分市场。在心理细分方面最著名的细分系统是 VALS(价值观和生活方式系统,Values & Lifestyle System),它是由美国斯坦福咨询研究所建立的。这个系统的主要理论框架是:个人的生活方式受"自我导向"和"个人资源"两方面因素的制约。"自我导向"是指人们自我社会形象形成的活动和态度,它有三种形式:原则导向,这种人总是根据原则办事;地位导向,这种人喜欢在有价值的社会背景下寻找一个安全的地位;行动导向,这种人试图用确定的方法去影响环境。"个人资源"则包括心理方面的、体力方面的、人口统计方面的物质观和个人能力。

(4)行为因素。从行为因素角度细分市场是根据购买者在购买商品时的直接行为特征对消费者进行细分。这一细分方式最为直接有效。行为因素主要从购买时机和购买动机两个方面进行考察。

2. 产品层面的特征

在营销规划中,对于产品层面的特征的分析主要是从满足需求的角度去认识产品,即创业者的产品究竟能够满足目标顾客的什么需求。当然,随着产品的开发,消费者对于产品的需求也在不断地发生变化。例如,对于手机这一产品传统意义上的功能只是用来接打电话,但是随着手机产品不断地开发,不同的人群会需要不同类型的手机:追求时尚的人群会追求手机外形的独特个性,追求实用的人群会要求手机具有更多功能。手机的各项功能中,不同人群的侧重点也会不同,有人注重手机拍照功能,有人注重手机的录音功能。因此,企业在分析产品层面特征的时候,就应当从消费者的需求出发,考虑最合适的产品定位,或者集中做某一类型的产品。或者尽可能将消费者对该产品的各种需要都融入到产品的设计中,使得所生产出来的产品更具有市场竞争力。当然,从价值工程的角度,产品宽泛的功能,可能导致成本的增加,进而对那些功能要求相对较少的需求者而言,也许会降低其购买欲望。

第三节　创业营销组合

创业者采用各种方法从目标市场获得所需的反应,这些方法组成了营销组合。营销组合就是企业在目标市场实现营销目标的营销方法的集合体。营销组合可以划分为四个主要方面,或者说营销的四个 P:产品(product),价格(price),渠道(place)和促销(promotion)。在每一个 P 中都有特定的营销变量(表 14-2)[4]。

表 14-2　4P 及其营销变量

类别	含　义
产品	产品种类、质量、设计、特征、品牌声誉、包装、尺寸、服务、保证、回报
价格	目录价格、折扣、补贴、偿付期、信用期
渠道	渠道、覆盖面、分类、位置、存货和运输
促销	销售促销、广告宣传、销售队伍、公众关系和直接营销

营销组合决策必须能影响销售渠道和最终消费者。一般来说,创业者可以在短期内改变产品或服务的价格、销售队伍规模和广告费用;而在长期内可以开发新产品和改进促销渠道。以上四个 P 代表了消费者影响购买者的营销方法的观点。而从购买者的角度来说,每一种营销方法都是为传递客户利益而设计的,

如与销售者的四个 P 相对应的四个 C：产品对应客户解决方案（customer solution），价格对应客户成本（cost），渠道对应便利性（convenience）和促销对应交流沟通（communication）。概而言之，能经济和方便地满足客户需求，并能与之进行有效交流沟通的创业者将获得成功。

1. 产品

产品是一种能满足客户需要的载体或服务。任何一种产品都有其生命周期，即开发导入、成长、成熟和衰退阶段。在产品的市场导入阶段，创业者必须有效地将产品和服务打入市场，并克服客户的消费惯性。潜在客户必须能获得产品的相关信息，如怎样使用以及满足什么需求等。在这一阶段营销的成本往往比较高。在成长和接受阶段，对于获得成功的产品来说，销售额和利润继续上升。在成熟和竞争阶段，销售额上升，但是利润达到最高，然后随着竞争者进入市场而下降。在产品生命周期的饱和阶段，销售额达到顶峰，这标志着引入下一产品的时机的到来。产品生命周期的最后一个阶段是产品衰退阶段，销售额继续下降，利润急剧减少。但是这并不意味着产品注定要失败。企业可以通过创新和改进使产品重新获得客户青睐。

2. 促销

促销包括公关、人员推销和广告宣传。公关是指由媒体报道的任何商业新闻，其可以提高销售额，但企业一般不用为此支付费用。人员推销是指销售人员和潜在客户之间的人际接触，其目的在于促进销售。广告宣传是指非人员的推销，由明确的赞助商支付费用的销售陈述。

（1）公关：对于创业者来说，为了有效促进公关可以采取很多活动。如写一篇有关客户感兴趣的文章，赞助一件非常规的活动，如低成本的庆祝活动，创业者接受电视台和电台的采访，出版业务通讯，在当地机构组织进行演说，资助学术会议，为媒体写新闻稿，参加社会团体、行业协会和委员会，资助一项社区工程或支持非营利组织，促进一项公益事业等等。

(2)人员推销：许多成功的创业者都是一流的销售人员。成功的推销在很大程度上取决于销售人员的技能，一流销售人员的某些特征促成了卓越的销售业绩。一流的销售人员通常具有以下特征：对于新的机会充满热情、机敏；精通销售的产品和服务；专注于精选的项目；计划周详；采用直接方式从客户的角度考虑问题；参照过去成功的案例把销售材料留给客户，把自己看做问题的解决者，而不仅仅是卖主；以销售业绩和客户的满意度作评价标准。成功的人员推销不仅仅取决于优秀的一流推销员，同样也需要销售系统，它包括一系列的事项，如：渠道——与潜在客户建立良好关系；面谈——倾听潜在客户意见；论证、解释和展示——将产品或服务的利益陈述清楚；证实——证明有关产品或服务的价值；协商——听取不满意意见，并尽量克服存在的问题；完成——结束商谈，征求订单。

(3)广告宣传：制定一份广告宣传计划包括三个步骤。第一步，制定明确量化的目标。有些广告是为了得到及时的客户反应而设计的，其目的是激发购买决定；还有些广告试图在其客户和公众中建立企业和品牌形象，从而提高销售额；另外还有些广告试图吸引新客户，或者把企业及产品导入一个新地区。

第二步，确定和分析目标群体。创业者必须定义目标群体，描述客户特征，从而可以帮助他将广告信息专注于特定的目标市场，以达到更好的效果。确定这些事项，可以使创业者有效选择适合的媒体，从而以最少的成本接触到目标群体。对于创业者来说，有许多可以选择的广告媒体，如口碑、报纸、电台、电视台、杂志、邮件、万维网、户外广告、运输(移动)广告、电话本、交易展销会、主办活动和特殊事件，以及商场广告。如何选择广告宣传媒体又涉及以下一些关键问题：业务区域有多大？谁是客户，有何特征？目标客户最有可能观看、收听或阅读的媒体是什么？有何预算制约？竞争对手采用什么媒体？广告信息的重复性和持续性有多重要？广告媒体的成本是什么？

第三步，设计广告信息，并选择传播媒体，由创业者决定说什么以及怎么说。创业者应该在独特买点（unique selling proposition，USP）的基础上构建广告。USP 是有关产品或服务的关键客户利益，用于回答每个客户提出的关键性问题："我能从产品服务上得到什么？"企业则应该通过描述提供给客户的主要利益和其他次要利益来明确产品或服务的 USP，还应简要列出一些事实支持证明 USP。然后，使广告专注于强调这些最重要的利益以及支持他们的事实。

以下六条针对 USP 的广告策略可增强广告效应。

①广告的目的是什么？②可以提供给客户的 USP 是什么？③有什么事实可证明支持 USP？④广告针对的受众（目标群体）是谁？⑤想从目标群体中获得什么样的反应？⑥在广告中想传递什么形象？

USP 必须真正独特，才能使广告富有效果。如果和其他竞争者相比没有特色，那么这则广告是无用的。

最后一步，包括评估广告的有效性。广告的有效性应该通过七项测试：

①浏览性测试：迅速浏览广告，能一眼看到所展示的利益（USP）吗？②理解性测试：目标全体看了一遍广告后，能说出这一产品或服务是什么、能提供什么利益、出价是多少以及如何订购吗？③差异性测试：目标客户能否在看了广告之后，将其产品与其他竞争对手区分开来？④夸张性测试：能否用事实代替夸张性的广告词？如不能，能否用客户的鉴定书来支持广告词？⑤可信性测试：请潜在客户提出广告中令人难以相信的广告词，然后进行修改或用事实进行支持。⑥即时清晰度测试：从潜在客户的

角度对广告中的不清楚部分进行重写。⑦USP 测试:这则广告是否围绕产品的 USP 进行?

编制广告预算。创业者可用四种方法编制广告预算。量力而行法,以创业者的财务状况为编制依据;横向对比法,创业者可参照竞争对手的广告预算来编制自己的广告预算;销售比例法,创业者可以根据过去或预测的销售百分比来决定其广告预算;目标和任务法,预算可以在特定的广告目标和任务的基础上编制。同时,创业者可以采用一些策略使较小的预算达到较好的广告效应。例如,可以雇佣自由撰稿人和艺术家、采用合作广告等手段使广告力度最大化。

3. 分销渠道

要将产品或服务递送到客户手中,就需要建立分销渠道,创业者可以通过直销的方法直接将产品送到客户手中,也可以通过销售网络传递其产品或服务。分销渠道建立起客户和创业者之间的沟通联系,其有效性关系到创业的成败。在选择渠道的时候,创业者通常应利用其特有的一些优势,如创新性和灵活性等,建立独具特色的营销渠道,从而构建竞争优势。在因特网迅速普及的今天,创业者有必要充分运用因特网的特点来建立网络渠道。

4. 定价策略

在市场营销中企业需要考虑或利用灵活多变的定价策略,修正或调整产品的基础价格。这些策略通常有:折扣定价策略,以鼓励客户大量购买、淡季购买、及早支付货款;地区定价策略,根据地区差异,决定产品在当地的价格;心理定价,根据客户购买的心理特征确定产品价格,如声望定价、尾数定价、招徕定价;差别定价,也称价格歧视,可根据客户差别、产品形式差别、产品销售时间差别等因素定价,比如,一些商场推出在晚上 9:00 以后购买的商品,按 9 折付费。

第四节　创业营销过程

一般来说,创业营销的过程要比传统营销简单,这是由于其资源禀赋以及企业特征所决定的。成熟企业往往拥有一个专职的营销部门来实施营销工作,同时也拥有充分的资源予以支持。创业营销所能够使用的资源则要少得多,在多数新创企业中很少有专门的营销部门。由于这个原因,创业营销过程要相对简单,目标也更为直接。创业营销的过程主要包括以下几个阶段:

1.机会深度分析

新创企业的战略制定方案是机会导向的,这也正是新创企业战略与一般成熟企业战略的最大差别之一。在营销模式和营销过程中,这一点同样得以体现。在企业创立之后,创业机会能否得到有效开发,实现预期价值,取决于创业机会的特征能否被正确认识,创业机会特征综合考虑了企业的内外环境。因此,机会导向的创业营销模式也是一种兼顾内外情况的营销模式。这一分析是创业营销的起点,也是创业营销能否实现预期目标的关键。

2.关系渠道构筑

许多创业者都承认人脉关系在创业中的重要作用,良好的关系能够为企业带来充裕的信息、资金、原材料、产品等要素,并且形成一个良性循环流动的关系网络。从某种意义上讲,这一关系渠道对于创业者的意义不仅是营销方面的,更是整个企业的战略层面上的。

3.实施促销战略

构建关系渠道只是具体营销活动的开始,促销策略则是创业者所实施的具体营销策略。为了把产品推向市场,创业者需要拿出实实在在的销售方案。不论是做广告还是其他捆绑销售等方式,这些方案的选取需要配合机会的深度分析和关系渠道的特征。对于成熟企业,促销策略较为复杂,需要综合多样化的策略来实现预期的目标;而对于创业企业来说,促销策略则会简单一些。

4. 产品价格设定

产品价格设定是创业营销的最后一个环节,也是产品与最终消费者直接面对的最后一刻。价格是影响营销效果的有效手段。同时,价格的有效性依赖于企业创业机会的开发、竞争优势的构建以及营销规划的其他环节的实施情况。单纯依靠价格策略虽然在短期内会取得一点效果,但是从长期看不仅不利于企业竞争优势的构建,也不利于企业的良性发展。将价格放在最后一个阶段,是希望创业者不要把价格作为营销过程的核心。

第五节 超越创业营销障碍

实际上,即使是在欧美这样的创业热土,也只有少数创业企业能够顺利经过必要的阶段,实现完全意义上的创业营销的成功。除了环境因素之外,其重要原因在于创业营销存在着许多天然障碍。只有超越这些障碍后,创业营销才可能取得预期的效果[5]。

一、创业营销的阶段划分

成功的创业营销需要历经四个阶段:创意营销阶段、商业计划营销阶段、产品潜力营销阶段和企业潜力营销阶段。

1. 创意营销阶段

创意营销最初,创业企业家萌发了一种创业冲动或创业构想,但这种冲动或构想还停留在人脑中,创业企业家必须将其转变为一个清晰的概念或开发出某种产品原型或技术路线,才能与其他人进行沟通交流。当这些工作完成时,他最需要的是寻找志同道合者组成创业团队。因为一个人很难精通创业过程中需要的所有技能,也不一定拥有创业所需的关键资源。优秀的团队是成功创业的关键因素,团队成员最好在信念、价值观和目标等方面基本一致,又具有献身共同事业的强烈愿望,而且在资源、技能、经验、个性和思维模式等方面具有互补性。

2. 商业计划营销阶段

创业团队形成之后,就要着手撰写详尽的商业计划。通过商业计划吸引投资者尤其是风险投资家的注意并获取风险投资。成功的商业计划除了要有概念上的创新外,重要的是进行现实的、严谨的市场调研和分析。如果商业计划营销获得成功,创业团队获得风险资金,就可以正式建立创业企业,进行商业化的新产品开发。这一阶段表面上营销的是创业企业的商业计划,实际上也是对新产品和创业团队的全面检验。在视美乐案例中,邱虹云等 3 人与 30 多家企业进行了投资谈判,在创业团队组成两个月后就获得了风险投资,在很大程度上得益于他们的产品概念的独特性、创业团队的优良结构、创业者的清华背景、踏实的商业计划书以及当时良好的市场环境,另外,他们还得到了清华兴业投资顾问公司的协助。

3. 产品潜力营销阶段

产品潜力营销是当商业化的新产品开发出来之后,创业企业就需要大量的投资来进行产品的批量生产和大规模销售。而创业企业一般难以获得银行贷款或供应商的支持,而且也缺乏丰富的商业关系和经验,因此它需要再次从外部投资者那里获得支持。这时外部投资者最好是企业的战略投资者,他们不仅可以带来资金,更重要的是还能带来管理经验和商业关系,为将来的公开上市做准备。战略投资者看重的是产品的市场潜力、企业的技术能力以及营销能力。创业企业如果能够吸引战略合作伙伴的加入,就可以利用新资金将新产品大规模推向市场。视美乐在2000年初开发出可以商业化的产品,2000年4月又获得了澳柯玛的战略投资。澳柯玛有资金,有家电产品的生产和销售经验,在它的协助下,视美乐产品在2001年初得以正式上市。视美乐在产品研发上的投资不到300万元,而在大规模生产和市场推广上的投资则达到3 000万元。

4. 企业潜力营销阶段

在许多情况下,新产品上市并不能迅速赢利,但产品和企业的市场前景已经相当明朗。这时创业企业可以寻求公开上市,以获得快速扩张所急需的资金,同时也使风险投资家得以顺利退出。公开上市可以打通创业企业从资本市场获取资金的渠道,它是创业阶段的结束,也是规范经营阶段的开始。在视美乐的案例中,由于中国目前还没有为创业企业开辟一块市场,因此他们暂时只能通过其他途径来获得资金,通过降低发展速度来确保盈亏平衡。

二、创业企业营销需超越的障碍

1. 创业营销知识

创业营销的营销者往往是创业者,他们虽然具有创业精神或掌握某种新技术、新产品,但一般并不是营销专才,缺乏商业知识和专门训练,在创业初期也没有专门的营销部门协助,身兼数职,难免会犯一些简单错误或陷入某种误区。如不善于沟通、固执己见、不愿意与人合作、重技术不重视市场等等。因此,创业者需要克服障碍,学会如何有效地沟通和营销。

2. 合作关系

创业营销在不同阶段的目标顾客并不确定,随时会发生变化,因此增加了实际操作的难度。要吸引潜在的团队成员、风险资本和战略投资者的注意并不难,因为他们也在寻找潜在的合作机会,但真正建立起良好的合作关系则很难。因为存在信息不对称问题和利益冲突(主要是股权分配)问题,而且合作各方都有大量潜在的其他合作对象,使表面上看起来容易的事,实际上困难重重。

3. 未来价值评估

创业营销的目的是为了寻找合作伙伴,从而获取创业企业所必需的各种资源,其成本是未来公司的股权、控制权或潜在的市场控制权。但评估创业企业的未来价值并不容易,何况环境因素的变化又会随时影响到这种评估。这会大大影响决策效率,从而影响到创业营销的效率。

4. 营销策略调整

创业营销的各个阶段,其目标和任务都不一样,因此要在不同时期迅速调整营销策略。即使在同一个阶段,针对不同的目标顾客(如拥有不同资源和合作目的的合作伙伴),营销策略也会大不一样。创业营销策略既需要高度的灵活性,又需要内在的一致性,因此难度很大。

5. 商业信用

创业营销销售的是产品概念、商业计划或公司的未来,而不是具体的产品,而且企业在创业初期,商业关系不多,还没建立起信用。要将这些既不确定又无信用担保的东西销售给专业的风险投资家,难度是很大的。克服这种障碍的唯一办法,是创业者自己也成为营销专家或雇佣专家为你工作。

6. 内部资源

创业企业的内部资源有限,而且生存能力较差,外部环境的细微变化都可能决定企业的存亡。因此,创业营销者要有很强的整合各种资源的能力,要具有以最少的内部资源调动最大限度的外部资源的能力。

参考文献:

[1] 黎赔肆等.创业营销观念探析[J].全国商情(经济理论研究),2008(18):24~25

[2] 吴振阳.创业经纬[M].上海三联书店,2005年7月第一版:183~186

[3] 林嵩等.创业学:原理与实践[M].清华大学出版社,2008年10月第一版:249~253

[4] 吴振阳.创业经纬[M].上海三联书店,2005年7月第一版:186~191

[5] 谭洪均.关于创业营销的若干思考[J].青岛职业技术学院学报,2006(4):62~63

第十五章　财务管理

第一节　财务管理

创业企业资金一般比较紧张,特别是在市场扩张时,许多企业由于陷入财务危机被债权人申请破产,从而丧失了发展壮大的机会。强化财务管理,选择适于创业企业发展阶段和特点的财务管理模式,对创业企业的生存和发展具有重要支持作用。

一、创业企业的财务管理模式[1]

1. 初创阶段的企业财务管理模式

公司刚刚建立或正在建立时,经营者将面对大大小小的问题。此阶段财务上有如下特点:资金需要量大;产品的销路相对狭窄;利润额低,甚至是负数;人员方面较为精简,存在一人身兼数职的情况,有时往往表现为家族生产;技术水平较低,有时表现为作坊式生产。针对这些特点,创业企业在开创阶段的财务管理模式可相对简化些:

(1)针对公司资金需要量大的情况,设计合理的筹资渠道。有自有资金时一定要用自有资金,以降低资本成本。我国南方有些公司老板,创业时预计公司一旦赢利将有 100% 或 200% 的利润,于是信誓旦旦地从民间集资。就这一行为来看,首先,无视国家法律;其次,可能使公司刚刚创建就背上沉重的包袱,使好的产品在导入期就可能面临夭折;最后,光看到潜在的利润,却忘了可能的风险。公司在这个时候如果需要借钱的话,可以考虑从正规渠道借贷。

(2)面对产品销路相对狭窄的问题,可以将财务管理的重点放在利用有限的资金拓展业务上来。对于公司的销售额预算应做得较为详细,可以以周为单位或以日为单位,预计产品销售数量、价格、可能发生的销售费用等。

(3)利润额低是创建期公司面临的共同问题。公司可以将重点放在支出的监督上,看一看哪些支出是必要的,哪些支出是可以避免的,将有限的资金运用到公司经营的关键之处,便可取得事半功倍的效果。

(4)在人员雇佣上,我国有些私营公司在创业期是由兄弟几个或朋友、夫妻一块儿张罗的,可能会由于业务需要雇几名员工。这时公司的人员结构较为简单,在进行员工及自身工资核算时,一般不要过于繁琐。

(5)公司一开业在技术上的投资往往不多。公司如果预计几年后要更新设备或做其他投资以提高技术水平,可预先从每月的收入中划出一部分作为准备金,做到未雨绸缪。

2. 成长阶段的企业财务管理模式

成长阶段的企业信誉较好,产品销售对路,发展速度较快,市场需求旺盛,销售额大幅度上升。企业为了扩大生产,需要增加投资,增添厂房、机器设备、存货和劳动力,因此,需筹集大量资金以满足投资扩张的需要。针对以上特点,企业财务管理模式应是:

(1)完善制度。产品种类增加,数量与规模变大,原有的制度可能会造成账、物不符或欠款收不回等现象。因此就要将采购、入库、出库、记账几个环节协调好,保证每一笔业务及时记录,加强现金和应收应付款的管理,防止公司出现财务漏洞。

(2)筹资管理。成长中的公司面临的最大难题就是资金短缺。"缺钱"包括两个方面:①日常资金周转不灵;②公司长远发展资金缺乏。生产规模要扩大,流动资金要增加,办分公司或销售网点要钱,并购其他公司也要钱。这时公司要选择正确的筹资渠道,尽可能既降低成本,又能筹到钱。

(3)投资管理。公司一进入成长期,经营者脑海中往往会涌入很多的构想:开拓国际市场;引入先进设备;创造更多社会效应;争做标王;扩大全国影响;建立全国销售网点;等等。这些投资计划都是好的,但是对一个公司而言,资金是有限的,有限的资金如何正确地运用到一个或几个项目中去,以保证最高的收益率呢?这就是成长阶段企业财务管理要首先考虑的。

3.成熟阶段的企业财务管理模式

成熟阶段对公司而言是事业发展的顶峰,生产经营逐渐步入了正轨,表现出如下特点:原有产品的市场销售已趋于平稳;利润率保持在一个相对稳定的水平;相应的管理制度已成体系,较为完整;岗位相对固定,员工数目增多,分工进一步细化;渐渐树立起企业形象,打出自己的品牌;资金回流量逐渐增多,开始归还成长债务;投资主要集中在资产维护改造上;筹资难度较小。当然也可能出现停滞、涣散、产品老化等问题,如不及时更新,公司将走向衰落。公司要开展"二次创业",拓展产品功能、研发新产品或涉足新领域最终才能再创新高。如宝洁公司、IBM公司等,就是以这种方式不断突破自己,保持赢利。针对上述特点,公司财务管理模式应是:

(1)节约成本。成熟期公司产品销售基本稳定,产品售价可能不变或有所下降,这时降低成本有助于保持公司原有的利润率。财务管理人员首先要考虑的是,是否所有的支出都是必要的?

(2)保证公司研究开发费用。公司要进行"二次创业"就必须有一定的资金作保障,研发费用是其中的一部分。有时研究开发需要一大笔资金，公司要舍得投入。

(3)谨慎投资。公司进入成熟期后开拓新领域要保持谨慎的态度。①首先看自己是否熟悉该领域，是否有足够的资金和技术力量。②看自己将要涉入的领域中已有的竞争情况，自己原有的品牌效应是否足以保证一定的市场占有率。③看将要涉及的行业是不是夕阳产业，有无潜在的替代产品。④投资的收益是多少？多长时间能回收成本？

(4)融资讲信用。成熟期的公司由于信用高，赢利高，融资相对要容易很多。这时公司更应注重自身的信用，防止由于经营不善造成信用危机。

事实上，影响企业财务管理的因素是复杂的，其他的因素如企业经营规模、经营范围、组织形式等都会或多或少影响企业的理财活动，进而影响企业的财务管理模式。所以企业要结合自身的实际情况，不断调整财务管理模式，以得到最佳经济效益。特别是创业企业初期，适宜的财务管理模式总是在实践中不断探索出来的，它也将随企业生产经营方式的转变，进行相应的调整。

二、创业企业财务管理规范[2]

规范财务管理是创业企业正确运用财务信息来强化企业管理，以降低风险的基础性和必要性工作。财务管理的不规范，不仅难以真实地反映出创业的绩效，而且也不利于创业企业竞争战略的设计与执行。一些创业企业的生命周期短，其中财务管理的不规范是一个重要的影响因素。

1. 创业企业初创阶段财务管理存在的问题

(1)会计主体不清晰。创业企业在创建之初，由于产权关系不清导致会计主体的不清晰。在创业企业创建之初，将业主家庭财产视为企业资产任意调用却未按资产入账；创建成功之后则又将企业资产视为业主家庭财产，业主家庭支出视为企业成本导致企业资产流失。在初创阶段的这种业主家庭财产和企业资产划分不清的状况,直接导致财务会计主体不清晰,会计资料难以真实、客观地反映企业经营状况,使得财务管理无法建立在一个可信的基础之上。

(2)会计业务水平低下。主要表现在以下方面:①缺乏具有专业素养的会计人员。创业企业在创建之初,由于家族式管理往往是任人唯亲,所以其主管财务的人员大多并不具备相应的专业素质要求。大部分初创的创业企业是由业主的亲属担任会计。这些人多数没有会计专业知识,不具备会计从业资格。有的虽然参加短期培训取得会计证,但对会计、金融知识了解甚少,而且严重缺乏会计实践经验,在这样的基础上何谈现代化的企业财务管理。②会计行为严重不规范。在会计核算上许多创业企业对财会人员的要求只停留在记账、算账和报账这一层面,且经常要听命于经理老板个人意志做账,因而会计行为不规范。主要的问题表现为:会计建账混乱,有的私营企业不设账,有的私营企业虽然设账,但账目不健全,数据不真实;会计凭证不合法,记账凭证与原始凭证不匹配,对原始凭证擅自修改,“白条”直接入账较普遍;会计核算不规范,有的企业只将明收入入账,暗收入不入账,有的将收入挂在“应收账款”、“应付账款”账户。更有甚者,将销售收入不入账,而销售成本则全部入账,以偷逃国家税款。

(3)缺乏有效的财务控制。初创企业缺乏有效的财务控制,在资产管理和成本控制两个方面表现尤为突出:①缺乏健全的资产管理制度。在初创阶段,创业企业大多只重视现金管理,不注重非现金资产的管理。应收账款控制不严造成资金回收困难,有些企业为了扩大营业额盲目赊销,最后导致货款无法收回,为企业带来了巨大的财务包袱。原材料的购入、保管和领用没有统一计划,在生产中往往损失较大,浪费严重。固定资产没有健全和有效的管理方法。一方面,初创企业在购置固定资产时,大多以满足生产需要为目标，对于那些增加生产安全和保护生产环境方面的辅助性固定资产基本不考虑，虽然这样做减少了初期购置固定资产的成本，但一旦发生事故，则会使企业损失大量财富和声誉，甚至会是毁灭性的打击，同时还会在社会上造成巨大的不可挽回的负面影响；另一方面，在初创阶段部分创业企业为了急于收回投资，会不提或少提折旧，让固定资产超期服役，不对固定资产进行例行性检查和维修，这样做，可以降低当期费用，提高当期利润，但不符合会计准则，又会给企业以后期间的现金流动带来不利。②没有科学的成本管理制度。一方面，多数创业企业采用精打细算、减少浪费等有利措施控制成本绝对额，但有时又走向极端，为了产品成本绝对额的降低，不惜降低产品质量，结果损害了企业的信誉，最终降低了企业利润。另一方面，大部分创业企业的财务人员由于管理知识缺乏，难以确定企业生产的盈亏平衡点，在相对成本的控制方面缺乏经验和措施，不能根据企业实际状况提出建设性的意见。在成本核算方面也十分粗放，有的企业把几种甚至十几种主要产品成本笼统地汇总核算，一旦企业出现亏损或赢利，管理层无法辨别赢利产品和亏损产品，这对安排产品品种、调整生产结构十分不利。

(4)利益分配机制不合理。有的创业企业主借助其绝对控股地位，操纵成本，减少利润，侵占小股东利益。大股东借助其对企业的控制权将个人及家属消费性支出计入企业期间费用，致使利润减少；或者将企业投入于以大股东名义注册的公司的投资但不按投资入账，而打入企业成本，从而既套取企业资金又侵占企业利润。这样大股东实际分配到的利益往往大大超出其从账面利润分配中得到的利益，无形中便侵害了非控股股东的利益。此外创业企业存在着劳资利益分配不合理的问题，业主大多是重按资分配而轻按劳分配。

2. 规范创业企业财务管理的策略

创业企业的决策者必须首先提升自我，打破狭隘的经营理念，克服急功近利的短期行为，树立现代企业管理理念，全面提升财务管理的层次。要把规范财务管理作为推行现代企业制度的重要内容，贯彻落实到企业内部管理的各个职能部门、企业发展的各个阶段。

(1)要进一步明确创业企业会计主体

企业产权关系不明晰导致财务会计主体的不明确。要明确创业企业会计主体必须理顺产权关系。首先，要界定清楚业主财产和企业资产的界限，合理划分业主个人及家庭消费支出与企业成本支出的界限。其次，独资创业企业应逐步改制为股份制企业，家族可以控股，但不能一股独大。再次，逐步推行所有权与经营权的分离，可实行职业经理人管理或企业委托代理制。理顺创业企业的产权关系，将为企业实施现代财务管理提供必要的前提条件。

(2)提高创业企业会计业务水平

提高创业企业财会人员的财务管理观念及综合素质。为提高创业企业的财务管理水平，工商、财政和税务部门可针对创业企业主、创业企业财务主管人员等不同对象定期抽调人员免费举办长期和短期的财税知识培训班，请专家进行专题讲座并定期辅导。还可结合工商和税务年检，将会计专业学历证明、会计职称证明、参加培训班的合格证作为年检的要件之一，以强制性地提高创业企业主及其财务主管人员的财务管理素质。

(3)进行创业企业财务管理规范化建设

创业企业财务管理的规范化，需要企业内部和外部的结合。①在创业企业内部，为了加大财务部门对企业经济行为的控制力度，必须规范完善企业内部财务制度。首先，企业财务部门要按照现行法规制度的要求，结合企业实际情况，建立健全符合企业发展要求的内部控制制度和内部稽核制度，使企业的生产营销发展到哪里，财务管理的触角就延伸到哪里。其次，企业财务部门要在综合考虑多方面因素的基础上，围绕目标利润，认真编制和执行财务预算，构建企业财务责任指标体系。②在创业企业外部，必须健全会计法规，加大惩治力度。世界上许多国家都制定了针对初创企业发展的法律法规、优惠政策及惩戒措施，如日本的《中小企业基本法》和《中小企业现代化促进法》，美国的《中小企业法》和《公平执行中小企业法案》等。在这方面，我们应该借鉴国际经验，国家立法机关应尽快制定出专门适用于我国创业企业统一会计行为的法律规范，减少创业企业财务管理的随意性。通过立法，确立创业企业会计主体和法律责任，加大对违法行为的惩治力度，以规范相关责任人的财务管理行为。

(4)建立成本管理机制

首先，充分利用成本核算信息。运用本量利分析法，合理测定企业最佳销售量及保本销售量，进一步确定销售价格，确定最佳存量，减少无效或低效劳动，并努力寻找适合企业产品特点的既能提高产品功能又能降低成本的途径。在产品核算方面，要遵守重要性原则，对主要产品详细核算其成本构成，并为生产部门提出改进措施；对严重影响企业效益的产品要做横向对比，找出自身生产活动的不足，把成本浪费消灭在生产的源头，实现财务部门成本核算管理的事前参与和超前控制。其次，建立以成本、费用、利润为中心的成本考核体系，将能够量化的指标尽可能量化，通过考核绩效促进各部门工作效率的提高。财务部门要把成本管理的重心从侧重于简化成本核算，转移到侧重于成本控制。积极推行责任成本，加大成本考核力度，在企业内部设立责任成本中心，充分利用财务信息的全面性和权威性，客观、公正地评价成本中心的绩效。

(5)构建适应创业企业发展需要的资金管理机制

在投资、筹资及分配活动中发挥财务管理的中心作用，提高资金营运效益。①在投资活动中，建立资金投入效益的保证机制。决策失误是资金投入低效甚至无效的重要原因。企业财务部门要改变目前仅限于对企业内部价值信息进行综合处理的做法，而要多方收集企业外部的有用信息，主动研究市场，自觉参与企业投资项目的测算、论证。考虑资金时间价值和风险价值，分析比较项目的投资回报率，把好项目的财务预算关。其次，在筹资活动中建立活而不乱的资金循环机制。②企业必须保持合理的筹资结构，适度负债经营，形成既要“借鸡下蛋”，又能“以蛋还鸡”的良性循环，在充分考虑企业偿债能力的前提下，设法筹足项目建设资金，避免企业的效益过多地分流于资金利息，提高企业偿债能力，逐步把企业从“高负债—低效益—高占用”的恶性循环中解脱出来。③规范企业的融资行为。财务部门务必保持良好的融资信誉，形成“借—还—借”的良性态势，不仅要重视银行信用，更要重视和讲究商业信用。否则，企业的债务链会越拖越难解，资金问题就会成为财务管理的一个大障碍。

三、创业企业财务战略管理[3]

1. 企业财务战略管理的含义

企业战略是适应现代经济社会发展产生的一种新的管理思想，正确的企业战略管理思想是企业经营成功的基本保证，战略上的失误会导致企业巨大损失。企业财务战略管理是指在企业战略统筹中，以分析企业内外部因素对资金流动的影响为基础，以促使企业资金长期均衡有效流转与配置为衡量标准，以维持企业长期赢利能力为目的的战略性思维方式和决策活动。完整的财务战略管理主要应该包括投资决策、融资决策和股利决策（利润分配），其主要职能是进行决策、计划和控制。在不同的企业发展阶段,应执行不同的财务战略管理制度。

2. 初创企业财务战略管理的特点

由于初创企业自身在企业管理、资金筹措、市场营销、生产和效率、组织和会计制度以及法律形式的选择等各方面不同于大型企业的特点,决定了其有着不同于大企业财务战略管理的特点:

(1)股东与管理者的财务战略管理目标的一致性。大多数初创企业所有权与经营权相统一,经营者自己往往就是最大的股东,使得管理者与股东目标存在一致性:即实现企业价值最大化。这种目标的一致性使企业不需要通过财务管理来对经营者实行监督控制和激励,财务管理可以在保证管理者目标实现的同时实现企业价值最大化。

(2)财务战略管理的内容较为简单。相对于大企业来说,初创企业财务战略管理的内容较为简单。首先,由于企业规模小、资产有限,其日常财务管理工作较少需要进行投资决策。其次,受外部环境及自身能力制约,初创企业的融资渠道较单一,其财务管理者一般不用考虑企业股票和债券的发行,因为初创企业一般不够发行股票和债券的条件,其更多需要考虑的是内部融资以及短期内经营资金的筹集。再次,初创企业的经营特点决定其在财务管理方面较少需要同外部联系,因此财务管理也主要是为内部管理服务,内部经营管理的需要使初创企业的财务管理要围绕着自己的业务展开,通过财务管理进行资金的分析和控制,从而保证企业的正常运作,保证股东的利益。

3. 初创期企业财务战略管理的内容

(1)融资战略。融资战略主要解决企业筹集资金的目标、原则、方向、规模、结构、渠道和方式等重大问题,它是为适应未来环境与企业战略要求,对企业融资进行长期而系统的构想。针对初创企业发展的不同阶段,融资战略所要解决的问题各有侧重,初创期融资战略主要解决初创企业在初始发展阶段的融资规模、融

资渠道和融资结构等目标问题。具体战略可选择:

①内源融资战略。企业筹集资金的渠道多种多样,如举债、发行股票、租赁融资等,融资方式可分为内源融资和外源融资。外源融资是将企业的社会储蓄转化为投资的融资方式,包括股权融资、企业债券融资等直接融资方式,以及通过金融媒介进行融资的间接融资方式。初创企业直接融资困难是个世界性的普遍现象。由于初创企业大多具有规模小、风险大等经营特点,难以找到抵押物或担保单位等,其获得贷款的来源和数额有限。内源融资战略是指主要从企业内部开辟资金来源的融资方式。在这种融资战略思想指导下,企业从本单位内部筹集所需资金,主要通过以前年度留存利润进行资本的纵向积累。资金主要来源为留存收益或利润留存,从销售收入中回收的折旧、摊销等无需现金支付的费用,以及资金占用减少、周转速度加快所带来的资金节约等。

内源融资战略特别适合缺乏外部融资渠道的初创企业。我国初创企业较多地以自我积累、自筹资金作为发展基础,在内源融资上相对容易取得且融资成本较低,所以内源融资构成我国初创企业筹集发展资金的基础方式。

②低财务风险策略。一个初创企业拥有负债会增加违约风险。评估一个企业潜在财务危机影响程度的一个关键因素就是在这种财务危机中可能发生的成本的相关水平。如果一个企业的潜在资产相对独立,并具有较高的变现值,则意味着这个企业的财务危机成本很低。对于大多数初创企业而言,投资价值是由未来的预期现金流量构成的,预期现金流量来自于未来产品的成功开发、投放和成长,存在一定的不确定性。因此,初创企业的潜在资产大多是无形的,没有任何明确的可变现值,财务危机成本在初创企业中很高。从税赋原理出发,负债融资能为企业带来避税的好处,但是由于初创企业账面上大多只产生亏损,负债融资

也不能为企业带来积极影响。

财务危机成本原理和税赋成本原理说明了资本结构对初创企业的重要性,出于经营风险与财务风险则必须进行反向搭配的需要,初创企业应更多地通过权益资本而不是债务资本来筹资,以尽可能降低财务风险。在利润分配的选择上,可以通过低股利分配政策予以配合。

③利用风险投资与创新基金。风险投资是指风险投资机构组织大量的非固定财源,以一定的合伙形式投放于高技术风险企业或高技术产业化过程中的投资活动,投资重点为企业开拓创业阶段。创新基金是一种引导性资金,通过吸引地方、企业创业投资机构和金融机构支持初创企业技术创新的投资而建立的新型投资机制。对于初创企业来说,最大的优点就是敢于不断地进行技术创新,初创企业技术创新效率和创新时间都比大企业有优势。美国一项创新调查显示,小企业创新项目是大企业的 2.5 倍,而且创新引入市场的速度比大企业快 24%。对于初创期初创企业来说,在技术开发的投入期需要大量资金。风险资本和创新基金既不会增加债务负担,也不会失去控股权,无疑是融资的一个合理选择。

从外部环境看来,目前我国初创企业的融资体制还不完善,风险投资公司发展尚未成熟,创新基金融资的可行性要比风险资本融资更大。从初创企业的内部环境来看,我国初创企业缺乏的不是创新的对象,而是创新的精神和支持创新的资金,所以初创企业应在鼓励技术创新、吸引技术人才方面下工夫,这是利用风险资本和创新基金的关键因素。

(2)投资战略。企业进行投资是一种获得资金增值或避免风险而运用资金的活动,目标就是要最大限度地增加企业收益。在公司成立初期,需要决定自身的投资方向,确定投资规模。在初创企业的初创阶段,企业的技术水平有限,自有资本数额少且对外融资能力差，如果投资过于分散，就不可能形成企业的优势力量，因此，在投资战略的选择上，可根据自身的特点采取集中投资战略。集中投资战略是指企业将全部资金集中使用在一个特定的市场、产品或者技术上，通过资金在一项领域上的高度集中来达到增加主营业务收入、提高市场份额等目的。该投资战略对初创期初创企业的作用还体现在能使企业经营目标集中、管理更加有效、在所专注的领域达到较高水平的专业化。

为了扩大生产，企业会增加投资以增添设备、存货和劳动力，因此在面临高经营风险的同时，企业的财务风险也由于融资规模以及投资效益的不确定性而增加。从每股收益最大化角度出发，满足以下条件时，企业的债务筹资能获得每股最大收益：

债务利率＜优先股利率/（税率）

债务利率＜税前投资回报率

因此在优化筹资结构、作出投资决策的过程中，既要考虑到债务融资的优势，也要考虑到与此同时带来的投资风险和可能的筹资风险，合理协调两者之间的关系。

（3）分配战略。企业分配政策决定企业的赢利如何在留存收益与支付股利之间进行分配。本质上说企业的股利分配政策也是企业融资决策的部分，它不仅取决于企业过去与现在的赢利状况，也与企业家对未来经营业绩和财务状况的预期相联系。目前，初创企业利润使用情况与公司制企业有所不同。我国《公司法》规定了公司税后利润的分配顺序，且分配给股东的股利真正流出公司，不参与公司的营运。初创企业大都属于个人独资企业或合伙企业，在权利义务上，企业与个体融为一体，故税后利润一般直接归投资者。然而这部分税后利润并未真正脱离企业，大部分都留在企业继续参与生产经营。特别是处于初创阶段和成长阶段的初创企业需要大量的资金投入来开发新产品、开拓市场和拓展经营，同时又难以从外部获得贷款，故初创企业的业主们一般都将税后利润尽量留存于企业内。

处于初创经营期初创企业的现金流量一般都是高负值的,并需要投资者不断地注入新资金。企业注重内部积累,投资者的高回报只有通过资本利得的方式得以实现,现实收益只是名义上的收益或负收益。投资者如果要求分红,则不得不投入更多的资金作为弥补。在税赋因素和交易成本因素的影响下,这种做法显然得不偿失,因此,理性的投资者在企业初创期对利润回报的要求并不高。

由此可见,在初创企业初创成长阶段,零股利或低股利支付政策既能起到积累企业内部资金支持企业长远发展,又能以内源融资的方式有效降低财务风险,因此最适合初创企业在初创阶段的分配政策。

第二节　现金流管理

研究表明:高达33%的创业者表示,在筹建和经营企业时存在现金流管理方面的问题。由于忽视了现金管理,许多新创企业相继破产。有些企业在开始创建时没有预测所需要的现金数量,还有不少刚投产、增速快的企业由于过分追求销售额的不断增加而忽略了随之而来的大量应收账款,从而导致现金危机。因为早期的销售利润水平通常并不能产生足够的现金来满足企业的经营发展所需,对企业来说完全有可能在赢利的同时由于缺少现金而倒闭。建立现金预测使企业拥有足够的现金,能够持续经营,这对于新创企业来说是很有必要的[4]。

一、现金管理

现金管理涉及企业顺畅运作所需现金的预测、收集、支出、投资和计划。企业必须要有足够的现金来支付各项开支,否则就可能被宣布破产。合理的现金管理能使创业者充分满足企业的各项现金需求,能避免留存不必要的大额现金余额,使企业的资产能产生更大的利润。

现金流管理对于快速增长的企业来说也是一个敏感的问题。实际上,进入增长快车道的企业最有可能受现金短缺的困扰。如果一家企业的销售业绩上升,创业者也就必须雇佣更多的员工,扩大生产能力,增加销售力度,建立存货以及展开其他方面的经营活动,这些都需要更多的现金来支持。在企业快速成长期,现金的回收往往会滞后于支出,这使企业更加雪上加霜。所产生的现金危机可能迫使创业者失去对企业的权益控制,甚至,最终只得宣布破产和关闭。

创业者往往相信不断增加的销售是解决现金瓶颈的理想途径,但结果却发现支撑额外的销售需要更多的资金。通常可采用以下公式计算销售额上升时所需要的额外现金:

额外所需现金 =(新增销售额 - 毛利润 + 额外管理费用)×(平均回收期 ×1.2)÷(新增销售额的时间)

注:1.2 是缓冲系数

例如:某公司的创业者计划在下一年度增加 75 000 元的销售额。企业毛利润是销售额的 30%(所以新增销售额产生的毛利润是 75 000 ×30% =22 500(元)),平均回收期为 47 天,创业者估计产生这些新增销售额所需的额外管理费为 21 300 元。

该公司为了支撑新增的销售额所需的额外现金为:

所需额外现金 =[(75 000 - 22 500 + 21 300) ×(47 ×1.2)]÷365 =11 404(元)

为了更有效地管理现金,首先应计算企业的现金流周期,即向供应商付款和收到消费者支付的货款之间的时间间隔。当创业者在准备季度或月度财务报表时,应该计算现金流周期。创业者每天都要掌握下列情况:手头的总现金,银行存款余额,当天的总销售额，当天的总现金收入和支出以及应收账款总额。

在计算出企业的现金流周期后，就应考虑如何缩短现金流周期。缩短周期将产生数额巨大的现金，可用之于企业的成长。

分析现金流时，创业者必须明白现金和利润不是同一回事。利润(或净收入)是企业的总收益和总支出之差。它体现了企业的运作效益如何。现金是手头持有的能随时在企业里使用的资金。通过在一段时间内记录企业的现金流入和流出量，可反映出企业资产的流动性以及能按时支付各种账款的能力。

现金流是企业在一个会计期间的实际现金流入和流出量。当企业用赊账或现金的形式进行采购生产时，企业的现金就会减少；企业所产生的存货可以现金或赊账的方式销售，当有现金流入或应收账款收回时，企业的现金余额将增加。值得注意的是，购买材料进行生产销售，这些支出一般来说在销售发生之前就必须支出，但应收账款的回收要滞后于销售，即以赊账形式购买的客户有可能直到下个月才付给货款。

二、现金预算管理

对现金进行预算是必要的。企业现金的流进和流出的不同步，导致了现金的周期性盈余与短缺，所以创业者有必要对企业的现金流动情况进行记录，以便能对可获取的现金作出符合实际的年度规划。

那么企业经营需要多少现金才算足够？创业者应该准备一份现金预算，也就是准备一份“现金图”，来记录每天的现金收入和支出的数额及时间。以便企业在一段特定的时间内能够平稳运作。

现金运算虽不可能十分准确，但是它却能向创业者清楚展现企业在一段时间内的现金盈缺，能一目了然地给出何时需要注入现金，以及何时的盈余现金可用于投资。通过比较预期的现金流和实际的现金流,分析引起明显差异的原因,可使创业者提高对将来现金预算的准确度。

创业者应该提前准备一年的月度现金预算和几年的季度现金预算。它必须考虑所有季度性的销售波动因素,企业的销售变化越快,其规划周期就应越短。同时,还应确定企业现金收支的时间。将现金预算比较形成书面形式,以便创业者能够正确地预期企业的现金状况,避免未能预见的现金短缺。

现金预算依据财务会计的方式处理现金收支,这表示只有预计到现金交易将要发生时,现金收入和现金支出才能在现金预算中进行记录。例如,只有预计到客户必将付款,企业赊账销售才能被计入报表。由于折旧、坏账以及另外的非现金项目都不涉及现金转移,在现金预算中也就被忽略不计。

用于计划现金预算的方式会因企业的现金流形式的不同而变化。一般而言,完成一个现金预算要经过下列五个基本步骤(以月度现金预算为例):

1. 确定足够的最低现金余额

根据企业过去的经验来决定现金盈余,是行之有效的方法。先从本月的预计现金收入中扣除所有预计的正常现金开支,再参考过去的运作记录,列入为应付未预期的开支所需要的适当的缓冲现金。需要注意的是,季节性波动可能会引起企业的最低现金盈余的变化。

2. 预测销售额

现金预算的核心是销售预测。销售最终都会转换成现金的收入和支出,它是引起企业现金状况变化的主要因素,而且现金预算的准确度取决于销售预测。对于一个已成立的企业来说,销售预测基于过去的销售额、经济波动、竞争的增加、需求的变化等都能显著地改变销售模式。对拥有固定销售模式的创业者来说,可以采用诸如线性回归、多元回归、时间序列分析和指数平滑法等定量分析方法预测销售额。

新创企业预测销售的任务更困难,但是并非不可能。比如,创业者可以通过对类似企业在第一年的运作销售模式进行调查,来提出对本企业的预测。商会和贸易协会也收集这方面的信息。对于新创企业,也可通过市场调查来预测销售。其余有助于预测销售的资源包括人口普查报告、报纸、电台、电视台、用户概况、投票选举和调查资料及地方政府统计资料。

那么,创业者怎样利用销售信息来预测第一年的销售额?现举例如下:

例:某创业者想要开一家进口车修理厂,汽车修理的行业协会估计进口车车主每年平均要花费 458 元用于汽车的修理和保养。一般的修理厂对周围 20 公里半径的客户有覆盖力,人口普查表显示,在其汽车修理厂方圆 20 公里范围内的家庭共拥有车辆 84 000 辆,其中 24% 是进口车。基于咨询公司的市场调查,该创业者今年能占有 9.9% 的市场。该创业者对其第一年的企业收入估计如下:

经营区域的车辆数	84 000 辆
×进口车的百分比	×24%
=经营区域的进口车辆数	20 160 辆
×每辆车的平均维修保养费	×458 元
=潜在的总进口车的维修保养费用	9 777 600 元
×估计的市场份额	×9.9%
=估计的销售额	967 982 元

为了在企业的现金预算中使用方便,现在创业者应把预计的每年 967 982 元的收入转换为每月的销售估计额。

很多财务分析师建议创业者可以做出 3 种估计:乐观、悲观、最可能的销售预测,然后就每种情况分别作出现金预算。

3. 预测现金收入

如前面提到的，销售是形成现金收入的主要来源。当企业以赊销方式出售货物和提供货物时，现金预算必须说明在销售和实际回收之间的间隔。为了更准确地预测企业的现金收入，创业者必须通过分析应收账款来决定收款方式。例如，过去的记录表明20%的销售是现金形式，50%是销售后的一个月回收，20%是销售后的两个月回收，5%是三个月回收，而另外5%是不能收回的款项。除了现金和赊账销售，小企业还可以有利息收入、租金收入、红利及另外多种形式赚取现金。

4. 预测现金支出

进行现金预算的支出预测，关键因素在于每月记录其需支出的数额，而不是等到该支出业务实际发生时才进行记录。进行预测时，应注意常规支出项目，如存货或原材料的采购、工资及薪金、租金、税金、借贷及利息、销售支出等常用开支以及其他各种支出。

创业者往往有低估现金支出的倾向，这常导致现金危机的发生。为了防止这种情况发生，应对现金支出留有一定的余地，即假设支出要比预计的高。许多财务分析师向创业者推荐：在作出最好的支出预测之后，在这个总量上再加10% ~25% 。

有时创业者感到对现金的收支进行预测很困难。克服这个障碍的最有效手段是对每天的现金收支情况列出清单，预测时对比参照这些清单。

5. 估算月末的现金盈余

为了估算每个月的现金盈余，创业者首先必须确定月初时的现金盈余。月初的现金盈余包括手头的现金及支票活期存款账户和储蓄账户里的现金。随着现金预算的不断进行，每个月末多出的现金就是下个月初的现金盈余。其次，为了获得月末的现金盈余，创业者只需简单地在融资之前把本月现金收入汇总，然后减去本月现金支出就可以了。正数表明该月企业的现金有多余，而负数表明企业将发生现金短缺，需要创业者进行融资。

现金预算不仅说明了现金在新创企业里的流进和流出，它也帮助创业者预测现金的短缺和盈余。通过提前计划现金的用途，新创企业能取得这些好处：增加流入企业的现金的数量和速度；减少流出企业的现金的数量和速度；最有效率地利用手头的现金；利用省钱的机会，比如批量订购和付现折扣；满足季节性资金需求；制定健全的融资计划；制定可行的偿债计划；让债权人和投资者相信有能力偿还融资额；为业务扩张提供资金；规划盈余现金的投资。令人遗憾的是，大多数小型企业创业者都没有有效利用这些好处，因为他们不能正确地管理他们的现金。一项最新研究报告，在美国只有26%的创业者会用正规的方法来记录企业现金余额的水平。

三、创业企业初期现金流短缺[5]

1. 初创企业产生现金流短缺的原因

(1)欠缺周密的资金计划。新创企业大都白手起家，基本上依靠自有资金，才使公司开始赚钱并进入良性循环。有很多企业，大概是在创业的第一年或第二年就会死掉。这是由于缺少一个周密科学的资金计划表，资金使用毫无目的，他们在创业还没有完全展开或者完全理解的时候，就被一种理想、一种热情所激动，很快把手里初期融资来的钱或者大家凑的钱烧完了，没有了现金，企业也就不得不结束生命。

(2)产品滞销。产品制成后不适合市场需要，储存于仓库，收不回投入的资金，自然发生资金困难，无法继续生产和经营。在经济不景气时，许多公司因产品滞销，无法维持而倒闭。

(3)材料呆存。购入材料的目的，是为了迅速制成产品、销售出去、收回现金，以便循环使用。如购入材料质量不适用或无计划盲目过量采购,在库材料呆存太多,必然造成资金紧张,运营困难。

(4)固定资产投资过多。有的创业者规划不周全,拼命扩充设备,增加固定资产投资,投产后产品销售不出去,造成资金周转困难。

(5)负债过重。公司负债过多,利息负担过重,当营业不能获得相当利益时,负债到期无法清偿,势必形成以债养债,利息更增加,恶性循环,营运更陷于困境。

(6)货款收回太慢。产品售出应及时收回货款,资金才能周转,如应收货款过多,长期收不回来,甚至造成呆账、坏账,必然导致资金周转不灵。

(7)经营发生亏损。营业发生亏损,入不敷出,长期下去,公司将无资金可用,经营何以进行?公司最终必关闭。

(8)盈余无适当保留。将每年的盈余全部分光,无适当保留。如要增加设备扩大经营必须靠借债支持,借债要付利息,这样就提高了资金的使用成本,赢利也减少,营运更感困难。

(9)虚盈实亏。在物价持续上涨的情况下,公司的赢利有些是涨价因素所形成,因为账面记录的成本是按历史成本计算的,而售价是按现时价计算,两者之差转化为利润,除去上交所得税后,再去购买实物也不能补偿已耗用实物,超周转赢利越多,而实物量越少,造成账面上盈余,实质上亏本。时间越久,资金困难的问题越严重。

2.解决现金流短缺的策略

创业公司大多是白手起家,本身资金十分有限,有时出现现金短缺也并不可怕,关键在于如何解决。首先应寻找内部解决方案,如迅速通过正常运营增加现金流量或运用具有变现能力的其他流动资产等来解决。如果公司内部不能解决,就要考虑借助外部力量。具体可采用如下几种方式:

(1)做好财务预算,特别是创业之初要规划好资金。创业初期,创业者应该做好一个详尽的财务计划,了解公司组织何时能够得到资金,有多少资金,资金投向何处。有多少资金可用,公司未来的财务状况如何等等。这为预算提供了短期基础,能够帮助创业者避免现金短缺。创业成熟期,也要做好经营规划与资本预算、损益预算和现金流量预算等财务预算,根据公司的经营情况,合理安排和使用资金。对公司实现的盈余,不要盲目分配,应根据公司未来的资金使用计划,适当保留一定的盈余,防止因盲目分配而造成资金短缺。

(2)加速收回应收款。在大多数情况下,现有资产的变现是公司最直接的潜在现金来源。其中首先应考虑应收账款,从过期账开刀,甚至要采取一定的政策,做好未到期账款的收账管理。一个正在与现金流量问题作斗争的公司不能怜悯那些拖欠货款的客户,过期账款理应收回,对过期账户应该穷追不舍。当然,也可采用现金折扣的办法鼓励客户提早付款,这样可以提前收到能够维持公司生存所必需的现金。

(3)处理变卖存货和其他闲置资产。部分创业企业可能会因为疏忽或过度购买而堆积起过量的储备。对面临现金流量短缺问题的创业公司,那些多余的存货往往就可成为一种即时的现金来源,如向支付现金的客户提供大额折扣就可将过度的储备转变成现款,从而保持公司的支付能力。当然,现金有时也会闲置在公司的其他资产上,一个需要现金的公司应该出售其所有的非必要资产。

(4)减少固定资产投资。公司增加固定资产后,如营业额及利润不能成比例增加,即会变成难以摆脱的负担,故扩充设备、增加资产之前必须做好市场调查和预测及计划,不要盲目投资,避免“先天不足后天不调”,造成公司不能自拔。所以要尽量减少固定资产再投资。

(5)节省各种费用支出。节约各项费用支出,降低产品成本,一方面可以扩大利润,另一方面也节约了资金,使资金相对增加。因此,必须制定一套严密有效的成本费用控制方法,共同遵守。

(6)发动职工参与资金管理。资金运动是通过广大职工工作进行的。哪里有积压,何处有活力,职工最清楚。因此,必须把资金指标进行分解,实行分级归口目标管理责任制,将指标分解落实到个人,按期检查考核指标完成情况,做到人人有责。大家都动起来,就可以在一定程度上解决资金周转不灵的问题。

(7)现金贷款。一个试图挣脱现金流量问题的公司在从现存资产中凑了所有可能的现金以后,还可设法用借入资金来克服其所面临的棘手问题。初看起来这似乎是天方夜谭,因为一个陷入财务困境的公司往往意味着贷款无望。然而,事实并非如此,这些公司常常可以发现,他们目前的债权人就是一个实际的现金来源。事实上,债权人不管是供应商还是银行,通常都遵循这样的逻辑:只要陷入财务困境的公司有复苏的现实可能,他们就会愿意向其提供现金。因为一个遭遇麻烦的公司的失败往往意味着债权人只能收回很少的债权,有时债权人甚至会一无所得;只有当公司继续保持经营时,债权人才有可能得到全部付款。这样,现金贷款就成了一种真正的来源。

(8)公司雇员借款或购买股权。有时候,公司的雇员可能就是一个借入资金的来源。一般说来,忠诚的雇员在心理上对公司存有一种利害关系,他们常常对公司能得以生存并最终取得成功感到自豪。因而,他们可能愿意向公司借款或者购买公司的产权。

(9)寻找愿意购买公司股权的投资者。当公司面临现金短缺时。应该尽力去寻找愿意以现金购买公司部分产权的投资者。市场上有许许多多投资者,比如专业的投资公司、规模较小的投资基金和一些非正式的投资人。公司通过出让一部分股权,当然也要保留自己的控制权,可以解决现金短缺的问题,同时也可扩大公司的实力,为下一步借贷现金打下基础。

(10)股东自己增加资本金或者向股东私人借款或抵押。当公司面临现金短缺而股东自己有一定的闲置资金时,可以由股东直接以现金投入公司,增加公司可运用的资金。如果股东不愿增加资本金,也可将私人资产借入公司或者作为抵押以借入所需的现金。

参考文献:

[1] 杨柳. 论企业财务管理模式的选择[J]. 南阳师范学院学报(社会科学版),2003(8):38~39

[2] 秦晓萌. 民营企业初创阶段财务管理问题研究[J]. 中国农村会计,2008(10):56~57

[3] 张艳等. 中小企业创业之财务战略管理[J]. 财经纵横,2006(8):173~174

[4] 吴振阳. 创业经纬[M]. 上海三联书店,2005 年 7 月第一版:272~280

[5] 王玉等. 创业企业如何解决现金流短缺问题[J]. 财政监督,2004(9):29~30

第十六章　人力资源管理

在实际中,很多创业团队的构成是基于亲戚朋友,这些人之间能够有较大的信任,在创业初期资源匮乏、企业事务繁多的情形下,他们能够迅速团结在一起。但是随着创业企业进一步长大,依靠亲戚朋友构建起来的团队有可能会遇到一些权限不明、责任不清的问题,甚至由于发展目标和价值观念的不同,会给企业带来致命的分裂。注重创业企业人力资源管理,是维系创业企业持续成长的基础性工作。

一、创业期人力资源管理的特点[1]

美国管理学家伊查克·麦迪思将企业比作一个生命体,从而提出了"企业生命周期理论",创业期基本涵盖了其理论中提出的企业生命周期的第一阶段。这一阶段的企业主要有这样一些特点:第一,从把握外部机遇方面来说,企业极富灵活性,对外部环境反应敏感;因此,内部变革和调整,甚至战略重心的转移都相对容易;第二,从承受外部风险方面来说,由于企业的控制性差,实力也比较弱,还未得到社会的承认,企业的发展受制于环境的程度高,抗风险能力也比较差,管理呈现出"从危机管理到危机管理"的特征;第三,创业者个人能力和创业精神是整个企业发展的核心,关系到企业的存亡;第四,由于企业员工数不多,各种规章制度也未建立健全,所以组织管理中"人治"色彩比较重。

具体而言,创业企业初期的人力资源管理有以下几方面的特点:

1. 直线管理者是人力资源工作的主要决策者和执行者

首先，对人力资源的管理工作高度集中在企业高层，企业内人力资源工作没有专门负责部门，甚至没有专门人员主要负责。创业者就是人力资源第一决策者。企业的核心人物直接对人员招聘、绩效考核、薪酬管理等作决策。其次，人力资源管理者的个人经验和个性特征对组织建设的影响很大。创业阶段企业内部的各项规章制度的建立或者完善都有待经营的实践经验积累，创业者是这些制度的主要提出者和制定者，他们常常会根据自己的个性和以往的社会经验来做决策，或对组织架构反复地调整，提出并执行新的规章制度。然而，第一个破坏这些规矩的往往是制定者自己。

2. 依赖少数关键人才

企业中主要部门都可以见到一个或者几个明星式人物，他们是创业者的左右手，基本包揽了本部门的所有重要工作，而其余的多数员工往往充当助手的角色。创业者往往希望能雇佣到全才，因此，创业者对单个员工的突出业绩常常过多地重视，而不是用系统的眼光观察其所在团队、部门，甚至整个企业在背后的支持作用。当企业对少数员工太过器重时，就会造成人员发展不匹配不平衡，其结果是能力突出的员工感到曲高和寡，而能力相对较低的员工则感到不被信任，企业于是更难获得人才。

3. 人力资源管理缺乏科学性

人员流动率普遍较高，常常会出现得力的部门主管带着自己的下属集体跳槽的情况。创业期，企业基本没有进行工作分析等基础性的人力资源活动，岗位划分多根据传统或者自己的经验，对于岗位之间的相互联系、任职能力等的分析都相当缺乏，相应的人员安排也不匹配，出现高能力者限于条件而无法充分发挥自己的才能，低能力者缺乏培训或榜样效仿无法圆满完成任务，各项工作的权责划分不清晰等情况。员工招聘往往是为了“应急”，随意性大。一方面，员工数量不多，而另一方面不断有人员流失，尤其是人才流失，企业处于经常性的人才缺乏境地。另外，一般比较注重对员工的短期的、见效快的激励方式，如基本薪金和奖金等直接薪酬，忽视来自工作本身的具有长期持续激励作用，所以见效慢的激励因素也要同时开放，如制定符合企业发展的人才培养规划、员工职业生涯发展规划等。

二、创业期人力资源管理的主要内容[2]

从创业实践看，创业企业创业初期受各种条件限制，不可能将人力资源管理在短期内走向正轨。一切规范与提升都伴随创业企业发展的必然过程。但至少以下几方面的工作，应是创业期人力资源管理必须扎实开展，并有所成效的：

1. 编制人力资源规划

人力资源规划是基于创业企业发展的战略需要。创业初期的人力资源规划，主要应该从业务开展的层面（包含技术、生产、营销等几个主要方面）以及整体运营来进行系统思考，同时还必须结合企业的长远发展来进行规划。为此需要弄清楚以下这些问题：企业需要开展什么业务？需要成立哪些机构或部门？需要配备什么样的人才？需要配备多少这样的人才？需要的人才来源在哪里？如何才能引进这样的人才？如何让这些人才在企业能够安心工作并发挥作用？企业在人才方面所做的预算是多少？一般员工的数量、来源、工作分配是怎样的？企业的薪酬福利制度是怎样的？如果创业者一开始就能够把这些问题思考清楚，并能够"系统性"地把这些问题归纳在一起来处理，人力资源规划就可能容易实现。

从人力资源规划的角度而言，需要着重提到的是，企业先要建立一个比较完善的薪酬分配制度，即利益分配机制。这是一个最基本的游戏规则，先有规则再请人。同时还需要考虑的一个重要因素就是企业的业务规模的定位问题。这里有个提前预估,对企业生产能力和销售前景的合理预期是比较关键的,如果预估失准,要么就会造成人力资源的浪费,要么就会造成人员的紧缺。所以,准确的预估对于有效开展人力资源规划是非常重要且关键的。

2. 设计人力资源制度

一个新公司,制度并非大而全就好,只是一些关键性的制度不能少。作为初创企业,到底需要哪些人力资源制度呢?一般而言,至少应有:①基本的薪酬分配制度,不仅是利益分配的基础和依据,而且,也是激励员工成长的保障;②考勤制度,是公平分配和制度贯彻的手段,当然制度并非万能,考勤制度的刚性有时会导致员工紧张情绪,进而影响工作绩效,因此考勤制度的设计需要体现不同岗位性质的差异;③人员招聘制度,既要能规范员工进入的工作程序,也要能反映招聘工作本身的灵活性;④奖惩制度,应体现多元化的思想,使奖惩能发挥切实的激励作用。这些制度的具体内容以及如何设计与创业企业的规模、行业属性、企业发展阶段、社会环境以及战略定位等因素相关。因此,人力资源制度一定要结合企业的实际情况来制定,而不是到网上下载一堆东西来凑数。尤其是薪酬制度,一定要花时间和精力来制定。

3. 创业初期的人才队伍建设

人才队伍建设尽管与企业成长的过程相关,但对创业企业而言,一开始便注重人才队伍的建设却是十分重要的,将人才队伍建设放在战略高度考虑,有利于创业企业通过人才优势赢取企业发展的竞争优势,通过人才队伍的整体竞争力培育创业企业核心竞争力。为此人才队伍建设需做好以下几方面的工作:

(1)公司的高层管理团队建设。需要大家对公司经营思想有高度的认同,否则以后在日常的工作中,很容易互相扯皮打架。这是创业企业人力资源管理中较为重要的一项任务。

(2)公司的基层管理团队建设。有两样东西最重要:能力和职业意识。没有能力,事情干不好;没有职业意识,即使能力强,干事情也不会用心,甚至牢骚一大堆。能力和职业意识都是可以培养的,关键是要选对人。

(3)公司的员工队伍建设。员工队伍建设,最核心的就是公司待遇要公平,对员工的付出要给予合理的回报。各级管理人员对员工的工作一定要做细,不仅要求员工完成工作任务,也要适时关心员工的生活。

三、高层管理团队及其建设[3]

1. 高层管理团队的含义

高层管理团队是由那些参与公司经营决策和战略决策,对企业的经营管理有很大决策权和控制权的相关群体,包括董事长、总经理、各部门总监,如人力资源总监、运营总监等构成的。与一般工作团队相比,高层管理团队的决策功能更强。对一个企业来说,绩效的好坏主要取决于企业决策的好坏,而一个企业的决策又主要是由高层管理团队作出的,在某种意义上,高层管理团队的素质和能力直接决定了企业的绩效。因此,高层管理团队的建设至关重要。现代企业的实践也充分证实了高层管理团队在战略管理中的重要地位。美国通用电气公司总裁韦尔奇回答如何选拔接班人时曾说,不是选拔一个人而是要建立一个团队。联想集团总裁柳传志认为,企业领导人的任务就是“搭班子、定战略、带队伍”。高层管理团队的能力取决于团队的合力,而合力的大小一方面跟成员个人的能力相关,另一方面,也与成员的配合和协调相关。因此,高层管理团队的建设既要提高成员个人的能力,又要能提高成员间的配合和协调能力。通常,高层管理团队在建设过程中面临两大问题:①高层管理团队成员的构成较为特殊。他们多是一些具备较强能力,具有较多思想,不肯轻易妥协,对权力有较强占有欲的高高在上的管理者。在实际决策的过程中，当想法和意见不一致时，往往争论不休，谁也不服输，极大地影响了决策的速度和质量。而且在团队里面，容易产生权力斗争倾向，极大地影响了组织的发展。②高层管理团队内部成员的素质和能力存在“彼得现象”。虽然高层管理团队的素质和能力在一定时期是较高的，而且可以随着组织的发展而进行提高，但一个人能力的提高是有限制的，到达一定阶段时，能力便不能再提高，即所谓的“彼得现象”。此时，成员便无法应对企业发展带来的一些新的问题。另外，高层管理团队，如果在企业呆的时间太长，当企业取得一定成绩后，容易养尊处优，不思进取，而且往往容易患“近视症”，看不到企业的问题。随着组织的发展，如果出现这样的情况，对企业的长远发展往往会十分不利。

2. 高层管理团队的建设

在经济全球一体化的今天，企业经营的环境发生了翻天覆地的变化，无论是直接影响企业经营的任务环境还是间接影响企业经营的一般环境，都从过去那种较为稳定的形态逐渐变得越来越动态，企业面临着巨大的挑战。对企业而言，再像以往那样简单根据过去来推测未来、制定计划的方式已经不再适应环境的要求了。企业需要审时度势地对未来环境的变化进行科学的预测，在此基础上，制定出适应企业长远发展的战略，以此推动企业不断向前发展。而在企业中，执行这一具体任务的正是高层管理团队。高层管理团队各方面的特征直接影响了企业战略决策的速度和质量，进而影响到企业的绩效。竞争激烈、变化快速的市场要求高层管理团队紧密地在一起工作，作出更快的反应，更灵活、更好地解决问题，有更大的成效。因此，企业要想在竞争中取得胜利，必须要打造出一支适应动态环境需要的高层管理团队来。

(1)建立和谐统一的团队文化

在动态环境下，为了形成快速而有效的决策，让高层管理团队的成员之间彼此合作,形成统一的互相交流、取长补短的氛围,建立和谐统一的团队文化是必需的。在企业的决策过程中,由于成员的能力、价值观、看问题的角度等不同,可能会对同一问题产生不同的看法。通过建立一种和谐统一的团队文化,让团队成员树立正确的整体意识,在决策中,大家能各抒己见,尽情发表自身的看法,当意见不一致时,通过大家的沟通和积极讨论,能够在最快的时间里形成统一的意见。在高层管理团队中,由于成员意见不一致导致的后果是严重的。例如,美国在线时代华纳的斯蒂夫·凯斯在公司合并不久便辞去董事长的职务。因为美国在线和时代华纳彼此之间的管理文化、运行模式存在较大差异。美国在线长期以来一直由一群组织严密、在公司工作多年的高层雇员共同管理;而时代华纳却作为一个独立王国来运作,经理们习惯于做他们各自部门分内的事情。时代华纳分权式的管理模式,与美国在线集权式的管理模式格格不入。当他们合并后,高层管理者由于没有形成统一的文化,成员内部斗争严重,导致公司业绩一路下滑。作为网络媒体美国在线与传统媒体时代华纳的缔造者,凯斯被一路下滑的业绩和始终未停的内部斗争搞得筋疲力尽,最终选择离开。建立和谐统一的团队文化,具体可以采取以下措施:首先,建立高层管理团队的共同愿景,为团队成员提供行动的方向、动力和义务;其次,将个人的报酬与团队的业绩挂钩;最后,适当增加团队成员的任期,建立分享知识、信息的程序和语言,提高团队的凝聚力。

(2)激发认知性冲突,提高高层管理团队的创造性

高层管理团队内的冲突所产生的影响是两方面的,一方面是产生积极的效果,即冲突能提高对复杂事件的理解力和创造力,保证决策的质量;另一方面冲突又会增加抵触和不满情绪,妨碍交流和形成团队的凝聚力。由此将高层团队管理的冲突分为两类:认知冲突和情感冲突。认知冲突是任务导向的,关注的焦点

是如何更好地完成任务，是由于成员对任务目标及完成方法的认识不一致而产生的。由于不同的成员会从不同的角度观察复杂环境，因而高层管理团队中的认知冲突不可避免。而情感冲突是个体导向、非建设性的，关注的焦点是成员之间情感上的对立和争论。由于认知冲突有助于集思广益，有助于提高团队成员的理解力和感情接受程度，因此认知冲突与决策质量正相关；而情感冲突伤害了成员间的感情，阻塞了正常的沟通渠道，削弱了成员间的相互理解以及对于企业的环境、决策的认识，降低了成员的满意度和认同感，导致决策质量和团队效能低下。高层管理团队的创造性来源于团队能够以不同的方式思考问题，并能以新的思维提出解决问题的办法。认知性冲突是高层管理团队创造性的源泉，在动态环境下，通过鼓励不同的意见和促进创造性的提议，激发认知性冲突，有利于形成创新思维，从而提高高层管理团队的创造性，更好地应对动态环境的灵活性。

(3)允许团队成员适度异质性的存在

所谓高层管理团队的异质性是指高层管理团队成员的传记特征和团队结构特征的差别。差异性是由两个或更多人组成的团队特征，并且典型地指群体成员中一种或多种成员构成特征，主要涉及高层管理团队的年龄、任职期限、所受高等教育的专业、职能路径、其他职业经历、社会经济基础以及职能背景等方面。高层管理团队的异质性应该是一把双刃剑，它对企业绩效的影响既有正效应也有负效应。就其正效应而言，主要是通过创造性和适应性两方面来体现的。高层管理团队的异质性与企业高度的创造力和创新正相关。这主要是由于高层管理团队的异质性增加了该团队认知源的差异性，具有不同观点的异质性群体的成员能够收集对信息的多种解释，并集中不同观点以提供对问题的创造性的行动或解决方案。因而高层管理团队的异质性为创造性决策的作出提供了巨大的潜能，这也有助于问题的创造性解决。

与此同时,在动态环境中,具有适度异质性的高层管理团队更适合作出正确的决策,这主要是由两方面的原因造成的:一是具有不同背景的异质性高层管理团队拥有更为丰富的社会资本,使得可用新信息更有利于正确决策的作出,从而提高了对动态的组织环境的适应能力;二是异质性高层管理团队在解决问题作出决策的过程中会产生更多的冲突,在冲突解决的过程中,会选择一个更优的解决方案,这就增强了企业在动态环境的适应能力。

(4)创建学习型团队,促进信息交流

战略领导是一种能力,它是一种面对内外环境变化、保持预见和展望、整合组织资源和知识、保持应变性和在必要时授权他人产生战略变化的能力。在动态环境下,创建学习型组织已成为组织生存和持续发展的迫切需要。高层管理团队的团队学习是提高团队成员互相配合、整体搭配、实现共同目标的过程。通过动态有效的战略学习,组织和个人战略领导能力可不断得到提升,从而引导企业在新环境下形成战略使命和目标,促进产生合适的战略行动,以适应环境的不断变化。要建立学习型组织,企业高层管理团队要营造一种学习氛围,形成能不断学习和适应环境变化的学习型成果,实现企业的创新性和协调性。企业高层管理团队要推行知识共享机制,建立一个平台,让大家进行知识交流,达到共同学习,共同进步。信息是高层管理团队决策的依据,动态环境中信息变化的速度和频率都在加快。因此,高层管理团队要及时获得第一手的信息和数据才能进行有效的战略决策与战略管理。企业要建立一个高效的高层管理团队,就必须使高层管理团队保持与外界的沟通,并保持团队内部的有效沟通,使各种信息能及时在高层管理团队间得到流通。

(5)维持平衡的权力结构

权力是实现个人意愿的能力,高层管理者的权力在制定战略决策时扮演了重要的角色。要想维持权力结构的平衡,在高层管理团队中创造一种公平感非常重要。因为如果高层管理团队成员感觉到整个讨论的过程很公平,就比较容易就某项议题达成一致,提高在动态环境中决策的速度。比较理想的权力结构是最高领导者比其他管理者多一点权威,但是每位团队成员都有实质的权力和策略性的位置,特别是在他们负责的领域内,每个人都可以充分发表意见,每个人都有实质的权力,每个人都尽职尽责地作出贡献。2007 年,成功打造了爱国者品牌的华旗资讯陷入"高管大面积离职风波",该公司副总裁侯迅、数码相机事业部总经理张东、外设事业部总经理张鑫、音频事业部总经理土宁波、网络应用事业部总经理谭斌和贵宾王项目负责人张力等 6 位高管均已相继离职。原因就是一把手"一人说了算"的领导风格,导致了华旗管理层矛盾的不断激化。由此可见,权力在高层管理团队中的分配,对维持团队的稳定性有重要的作用。

四、创业企业发展过程中的人力资源管理[4]

随着我国创业市场的推出,创业企业将迎来一个全新的发展时期。企业核心能力的形成归根结底是知识、技能的学习与积累,而人才是这些智力资源的载体。因此,企业核心能力对人才有高度的依赖性,创业企业要在激烈的市场竞争中有一席之地,就必须建设一支高素质的人才队伍。由于创业企业规模小、组织不正规,其人力资源管理的竞争力相对不足,现有的人力资源管理理论基本上是来自于对管理比较规范的大企业的经验研究,很少适合处于创业阶段的企业。

1. 创业企业人力资源管理常见的问题

(1)人力资源投入能力低。创业企业人力资源投入能力低,首先表现在员工薪酬普遍偏低,不具有市场竞争力,福利除必备的社保外几乎一无所有。其次表现在人力资源管理工作上的投入不足,其原因主要有两方面:一是资金的限制,由于银行信贷政策以及融资渠道十分有限，在企业的融资构成中，基本上为自有资金和民间借贷资金，资金渠道的局限使创业期企业的资金往往不够充分，继而影响其在人力资源方面的投入；二是由于创业企业发展历史和主观认识的原因，为了节约资源，企业主常常自己充当企业的经营者，多采取家族制管理模式，这使企业在资源的分配中弱化了对人力资源的投入，甚至产生诸如责权利不清楚、劳资关系不明晰、任人唯亲等问题，成为影响企业未来发展的重要障碍。

(2)优质人力资源吸引力弱。创业企业在产品、市场、管理等方面都得从头做起，这意味着企业需要在知识、经验、能力以及心理素质等方面引进更加出色的人才。而创业企业由于缺乏品牌积累、形象因素以及缺少准确的职位描述等原因，都使得其与成熟的大企业相比缺乏吸引力。为此有些企业可能会通过夸大业绩与职业前景，给求职者过高的承诺来吸引人才，不惜以牺牲企业的信用为代价，这种短视行为将给优秀人才流失埋下隐患。

(3)人力资源管理规范化程度低。创业企业的规模一般较小，因此企业所有者总是把人力资源管理安排在一般的管理或组织活动的后面，对人力资源管理很不重视，一般不设立正式的人力资源管理部门。同时，与成熟期的企业相比，创业企业很少有正式的绩效评价和与之相匹配的统一的薪酬制度，在进行人员招聘时，创业企业更倾向于采用一些非正规的方式，比如利用私人网络或依靠推荐，很少委托中介机构或通过校园方式来进行招聘，也不会采用复杂的招聘和挑选程序。另外，一般不太重视建立正式的培训系统，即使是成长阶段，引入培训的主要目的是为了帮助员工胜任当前做的或即将要做的工作，而不是根据企业的长期发展要求开展战略性培训。与成熟的大企业相比，新创业的企业多采用一种非正式的、灵活的方式来进行人力资源管理。

(4)忽视对员工的情绪管理。无论对于企业或是个人，创业初期都是最艰难的时期,最容易出现导致员工不良情绪的问题,而此时创业者关注的重点往往在于产品、市场,忽视员工的情绪变化,无暇顾及对员工的情绪管理。由于新创的企业人力资源配置少,员工多为身兼数职,一个员工的情绪问题,如果不能加以妥善控制处理,将会从某种程度上影响到整个创业团队的情绪,扰乱企业正常的管理秩序,甚至有可能加速不成熟企业的瓦解。

2. 创业企业有效进行人力资源管理的策略

(1)增强对优质人力资源吸引力。企业创业期存在人力资源投入能力低与高品质人才需求的矛盾,如何在投入不足的情况下获取企业所需的人才就成为不可回避的一大问题。一般而言,创业企业可根据自身特点通过三种方式增强对优质人力资源的吸引力:第一种是以高额的远期风险收入吸引人才。创业企业由于资源的限制不能支付相应额度的固定收入和现期收入来获取所需的人才,那么可考虑通过风险收入和远期收入来吸引高品质人才,如通过投资入股、给股票期权等。第二种是重视在职员工的职业生涯规划。创业企业的规模不大,工作环境宽松,可以为员工提供更为丰富化的工作内容、较大的发展机会与成长空间、较短的上升周期。成功的职业生涯规划能将员工的发展和企业的成长有机结合,使员工在追求自身发展的过程中推动企业的成长。第三种方式便是充分发挥创业者的人格魅力、创造力和影响力,用亲情留人,提高员工的忠诚度。

(2)实现人力资源管理专业化。实现人力资源管理专业化,可考虑在企业内部设立专人专职或者采取人力资源管理外包方式,企业可以根据自身的实际情况灵活地组合以上两种方式。设立专人专职的优点在于:对企业人力状况、政策制度、企业文化等影响人力资源工作开展的因素把握较为准确;制定的人力资源计划更能较好地体现本企业的利益;能及时对突发状况做出反应;发现问题和解决问题也较迅速。而选择人力资源外包的方式,可以使企业将工作重点放在产品业务上，不用在一些细小问题上花去太多时间和精力，但市场中人力资源公司提供的人力资源服务仅仅只能帮助企业完成招聘、培训等工作，涉及企业核心利益的问题却是外包业务无法做到的，因此，仍然需要企业内部有自己的人力资源管理体系。

(3)开展内部营销，提高员工满意度。内部营销是通过创造满足雇员需要的工作来吸引、发展、激励和保持高质量的雇员，是将雇员当做顾客的哲学。企业内部人力资源的主要活动如激励(慷慨的报酬)培训、沟通(分享信息)、适当授权、减少地位的差异等，做得好可以获得内部员工的忠诚、满意和对管理层的信任，这必将促成外部服务质量的提高和外部消费者的满意及忠诚。人力资源管理提供了组织运作所必需的合格人员，而内部营销则能减少员工的不良情绪问题，提升现有人员满意度，使人力资源开发的效用趋于最大化，最终使企业获得利益。创业企业在实施内部营销中应着重注意以下几个方面：创业者及管理者应首先成为内部营销的倡议者和推动者；关注员工个体之间的差异，对不同的细分群体采用有针对性的措施以提高员工的满意度和管理效用；加强企业内部市场调研，使人力资源管理得到更加充分的信息和决策依据；培育以人为本、有利于内部营销实施的组织文化。

五、创业企业人才招募一般流程[5]

1. 人才招募的概念

一个组织在填补职位空缺之前，必须去找到这样一类人，他们是能够胜任这个职位，并且也是想要这份工作的。招募是企业获取合格人才的渠道，是组织为了生存和发展的需要，根据组织人力资源规划和职务分析的数量与质量要求，通过信息的发布和招募甄选，获得本企业所需要的合格人才，并安排他们到企业所需的岗位上工作的过程。但是员工招募建立在人力资源规划和职务分析两项基础工作之上，人力资源规划决定了要招聘的职位、部门、数量、时限、类型等；职务分析则对企业中各职位的责任和所需的素质进行分析，为招募提供了主要的参考依据，同时也为应聘者提供了关于该职位的详细信息。

2. 人才招募的流程

由于创业企业固有的特征，因此创业企业的人力资源招募也有其不同于一般企业的特殊性。发展成熟的企业设有独立的人力资源管理部门，在开展企业人力资源招募时，这些由专业化知识人才组成的人力资源管理部门就会向直线管理人员提供一种专业化的帮助，以协助直线管理人员开展好本部门的人力资源招募活动。然而，由于创业企业刚创立不久，各方面条件不完善，很多都没有设立专门的人力资源管理部门，即使设有人力资源管理部门往往也不能很好地完成人力资源管理部门所应尽的职能，而只是仅仅停留在传统人事管理的阶段，进行基本的员工档案管理、工资和劳保福利等日常事务性管理。因此人力资源招募工作就常常由直线管理人员即创业企业的创业者来进行。一个完备的人才招募流程大致有以下几个阶段：

(1)招募计划。企业在开展招募活动之前都会做一个招募计划，这个计划通常包括根据年初企业的人力资源规划及上一年度人员流转率分析，并结合部门需求，开展人员的需求预测和供给预测，确定人员的需求量及其员工安置办法，并制定人员选拔、录用政策，在企业的中期经营规划和年度经营计划指导下制定不同时期不同员工的补充计划、调配计划、晋升计划以及制定职务说明书、任职要求。

通常创业企业成立的时间不长，因此从规模上看往往比较小，员工数量不多，没有多层次的行政级别，从而在制定招募计划时就不会像一般企业那样复杂——需要分析员工流转率，制定一系列扶助计划,而其招募计划通常是根据企业目前缺什么类型的员工来计划招募。此外,由于创业企业通常没有专业化的人力资源管理部门,因此在制定职务说明书和任职要求时往往不能做到科学地收集有关工作活动、人的行为、机器、工具、设备、其他辅助工作用具、工作绩效标准、工作环境、对人的要求等信息,从而其所制定的职务说明书及任职要求常常带有很强的主观性,并且往往是创业者对本企业某职务的主观要求。

(2)实施招募。通常企业实施招募包括内部人员选拔和对外招聘,因此需要进行内、外部候选人员的供给预测以及通过发布媒体公告(电视、报纸、网络等)、中介就业服务机构、代理招募机构、校园招募、互联网招募、雇员推荐来发布招募信息并开展招募活动。

创业企业正处于创业发展阶段,内部员工数量有限,开展企业招募活动往往是希望引入外部人员来填补企业所需的空缺职位使企业能够步入正轨,或是扩充企业的规模使企业进入发展阶段,因此创业企业的招募人选往往是外部人员。由于创业企业的年营业额往往较低、资产数量不多、资金周转难度较大,考虑到资金问题,因此企业在发布招募信息时往往会选择最经济的途径,所以通过互联网发布招募信息会成为创业企业的首选。其次,由于高校每年都会定期举办招聘会,参加的人员较多,是发布招募信息进行企业招募的很好途径。但由于其举办时间的定期化,因此对于创业企业来说有一定的局限性。但由于不需太多费用,所以也是创业企业通常会采用的主要形式。再者,通过雇员推荐和中介就业服务机构来发布招募信息进行招募也是创业企业会考虑的方式。但是通过发布媒体公告和求职代理招募机构所需的费用较高,一般不在创业企业的考虑范围之内。

(3)甄选测试。企业对于候选人员的甄选与测试工作一般由人力资源部门和直线管理者通过运用测试法、评价中心、背景调查、推荐核查等项目共同完成，但由于创业企业的特殊性，其招募人员的甄选与测试往往主要由创业者来进行，并且大部分是基于创业者的内隐知识甄选测试方式。

创业者是一类具有冒险精神，能发掘机会，组织资源，研究策略，建立及创立新企业，并且基于利润与成长、经营、管理一家公司的人。也就是说，创业企业家不但具有创业精神，同时也是一位不惧风险的实践者。因此在基于创业者内隐知识的甄选测试中，创业者往往比较看好那些拥有自信、能够脚踏实地做事、具有广博的知识、有紧迫感并且能够不断迎接挑战的候选人。

(4)录用培训。招募和选拔具有良好潜质的员工并不能保证他们能产生良好的工作绩效。因为他们并不知道要做什么或者如何去做，即使他们想做也不一定能做得好。为此，企业在招募到新成员后都会开展新员工的入职培训工作，以此来向新员工传授其完成本职工作所需的基本技能。

发展成熟的大企业由于拥有丰富的资源以及专业化的人力资源队伍，使得入职培训的时间会相对较长，培训的内容也较为丰富、全面。相比之下，创业企业的各方面条件都较不完善，从而不能提供全方位的、内容丰富的入职培训工作。再加上创业企业正处于创业阶段，急需快速地发展自己，所以很希望新员工能较快融入企业之中，能融入自己的岗位之中，能为企业做出成绩。因此创业企业的新员工入职培训工作一般持续时间较短，且大多是由创业者给予口头指导或是老员工给予一些实际操作的协助、指导。可以说创业企业的新员工入职培训仅仅是一种岗前引导工作。

(5)试用考核。在正式录用员工之前，企业通常会进行试用期考核，以此决定是否正式录用员工。考评的过程通常是企业先设定工作标准，然后根据这些标准来对试用期员工的实际表现进行评价，最后把这些考核结果反馈给员工。试用期的考评团队是由多层次多方面的人员组成,通常包括人力资源管理部门、本部门领导、直属上司及本部门其他成员,所以从这个角度看,考核评价的结果应该是客观真实的。

创业企业把主要的精力和大部分时间放在了不断地寻求机会,不断地发现创新业务上,因此没有过多的精力来制定考核标准。此外,进行考核的人员也不会很全面,往往是企业的管理者或是创业者本身,所以创业企业的试用期考核一般都从大方面进行,不计较工作上的细枝末节。再加上创业企业需要不断有外部人员扩充自己的团队,不断发展壮大,同时又没有精力和时间不断进行招募活动,因此,只要在试用期做好本职工作,不犯实质性错误,应聘者是很容易通过创业企业的试用期考核被正式录用的。另外,创业企业特别看重员工的创业精神,即使试用期没有在工作上作出显著贡献,但只要拥有自信,敢于不断迎接挑战,创业企业依然会给予机会让其在企业中发展。

创业企业自身所固有的资金不充足、规模小、员工数量少、人力资源部门职能不完善等特征,决定了其在招募流程中的不够规范性和全面性,这样极容易造成招募进来的人员不适合本企业或本岗位,进而在一定程度上浪费了企业的资源。再加上企业的品牌效应,即使是在提供相同待遇、相同职位的情况下人们也总是会选择就业于知名企业,因此,招募同样品质的人才,创业企业需要付出比大企业更多的成本。然而,在知识经济时代,人力资源已经成为企业核心竞争力的时代,创业企业作为一种特殊的企业群体,更需要吸收优秀的人才。所以,只有创业企业坚持完善人力资源部门的职能,进行规范、全面的人才选拔,才能以最低的成本招募到优秀人才,为企业的不断发展壮大提供动力。

另一方面,与大企业相比,创业企业能够给予员工极大的授权,提供员工发挥个人想法的平台,给予信任和成就感,企业也特别器重拥有自信、敢于创新、敢于迎接挑战的候选人,因此,创业企业特别适合有思想、有抱负、敢于大胆作为的应聘者。

参考文献：

[1] 胡玉梅. 创业期企业人力资源管理初探[J]. 知识经济,2007(10):98~99

[2]谢皖莹. 创业初期的人力资源管理[J]. 企业科技与发展,2008(13):17~18

[3] 陈春. 基于动态环境的高层管理团队建设初探[J]. 科技创业月刊,2008(9):114~115

[4] 张云. 创业企业人力资源管理的问题及对策[J]. 科技创业月刊,2009(1):106~107

[5] 周劲波等. 创业人力资源招募特征研究[J]. 广西财经学院学报,2008(5):42~45

第十七章　创业风险管理

创业的过程往往是将某一构想或技术转化为具体的产品或服务的过程。环境的不确定性，创业机会与创业企业的复杂性，创业者、创业团队与创业投资者的能力与实力的有限性，使创业企业先天具有弱质性，这就决定了创业企业的发展时刻面临着各种各样的风险。而创业风险与一般意义上的经营风险具有本质的差异和独有的特征。因此认识这些风险，加强风险管理，就是对风险尽早做好防范和准备。

第一节　创业风险界定

对创业风险的界定，目前学术界还没有统一的观点，大多数国内外学者都只针对自己所研究的领域或角度来界定，而并没有将其统一的概念提炼出来。Timmons 和 Deviney 将创业风险视为创业决策环境中的一个重要因素，其中包括处理进入新企业或新市场的决策环境以及新产品的引入。赵光辉主要从创业人才角度界定创业风险，认为创业风险就是指人才在创业中存在的风险，即由于创业环境的不确定性，创业机会与创业企业的复杂性，创业者、创业团队与创业投资者的能力与实力的有限性，而导致创业活动偏离预期目标的可能性及其后果。无独有偶，牟永红也从人员风险的角度对创业风险进行了阐述，认为创业过程是需要不断地吸收风险投资的过程，而风险投资家们在对新创企业进行风险评估时，首先看重的就是创业的人员，而不是项目本身。人员风险具体表现在人员的能力、人员的流失和人员的道德三个方面。刘烨将创业风险分为系统风险和非系统风险，系统风险是指由于创业外部环境的不确定性引发的风险；非系统风险是指非外部因素引发的风险，即与创业者、创业投资和创业企业有关的不确定因素引发的风险[1]。

国内学者对创业风险的研究成果主要有：①从创业风险来源及构成的角度对创业风险进行研究：陈震红和董俊武（2003）认为创业环境的不确定性，创业机会与创业企业的复杂性，创业者、创业团队与创业投资者的能力与实力的有限性是创业风险的根本来源。创业过程中往往会存在融资缺口、研究缺口、信息和信任缺口、资金缺口、管理缺口等，这些缺口导致了创业风险的产生；李志能、郁义鸿和罗伯特·希斯瑞克认为创业风险产生的形式依赖于创业的领域，通常的创业风险不外乎由财务风险、精神方面的风险和社会领域的风险等几个方面构成。②对创业风险的识别、模型评估和控制进行研究：李洪彦从高科技创业风险的特征出发，对高科技创业风险管理与传统企业风险管理的方法进行了比较分析，提出了创业风险识别和评估的方法以及创业风险控制的有效途径，并探讨了防范高科技创业风险的管理策略；赵观兵、万武建立了高新技术创业风险评判指标体系，并建立了多级模糊综合评判模型对高新技术创业风险进行评估；须士梅、王重鸣等以混合安排的相关理论为基础，构建了创业人力资源整合风险控制策略的理论框架，将人力资源整合风险的控制策略分为基于规范、基于期望和基于契约的三大类控制策略，并通过深度访谈来获取数据和资料，采用案例分析方法对不同人力资源整合风险控制策略及其特征进行了详细研究；赵光辉从人才创业风险的角度对创业风险进行原因分析，并对创业的经营风险、财务与会计风险、投资风险、企业内部审计风险等提出了相应的风险控制措施。③一些学者还对创业风险的管理机制进行研究：如付玉秀、张洪石等以委托—代理理论为基础，分析了创业风险中的创业企业家代理风险在创业企业不同发展阶段的表现、成因及影响因素，并提出了包括项目筛选机制、投资工具选择、契约限制与条款约束、动态评估和分阶段投资、控制权激励、风险报酬激励、风险过程管理、退出投资等一系列相辅相成的创业企业家代理风险管理机制；陈晓健从创业企业成长风险入手，研究创业企业成长风险过程管理机制，认为创业投资家为了及时识别和控制创业风险，应参与创业公司的管理，并构建风险过程管理机制来加强对创业企业的风险监控，在确定风险过程管理的方式与参与程度时，创业投资家应考虑创业企业发展阶段、股权比例和投资行业等因素。

第二节　创业风险类型及规避

创业风险的类型划分，因划分标志的不同，其结果也不一样。按风险来源的主客观性划分，可分为主观创业风险和客观创业风险；按创业风险的内容划分，可分为技术风险、市场风险、政治风险、管理风险、生产风险和经济风险；按风险对所投入资金即创业投资的影响程度划分，可分为安全性风险、收益性风险和流动性风险；按创业过程划分，可分为机会的识别与评估风险、准备与撰写创业计划风险、确定并获取创业资源风险和新创企业管理风险。本书采用以下分类方式[2]：

一、创业风险类型

1. 资金型

资金型的创业类型是指创业者主要依靠资金实力创建企业，其优势主要体现在资金实力上，其流动资金充裕，可完全满足项目的资金需求。资金型特有风险主要包括项目的资金预算是否准确、资金的补给能否胜任项目后续投资的需求、不同来源的资金回报要求与项目是否匹配、来自具有资金优势的同行的威胁。

2. 技术型

技术型的创业主要依靠创业者技术优势创建企业。一般而言,该种类型的创业者拥有某领域或某种新产品的独特技术或专利发明,运用这种技术生产的产品(有形或无形)能在市场上占据竞争优势,获取超额利润。技术型的特有风险主要有:技术的生命周期、技术的可复制和替代性,技术的壁垒是否建立、技术是否申请专利、能否寻求法律上的保护。

3. 创意型

创意型的创业者依靠的是对某种产品或项目有新的创意和运营模式,依靠这种创意能产生独特的市场效果从而占领市场。这种创业类型往往会产生一些新的行业或全新的商业模式,给人面目一新的感觉,但往往容易被人模仿、复制。创意型的风险主要来自所创造的模式的可复制性、创意的持续生命力以及创意对资金和技术的依赖度。

4. 社会资源型

社会资源型的创业者依靠拥有或掌握某个领域的人脉关系、特许经营权等社会资源从而创建企业,以期在市场上拥有同行所无法拥有的竞争优势,来占领市场、拓展业务。社会资源型创业的风险主要包括:资源的掌控程度是否足够高、人脉资本持续时间的长短、是否有法律上的保障。

二、创业风险规避

1. 资金型风险规避

项目的资金预算是否准确,资金的补给能否满足项目后续投资需求,要求对项目的资金需求做准确的测量。因为如果预算过低,则会投资不足,预算过高,会使筹资压力增大和增加财务成本。规避这类风险的方法是制定详细的财务预算,包括营运资本和现金流的预算。

不同来源的资金的回报要求与项目是否匹配。相应的风险规避的方法是：对于自有资金，所投项目要高于市场平均收益率，一般可参照同期银行贷款利率；对于负债资金，资金成本不能高于该项目预期收益率，偿还期限不能短于项目投资回收期限；对于权益资本，一方面要控制其股权比例，另一方面要对权益资本的退出机制作出合理约定，因为一旦其撤资很可能会使整个项目陷于瘫痪。

来自具有资金优势的同行的威胁。潜在进入者的威胁是永恒存在的现象，所以，在今天具有资金优势的创业者，明天就有可能遭到资本大鳄的挑战和威胁。为规避这样的风险，在进入这样的行业后，必须从技术、产品开发、服务延伸等方面拓展、延伸，逐步弱化资金优势，拓展市场竞争的着力点，实行多点竞争。

2. 技术型风险规避

技术的生命周期。对于拥有技术的创业者来说，技术的生命周期，从某种程度上而言就决定了产品的生命周期，也就进而影响到企业的生命周期，因此，技术的生命周期长短就自然成为创业者要着重考虑的因素之一。对于依靠技术优势创业的企业而言，技术能否成为市场的独秀峰，很大程度上决定了企业产品的市场占有率。

技术的壁垒是否建立。目前，由于民众法制观念的淡薄，很多拥有专有技术的创业者缺乏对知识产权保护的意识，以致技术被仿冒利用的现象时有发生。

技术型的特有风险规避方法：对于技术生命周期风险，可通过技术改良、再开发、技术延伸等方法，延长技术的生命周期，拓宽产品线；对于技术的可复制性和替代性风险，可提高技术的保密性和防伪性，不断对技术进行升级、换代，推陈出新；对于技术壁垒，可申请专利保护，建立保护壁垒。

3. 创意型风险规避

可复制性。对于一些容易复制的创意,比如商业模式、新的商业机会、创新的业务。这类业务技术含量低、大部分资金进入门槛也不高,一旦面市,很容易被复制、移植,从而对创业者造成威胁,创业者要被侵蚀市场份额。对于这类风险,一方面,当商业模式取得市场话语权后应通过加盟、特许等方式快速铺开网点,占领市场先机,提高潜在竞争者的复制成本;另一方面要不断改善、提高创意内容,拓宽创意的市场面,以变应变。

创意的持续生命力。创意是昙花一现,还是持续地发挥独特作用,对企业的持续经营和成长至关重要。要使创意长盛不衰,需要对创意作充分的市场调查,重点考察现有市场和潜在市场,包括目标市场群体、行业现状(蓝海还是红海)、市场现容量以及拓展潜力等;并且对创意作深入挖掘,拓展创意的市场空间。

对资金和技术的依赖度。一般而言,如果一项创意对资金和技术的依赖程度越高,其被潜在竞争者复制的风险也就越小,同时,对创业者的要求也越高。对于依赖度低的,风险规避方法同前述风险的规避方法一样;对于依赖度高的,来自市场的风险较小,但内部风险较大,即由于技术和资金要求较高,该创意付诸商业化的难度较大,一方面要寻求技术支持,另一方面要积极筹措资金。

4. 社会资源型风险规避

资源的掌控程度是否足够高,人脉资本持续时间长短。对于以人脉关系、代理特许等方式创业的情况,其风险主要来自对该资本掌控程度的高低、人脉关系能否持久和特许期限的长短。一般而言,代理特许和人脉关系都会有一定时限,所以,其风险的规避也就着重在延长时限和寻找替代项目上。

是否有法律上的保障。对于依靠掌控一定社会资源创业者来说,所掌控的社会资源是否合法、能否获得法律上的保障是创业能否持续、创业成功后能否长期守业的关键。其规避方法主要是创业项目要合法，另一方面是对所有代理、特许要从法律层面明确各方责权利关系。

第三节 创业企业成长过程风险管理

创业企业在成长过程中面临的风险与一般企业有所不同。随着市场竞争的加剧，创业企业在成长过程中面临的不确定性（风险）逐渐增加，由于创业企业的管理团队及商务运作经验的缺乏，越来越需要创业投资家的积极介入和主动参与。通过加强对创业投资风险的过程管理，在适当的时机以适当的方式为创业企业提供有意义的监督并创造价值，规避经营风险，实现价值增值[3]。

一、创业企业成长风险管理的一般程序

创业企业成长风险的管理，按照一般风险管理程序来讲可以分为风险识别、风险诊断、风险管理三个主要环节。

1. 风险识别

创业企业成长风险的识别是指创业投资家用特定的评价指标，辨别企业的具体经营环节已发生或即将发生的风险，如产品成本太高、市场成长缓慢、不当的财务控制、企业家无法有效管理等等。Sweeting(1999)对创业投资家所做的实证研究发现，创业投资家较为关注的是净利润、投资回报率、销售额及市场占有率这四个指标，因为这几个指标在相当大程度上反映了企业生产、管理、资金及技术状况。一旦创业投资家发现企业的这些指标出现了异常的下降趋势，便会认为企业在某个环节上出现问题。

2. 风险诊断

风险诊断主要是对已被识别出来的各种风险进行成因分析、

过程分析及其发展趋势的预测。技术风险、市场风险、管理风险以及资金风险都能影响企业的成败。对于受资企业出现的每一种风险，创业投资家都要认真加以诊断，以分析哪些因素是起主要作用的，哪些是从属的。比如产品销售额下降的原因，究竟是由于产品成本较高使价格缺乏竞争力，还是企业的销售网络出现问题，抑或是产品需求极度萎缩等其他原因造成的，都需要从问题产生的根源去分析。

3. 风险管理

这是创业投资家在对受资企业风险诊断基础上，针对企业存在的主要问题，采取相应对策。当企业发展的主要障碍是技术风险时，创业投资家应首先判断技术有无更新改进的必要和可能。若创业投资家认为企业技术已经过时并且没有开发新技术的基础和条件时，创业投资家便应考虑在适当的时机撤出资本。若创业投资家认为企业的技术只是在一些细节上还不够完善，即可利用自己的信息网络向企业提供支持和援助，以帮助企业及早走出逆境。当受资企业管理出现问题时，创业投资家首先利用自身在财务、营销方面的专长向企业提供帮助；企业资金短缺时，创业投资家可以用担保形式向企业提供短期资金融通，或其他融资安排；如果企业销售渠道不畅通，创业投资家可以帮助或找到一家可靠的营销咨询公司来帮助被投资公司的管理层设计、优化其营销策略。

二、风险过程管理的内涵

投资后管理是创业投资家对某一创业项目进行投资的一个必不可少的重要阶段。投资后管理的概念源于美国，美国经济学家 Tybjee 和 Bruno（1984）从理论上首次明确提出这一概念。他们将创业投资活动分为交易发起、投资机会筛选、投资项目评价、交易合同设计、投资后管理 5 个连续的基本过程，并对各个过程的基本内容进行了阐述。随着国外创业投资后管理研究的逐步展开，上述概念的内涵也逐渐扩展或变化。王益和许小松两位博士是国内学者中较早引用这一概念的，他们指出投资后管理其内容包括："设立控制机制以保护投资、为企业提供管理咨询、募集追加资本、将企业带入资本市场运作以顺利实现必要的兼并收购和发行上市。"

综合已有的研究成果，并结合我国创业投资的实际，将投资后管理的内涵表述为：投资后管理是创业投资家与创业者签订投资合约后，创业投资家积极参与创业企业的管理，为其提供增值服务并对其实施监控等各种活动的统称。具体说来，投资后管理起自投资合约的签订，止于创业资本的退出。它是一个具有特定内涵的专业术语，是一个广义的概念，不能简单地理解为狭义的投资后对企业的管理，它涵盖了投资后创业投资家对创业企业所实施的监督与控制以及所提供的各种增值服务（包括管理）。在创业投资风险管理中，由于该阶段创业投资家主要面对的是创业企业家的代理风险和创业企业的成长风险，而且这两种风险是不断随企业发展而变化的，因此将"投资后管理"应用到创业风险管理中，称之为风险过程管理。

三、风险过程管理的特点

1. 风险过程管理的主体是创业投资公司（创业投资家）

风险过程管理是从创业投资家的角度研究探讨如何对创业企业进行监控和服务，其管理的主体是创业投资公司（创业投资家）。这与通常所说的企业管理和创业管理不同，企业管理内容十分广泛，管理的主体是企业管理者；创业管理则是从创业者的角度研究探讨如何对创业过程进行管理，其管理的主体是创业者。

2. 风险过程管理的重点是战略和策略问题

创业投资家往往通过在董事会中的席位影响企业的决策,通过在产品市场、原料市场和资本市场上的优势帮助企业发展,一般不过多涉及企业日常管理。企业的日常管理由创业者及管理团队来完成。

3. 风险过程管理的方式是间接的

创业投资家通常只与创业企业的高层管理人员接触,向他们提供一些有创意的经营管理思路或方法,很少或根本不与基层经理人员接触。换言之,创业投资家是通过提供自己的学识、经验以及广泛的社会联系来间接地管理创业企业的。

4. 风险过程管理的目的是实现增值

创业资本是一种权益资本,创业投资家一旦与创业者签订合约后,两者就形成了成败与共、同舟共济的合作关系。创业投资家积极参与创业企业的管理,提供增值服务,为的是帮助创业者办好企业;实施监控为的是规避企业发展过程中的风险特别是创业者的道德风险。与一般风险管理只是为了减少损失不同,无论是增值服务还是监控,创业投资风险过程管理的根本目的都是为了实现创业资本的增值。

四、风险过程管理的主要手段

风险过程管理的主要手段有两种,即监控和增值服务。为了及时识别和控制不同阶段的创业企业家代理风险和创业企业成长风险,创业投资家必须加强对创业企业的监控;同时为了实现创业公司的价值增值,需要创业投资家参与创业公司的管理,提供增值服务。

1. 监控

为了使创业企业按照投资合同所设定的目标发展,及时识别、控制创业企业的成长风险,特别是为了规避创业企业家的道德风险,创业投资家要采取各种方式进行监控。

(1)参加创业企业董事会。创业投资是股权投资,创业投资家可以参加受资企业董事会,参与受资企业战略的形成和评价,从而有效地监督创业企业家的行动。当受资企业运作出现危机时,创业投资家可以要求增加在董事会中的发言权。另一方面,由于对当地企业的监督管理比外地企业更节约成本,所以创业投资家应当选择距离创业投资公司较近的企业。

(2)审查创业企业财务报告。创业投资家往往要求创业企业每月送交一份财务分析报告。通过财务报告中的数据了解创业企业业务进展情况、财务控制能力和潜在的问题。创业投资家善于从财务报告中发现潜在的问题,如延迟财务报告、发生重大变化、产品制作低劣、出现亏损等,善于利用现金流量表去发现创业企业的现金收支情况。如果是新创企业,他们还知道现金流量应在何时达到盈亏平衡点。

(3)与创业企业高层管理人员通电话或会晤。创业投资家常常采取电话或会晤等方式,与创业者或创业企业重要管理人员进行交谈和接触,了解创业企业的情况,进行指导或咨询,实现有效的沟通。根据国外调查统计,创业投资家平均每年到每个受资企业视察19次,通过面谈或打电话与企业进行直接接触共花费100个小时。

2. 增值服务

创业投资家为创业企业所提供的一系列的咨询服务通常统称为增值服务。归纳起来,具体内容包括如下几个方面:

(1)帮助寻找和选择重要管理人员。一般情况下,除首席执行官的挑选外,创业投资家往往并不积极参与整个挑选过程,只参与经理人员选拔的面试并向首席执行官的决策提供参考意见。

(2)参与制定战略与经营计划。提高创业企业的管理能力是创业投资后管理中最重要的工作。创业投资家利用其在董事会的席位影响创业企业的行业选择和市场定位,对创业企业的重大经营问题与影响创业资本未来运作的战略规划提出自己的建议,并经常作为顾问、专家向管理层提供一些有创意的经营管理思路或方法。例如,回答某位首席执行官提出的如何应付一名重要客户的问题。

(3)帮企业筹集后续资金。创业投资家运用自己在资本市场上的联系和技能为创业企业的进一步发展筹集后续资金。为了实现组合投资,创业投资家往往利用其在投资业内的广泛联系,邀请其他创业投资公司一起投资;在创业企业的成长过程中创业投资家常采取分段投资,其后续资金往往通过前一阶段创业投资家的示范效应或引荐得以解决。创业投资家往往与投资银行、基金组织或者保险公司有十分密切的往来,能够帮助企业选择适当的时机公开上市或者发行债券,让企业得到发展所必需的资金。正是由于创业投资家能够为企业创造出源源不断的资金供应源,许多企业为了能够得到连续的资金注入,往往寻找那些在投资业内有广泛联系的创业投资公司或个人,希望通过他们的加入保证企业后续资金的供给。

(4)帮助寻找重要的客户和供应商。创业投资家不仅利用他们业已建立的无形关系网络为创业企业寻找合适的管理人员和募集资金,而且还经常为其提供合适的供应商、销售商等,帮助企业顺利进行生产、销售和售后服务。在创业企业创建或早期发展阶段,这种帮助对企业的成功至关重要。因为在这些时期,创业投资家比创业者能更加客观、有条理地表达为什么供应商、销售商或者其他公司应该与他们的创业企业合作,且由于创业投资家们多年在相关领域的经验,往往能打消这些公司的疑虑而信赖他们的企业。

(5)帮助聘请外部专家。创业企业的管理特别是高新技术企业的管理仅靠创业投资家和企业经营者不行,还必须借助外部专家的力量。创业投资家往往利用自己的关系网络帮助创业企业聘请律师、会计师、管理咨询公司等外部专家。

(6)帮助实现并购或公开上市。创业资本的增值在很大程度上是通过其在创业企业的股权退出得以实现的。创业资本的退出渠道主要是并购和公开上市。创业投资家为了实现资本增值,要参与创业企业的资本运营,帮助创业企业进行一系列并购或上市前的准备工作,引入证券公司开展辅导工作,并利用自己在资本市场的关系,推荐并购的相关企业或上市的证券交易所。

五、影响风险过程管理的因素

1. 创业企业发展阶段

根据创业企业所处的发展阶段不同,风险过程管理的方式和参与程度应有所不同。在创业企业的早期阶段,由于创业者一般缺乏创业管理的经验,管理班子往往不健全,各种关系网络特别是市场网络尚未建立起来,这时创业投资家的积极介入对创业企业的成功与否十分关键。此外,创业者在企业开始创办的阶段常常会遇到各种挫折或障碍,并且伴随着孤独感,创业投资家的介入不仅给创业者商业上的支持,而且还能够给他们感情上的支持,使他们能调节与超越孤独感。随着创业企业的发展壮大,增值服务的方式和内容将随之变化,创业投资家介入程度可能没有早期那么深,且大多只提供战略管理方面的帮助。

2. 股权比例

创业投资公司根据投资于创业企业资本股权的比例不同,确定创业投资后管理的方式和参与程度。一般来说,股权比例越大,创业投资家分担的风险越高,进行风险过程管理的动机越大,参与越深,选择的方式越多。比如,股份很少,可能只参与股东大会行使股东权力即可;股份多,则可能参加董事会、监事会,甚至派员出任总经理(或副总经理)、财务部经理等,显然其参与的程度深得多。

3. 投资行业

根据所投资的行业性质不同，创业投资后管理的方式和介入程度不同。一般而言，对于高新技术企业，由于其不确定性大，创业投资家介入程度较深；反之，其他非高新技术企业，则介入的程度可以浅些。此外，创业投资家往往选择自己较熟悉的行业进行投资，这样可利用自身优势对创业企业提供增值服务，其介入的程度将比投资于自己不熟悉行业要深。

4. 投资效果

一般而言，在创业企业运行正常时，创业投资家介入的程度可浅些；而在创业企业面临困境，出现经营困难时，创业投资家往往挺身而出，积极支持创业企业。新企业可能遭遇诸如未能如期生产出商品、大客户撤回合同、关键人物突然辞职等困境。创业投资家在这种时候仍然要有耐心，提供支持，使企业渡过难关。倘若创业投资家解决危机的各种措施都无济于事，则应尽早退出，以免造成更大损失。

需要指出，在确定创业投资后管理的方式与参与程度时，除了考虑以上四个因素外，还必须考虑创业投资机构和创业企业的实际状况。

第四节　几种低风险创业项目

创业风险大，往往成为创业激情被淹没的关键因素之一。成功的创业是由智慧、资本、资源、机遇等优势要素共同促成的，但都始于一些小规模、低风险的创业活动，由小到大，由弱变强，是成功创业发展的基本路径[4]。

1. 摊贩型创业

消费者对于摊贩绝对不会陌生，此种经营模式通常会出没在人群聚集的地方，如夜市、风景区、车站等等。主要类型有两种：一种是以摊车的形式出现，所售商品以餐饮为主，如烧鸡、热肉杂食、早点等；另一种则是用大布巾或大箱子，将商品摆在地上或特定的地方陈列出售，此类的商品包罗万象，衣服、发饰、眼镜、皮具等都有。

要加入摊贩的行列，耳聪目明、身手敏捷是必备的条件。创业者如果还有口若悬河的本事，相信业绩绝对可以特别好。不过摊贩经营相当耗费体力，而且要注意流行性，因此除非所卖商品是以本人手工生产的商品为主，否则从事摊贩这行业还是身强体壮的年轻人比较适合。

2 . 居家型创业

居家创业最主要的特色就是以家为工作地点，所以店面的租金费用就省下来了。只要 5 万元就可以在家创业的行业，主要有家政、图纸设计、课辅、才艺班等。这种创业方式最主要的限制，就是一定要有足够的专业能力或技术。

另外，此种创业类型的工作地点在自己家中，所以不会有人监督，也不易和人比较，因此对于本身的惰性要有足够的克制力，避免因家中看电视、与家人的嘻笑玩闹而耽误工作。

居家型创业者，必须要自己去开拓客户，随时都会有碰壁或断炊的情形出现，因此必须要有积极乐观的态度和固定的客户群。

3. 业务型创业

这一类型的创业方式，跟在公司上班一样，所卖商品虽然不是自己批发或制作，但是客户的来源却是创业者自己可以掌握的。此类型的创业者一般都是以加盟或代理的方式创业。

创业者要投入此模式创业，最重要的就是要注重服务质量；因为创业者很难掌控商品的品质，相对而言，服务品质就显得尤为重要。只有提升其他的附加值服务，才能吸引新客户，才能让客户产生信赖感,建立忠诚度。

除此之外,此类的创业者需要大量的客户来源,因此创业者必须不怕生、善于沟通,还要多参加一些团体活动来扩大人脉。

4. 网络开店型创业

网络开店主要有网络拍卖、网络店铺两种,此类创业方式除了对计算机、网络运用有基本的认识之外,贩卖的商品也要具有独特性和吸引力。

目前女性衣服、用品及儿童用品在网络上销售成绩最好。因此,对时尚具有敏感度的青年女性和家庭主妇都可以选择在网络上开一家自己的店铺。

案例 秦亮的债务

26 岁的秦亮的 2006 年是个苦涩的开局,大四时他经商失误,惹上了官司。纠缠了两年的案子近日终于二审判决,秦亮背上了 100 多万元的法律债务。

这对毕业以来仍处于待业状态的秦亮来说无疑是个沉重的包袱,但是他痴心不改。他的梦想依然是找机会创业。记者昨天从市政府一个支持大学生创业的“天使基金”了解到,基金管理机构正在加强对创业大学生的法律保护工作,从而减少法律风险。

2003 年在上海大学读大四时,秦亮通过熟人与中国联通上海分公司一级代理商上海美天通信科工程设备有限公司取得联系,并得知美天正准备推广 CDMA 校园卡业务。秦亮认为可以发动老师同学购买,赢利几乎唾手可得。

由于美天公司要求必须同公司签协议,秦亮和几个同学又发动父母成立公司。耐不住孩子的恳求,三个下岗母亲在经济开发区注册了上海想云科技咨询有限公司。

2003 年 3 月,秦亮和想云公司与上海美天公司签署了《CDMA 校园卡集团用户销售协议书》,约定想云公司在上海大学发展 CDMA 手机及 UIM 卡进行捆绑销售，并约定想云公司对校园卡用户资料真实性及履行协议承担保证责任，用户必须凭学生证和教师证购买，一人一台等。如想云公司发展用户不真实，美天公司有权停机，想云公司承担不合格用户的全部欠费。

火热销售后欠费

在同学老师的帮助下，秦亮的“生意”一下子很红火。秦亮一共发展了 4 196 户，按照与美天公司的协议，秦亮和想云公司可拿到 10 余万元的回报。

但是美天公司刚支付给秦亮 2 万元钱后，2003 年 12 月联通公司发现想云公司递交的几百名客户资料虚假，有一部分根本不是校园用户，还有身份证冒用别人的，而最终形成了大量欠费。

美天公司为此赔偿联通 442 户不良用户的欠费 52 万余元，联通公司还扣减美天公司 406 部虚假用户和不良用户的手机补贴款 28 万余元及 8 万余元。

美天公司将想云公司及秦亮起诉到法院，要求承担上述赔偿款项，另赔偿美天公司 406 部虚假、不良用户手机的补贴差价 6 万余元及未归还的手机价款 15 万余元和卡款 5 100 元，总计 100 万元左右。

一人承担所有债务

一审法院认定秦亮借用想云公司名义与美天公司签订销售协议，并发动几十名学生、教师发展介绍用户，并无想云公司人员参与，故秦亮与想云公司共同承担 100 万元的赔偿责任。

虽然和秦亮一起操作该业务的还有很多人，但由于与美天公司的协议书上是秦亮的签名和想云公司的公章，秦亮也不想再牵连其他人进来，而想云公司本来就是为创业成立的公司，加上经营亏损，已被吊销营业执照，所以秦亮成了债务承担人。

秦亮不服判决，他称自己凭肉眼无法辨别证件的真伪，也没想到有人会用假证来蒙混，而业务受理地都有美天公司的工作人员，美天公司也有专门辨识证件真伪的仪器，但是美天公司却要求自己承担所有损失，显然在协议制订上也有失公平，遂上诉到二中院要求改判。

毕业两年都未找到工作的秦亮因生活困难，向法院申请缓交上诉费，法院予以准许。但是二中院经审理后，维持了原判。一分钱没挣的秦亮反背上了100多万元的债务。

负债累累仍要创业

记者前日从美天公司方面了解到，美天公司当初在选择合作对象上确实比较仓促，对想云公司及秦亮的审查资格不严，从而造成了后期的损失。

记者试图与秦亮取得联系，但是秦亮表示，出事后他一直是众人关注的焦点，他的压力已经很大，不愿意接受采访。但据熟悉秦亮的人士透露，秦亮曾一度惊惶失措，但在不断反思后，他也认识到当时做事情确实存在考虑不成熟的地方。他之所以毕业后一直未找到工作，就是希望再寻找好的机会。虽然律师中肯地对他提出建议，认为他人很老实、太相信人、易冲动、缺乏社会经验，不宜再创业，但秦亮很自信，他认为若找到合适的人合作，还是可以重出江湖。

律师意见：创业莫忽视法律风险

秦亮的代理律师即上海沪一律师事务所律师张伟民昨天接受记者采访时表示，这个案子前后花费了两年多时间，他也觉得秦亮作为一名大学生值得同情，所以只收取了最低的律师费，但是法律无情。

张伟民认为，秦亮、想云公司、美天公司和联通公司都有责任，在秦亮无法控制证件真实性的情况下，美天公司和联通公司都未及时监督。虽然大家都蒙受了损失，但最后都由秦亮来承担也有失公平。

张伟民表示，这个判决对很多正处于创业热情中的大学生来说都是一个借鉴。大学生创业作为一种社会实践是可行的，但目前是市场经济，风险不会因为你是大学生就有特别待遇。他认为，关注扶持大学生创业的过程中除了资金扶持外，一定不能忽视法律意识，最好有法律顾问，在签署合同、洽谈业务中可以帮助把关，规范操作以降低创业风险。

承办此案的法官也表示，大学生校园经商、创业颇为时尚，但这些经商学生法律知识欠缺，社会阅历浅薄，又缺乏正确的引导和规范，结果非但未赚到钱，反而尚未毕业就背负一身的债务，给本人和家庭带来沉重负担。对此，也给准备下海经商的大学生们提个醒：商场有风险，需谨慎从事。

（资料来源：辽宁省高校毕业生就业信息网）

参考文献：

[1] 刘湘琴等. 创业及创业风险研究视角评述[J]. 商场现代化，2008(11)：232～233

[2] 秦国智. 刍议个人创业的风险类型[J]. 商业时代，2008(24)：48～49

[3] 卢显文. 创业企业成长风险的过程管理[J]. 学术交流，2004(7)：45～48

[4] 信雅. 4种低风险的创业项目[J]. 劳动保障世界，2008(9)：15